Personality Leadership

내면의 성숙과 7가지 대인역량

인성 리더십 계발

임 채 일 저

신화MB

머리말

이 책은 자기 계발을 원하는 젊은이나 그들의 멘토가 되고자 하는 사람들, 그리고 교육자들에게 유용성이 높도록 기획하였다. 기획의 근간은 "사회 공동체의 최상위 가치이자 리더십 척도는 신뢰이며, 신뢰는 인성과 대인역량이 잘 조화된 총량으로 나타난다."라는 나 자신의 신념이다. 이를 기준으로 '인성 함양을 위해 내적으로 보다 성숙해지고, 대인관계에서의 역량을 향상시키기 위해서는 무엇을, 왜, 어떻게 해야 하는가?'에 대한 해답을 풀어내고자 했다. 삶을 성공적으로 이끈 사람들의 사례와 저자의 풍부한 조직생활 경험적 요소들을 리더십 이론에 접목하여 '제 1부 : 내면의 성숙, 제 2부 : 대인역량 계발, 부록 : 현대 리더십 이론'으로 구성하였다.

제 1부는 내적으로 성장해 가는 과정을 5장으로 나누어 구성하였다. 태도와 습관에 대한 자아인식을 통해 자신의 현재를 발견하고, 올바른 가치관과 함께 꿈과 비전을 설정한 다음, 인생에서의 명확한 목표를 설정하고, 실행해 가는 방법과 교훈을 제시하였다. 각 장마다 여러 가지 자기조사 방법을 수록하였고, 꿈과 목표를 수립해 가는 절차를 제시함으로써 책의 내용대로 따라가는 동안 어느새 자신의 새로운 가치관과 꿈, 목표가 설정되어 있음을 느낄 것이며, 그로 인해 사회공동체를 대하는 자신감을 갖추게 될 것이다.

제 2부는 대인관계에서의 역량 계발에 관한 내용을 7장으로 구성하였다. 내적으로 아무리 성숙된 사람이라 할지라도 사회성이 부족하다면 매사의 성과는 반감되고 만다. 각계의 사회공동체에서 성공적으로 기여하는 삶을 위해서는 품성과 조화를 이루는 대인역량이 필수적이다. 핵심적인 대인역량을 일곱 가지로 정하여 개인의 성장 방향과 기법을 제시하였다. 먼저, 사람을 처음 만나 관계를 진전시켜가는 과정에서 요구되는 신사숙녀로서의 예법, 공감적 경청과 대화 기법, 사회조직이나 공동체 활동에서 신뢰를 축적시키는데 필요한 요구 조건, 그리고 협력자 및 추종자로서, 멘토나 코치로서 필요한 덕목들, 마지막으로 대중 앞에서의 스피치와 프레젠테이션 기법 까지도 다루었다. 본문 내용에는 수많은 모범 사례들을 수록하였으므로 독자에게는 내용 자체가 하나의 교재이자, 멘토가 되리라 믿어진다.

이어서 부록에서는 본문의 내용에 적합한 수준으로 현대적 리더십 이론들을 도출하여 제시하였다. 비전공자들을 위한 리더십 배경지식으로는 충분하리라 판단된다.

집필 과정에서 한 구절, 한 구절 써 내려갈 때 마다 '이 내용은 과연 가정과 학교, 직장 등 사회 각계에서 성공적인 삶을 살고자 하는 사람들에게 방향타로서의 역할을 제대로 할 수 있겠는가?'에 대하여 많이 고민하였다. 사회적 필요성에 맞춰 정부에서는 '인성교육 진흥법'을 제정하여 2015년 7월 21부로 시행하는 등 국가적 차원의 노력을 하고 있으며, 학교와 군대, 각종 사회단체 등에서도 인성과 리더십 관련 교육을 획기적으로 늘려 나간다고 한다. 대한민국 미래 사회의 주체가 될 성숙한 시민, 직업인이 양성되는데 이 책이 기여되었으면 하는 바람이다.

저자 씀

차 례

1부 내면의 성숙

01 올바른 태도

02 좋은 습관

03 가치관

04 꿈과 비전

05 목표 설정과 실행

2부 대인역량 계발

06 끌리는 첫인상

07 경 청

08 효과적 화법

09 신뢰의 축적

10 협력과 추종

11 멘토링, 코칭

12 프레젠테이션

부 록

1부

내면의 성숙

01 올바른 태도

♣

『인생을 향한 우리의 태도가 얼마나 엄청난 영향력을 지니는지 도저히 말로는 표현할 수가 없다. 나이를 먹을수록 삶이란 우리에게 일어나는 일 10%와 우리의 대응 90%로 이루어져 있다는 점을 절감하게 된다. 매일 내가 내리는 가장 중요한 결정은 바로 어떤 태도(Attitude)를 선택할 것인가이다.』

- 처크 스윈돌(Chuck Swindoll) -

태도가 경쟁력

'태도가 경쟁력이다.'는 우리가 인생을 살아가는데 늘 새겨야 하는 말이며, 특히 오늘날과 같은 경쟁시대에 있어 태도가 개인과 조직에 얼마나 크게 영향을 미치는지를 깨닫게 해 주는 말이기도 하다. 태도의 의미는 사전적으로 '어떤 사물이나 상황 따위를 대하는 자세', 심리학적으로는 '일정한 안정 상태로 어느 정도를 지속한 결과에 의하여 미래의 경험이 정해지는 경향'으로 표현되고 있다. 자신은 어떤 사람인가? 아침에 눈을 떠서 '멋진 아침인걸!' 이라고 외치는 사람인가, 아니면 억지로 몸을 일으켜 창밖을 바라보며 '또 아침이군!' 하고 한숨짓는 사람인가? 태도는 발전이냐, 퇴보냐를 결정한다. 긍정적 태도가 자신의 삶을 결정하며, 그것이 곧 올바른 태도를 가져야 하는 이유이다.

펜실베니아 대학교의 심리학 교수 셀리그먼(Seligman)은 '긍정적인 태도를 가진 사람들, 즉 낙관론자들이 비슷한 능력의 비관론자에 비해 성공할 가능성이 훨씬 더 많다.'고 지적했다. 그의 연구 결과는 태도가 긍정적이냐? 아니면 부정적이냐? 가 사람들의 목표달성 여부에 영향을 미친다는 점을 보여준다. 그는 저서 「학습된 낙관론(Learned Octimism)」에서 긍정적 태도를 가진 영업사원들이 부정적 성향의 동료들 보다 훨씬 많은 판매 실적을 올린다는 경험적 증거를 제시했다. 비관론자라면 판매의 실패 경험을 자기 탓으로 돌리고 자존심에 상처를 입게 되어 그 결과 또 다시 판매실적이 낮아지는 악순환을 겪게 된다. 하지만 낙관론자들은 그러한 거부를 개인 차원으로 받아들이기 보다는 논리적으로 원인을 분석하여 대처해 나가고 판매 실적도 상대적으로 37% 정도 높을 뿐더러 하는 일도 더 오래 계속하는 경향이 있다고 하였다.[1]

무엇이 인생을 100점으로 만들어 줄까?

2005년 3월 우리나라 장관을 지냈던 분에 의해 소개된 '알파벳으로 본 인생의 성공조건'이라는 것이 있다. 그 요지는 알파벳으로 보는 100점짜리 인생의 조건이다. 말하자면 A는 1, B는 2,…Z는 26으로 A~Z까지 점수를 매긴다. 예를 들면 LOVE(사랑)는 54점이고, Money(돈)이 없으면 못살 것 같지만 72점, Leadership(리더십)은 97점, Hard work(노력)은 98점이다. 그런데 100점을 받을 수 있는 단어는 공교롭게도 'Attitude(1+20+ 20+9+20+21+4+5=100)' 즉 인생을 어떻게 살아가느냐? 에 대한 의미인 '태도'로 나타났다. 인생을 100점짜리로 만들기 위해서는 태도의 전환이 필요하다는 것을 상징적으로 알려주는 사례이다.

또한 긍정적인 태도는 건강에도 좋은 영향을 미친다. 머릿속에 긍정적 사고가 들어 있다면 몸도 걸맞은 반응을 보이기 때문이다. 전문가들은 미소 짓는 것 같은 단순한 행동을 통해 두뇌 안에서 좋은 감정을 일으키는 화학작용이 일어난다고 주장하고 있으며, 긍정적인 사고가 병의 치유를 돕는다는 연구 결과가 수없이 쏟아져 나온 것이 이를 증명해 주고 있다. 업무와 인간관계 같은 일상적인 측면에서도 긍정적인 사고와 태도는 여러모로 중요한 것이며, 스트레스를 풀고 부정적인 생각을 떨쳐버리게 되면 자기 자신에 대해 더 긍정적으로 생각할 수 있기 때문에 이러한 행동 조치들은 매우 유용하다고 할 수 있다.

인생태도 유형의 이해와 자기 조사

인생태도 유형의 이해

인간의 행동은 자극에 대하여 반응하는 생각과 말, 행동으로 이루어진다. 그것은 충분히 생각하여 정리된 행동으로 반응하기도 하고, 무의식중에 반응하기도 한다. 이런 일련의 행동 과정에서 근본적으로 작용하는 것이 인생태도이다. 인생태도는 평소에 갖고 있는 가치관, 경험, 상상력 등이 자극에 대한 반응으로 나타나는 일종의 생활태도로서 자기 자신이나 타인들에게 지각되는 근본적인 삶의 자세로 인식된다.

미국의 심리학자 에릭 번은 'OK목장 이론'을 통하여 인생태도를 네 가지 유형으로 분류하였고, 사람들이 자신의 태도 유형을 확인할 수 있도록 기법을 제시하였다. 〈표 1-1〉 OK목장 이론에서 각 유형의 해설을 통하여 자세히 알아보고 자신은 어떤 유형에 속하는가에 대하여 조사할 수 있도록 하겠다.

| 표 1-1 | OK목장 이론

	You're OK		
I'm not OK	제 1 태도 (자기부정, 타인긍정)	제 4 태도 (자기긍정, 타인긍정)	I'm OK
	제 2 태도 (자기부정, 타인부정)	제 3 태도 (자기긍정, 타인부정)	
	You're not OK		

| 제 1태도 | 자기 부정, 타인 긍정 (I'm not OK, You're OK)

제 1태도는 의존하는 자세와 무능함, 집착으로 상징되는 '패자각본'의 태도 유형이다. 자신은 어린이 자아를 가지고 있으며, 상대를 볼 때에는 부모 자아 혹은 어른 자아를 가진 것으로 보고 처신한다. 이런 유형은 대중의 인기나 타인에게서 받는 인정을 통해서 만족감을 얻으려 한다. 그리고 자신의 감정이나 신념 등을 용기 있게 표현하지 못한다. 인정 많은 사람으로 비치기도 하지만 평소에 자신의 감정을 억제하는 경향으로 인해 분노를 축적한다. 그로 인해 사소한 자극에도 과민반응하거나, 때론 냉소주의에 빠지기도 한다. 대체로 진부한 삶, 실패하는 삶을 살게 된다.

| 제 2태도 | 자기 부정, 타인 부정 (I'm not OK, You're not OK)

제 2태도는 삶을 '패자각본'으로 풀어가는 가장 기반적인 유형으로서 모든 것을 무익하고 실망 투성이로 본다. 스스로의 방향성이 없어 매우 의존적이며, 자존감이 낮아 자신을 무시하고 싫어한다. 나아가 타인 역시 자신을 옳지 않게 볼 것이므로 누구에게도 도움을 받을 수 없다고 생각한다. 따라서 어떤 일이 닥치면 타인에게 인정받지 못하거나 거부당하는 모습을 상상하며 일을 시작한다. 그러므로 늘 자신 스스로를 비참하게 느끼고, 타인도 자신을 그렇게 보는 것이 당연하다고 여긴다.

▌제 3태도▐ 자기 긍정, 타인 부정 (I'm OK, You're not OK)

제 3태도는 독선적인 자세와 오만, 우월감으로 상징되는 유형이다. 자신에 대해서는 부모 자아 혹은 어른 자아를 가지고 있다고 보고, 상대는 어린이 자아를 가진 사람으로 보며 처신한다. 이 유형의 사람은 자신을 상대보다 한수 위로 평가하면서 어떤 일에서건 자신이 당연히 우월해야 되는 형태로 각본을 짠다. 이들은 인생이 독단적이라기보다 상호 의존적 실체라는 점을 인식하지 못하고 있다. 그들이 원하는 성과는 대부분 자신과 타인과의 협력에서 나온다는 것은 깨닫지 못한 채, 모든 것에 대해 상생이 아닌 경쟁이라는 관점으로 접근한다.

▌제 4태도▐ 자기 긍정, 타인 긍정 (I'm OK, You're OK)

제 4태도는 현재에 충실, 협력적, 개방성으로 설명되는 상징되는 '승자각본'의 태도 유형이다. 자신과 상대 모두에 대해서 부모자아와 어른으로서의 자아를 가지고 있으며, 모든 상황을 부모가 자식에게 사랑과 선함으로 대하듯 인식한다. 이들은 삶을 경쟁의 장이기 보다는 모두가 협력해야 하는 것으로 보면서 서로의 이익을 추구한다.

자신의 인생태도 유형 조사

위에서 설명한 인생태도 유형 별 특성을 종합 정리하면 〈표 1-2〉와 같다.

| 표 1-2 | OK목장 이론 해설

제 1태도 : 자기부정 - 타인긍정 (I'm not OK - You're OK)	제 4태도 : 자기긍정 - 타인긍정 (I'm OK, You're OK)
· 성장 초기의 상태에서 취하는 태도 · 타인과 비교하여 무력감 느낌 · 타인으로부터 멀어지려 함 · 강한 사람에게 의지하려 함 · 열등감, 우울 증세	· 모든 사람의 중요성을 현실적으로 수용 · 자신의 문제를 건설적으로 해결 · 삶에 대한 기대도 타당하게 함 · 정신적으로 건강한 자세
제 2태도 : 자기부정 - 타인부정 (I'm not OK - You're not OK)	**제 3태도 : 자기긍정 - 타인부정 (I'm OK - You're not OK)**
· 사회생활에서 연속적 실패 경험시 나타남(보행시기에 취하는 태도) · 인생무상, 절망감 및 허무감에 빠짐 · 애정이나 관심 거부, 대인관계 단절 · 심하게 우울하며 예측할 수 없는 행동	· 자신이 희생되고 박해 받는다는 느낌 · 자기감정에 맞지 않는 것을 배제함 · 자신감이 지나쳐 마찰의 우려 내재 · 불행의 원인을 남의 탓으로 돌림

아래 표의 인생태도 검사지에 따라 조사한 결과를 그래프에 기입하여 자신의 인생태도 유형을 확인보자.

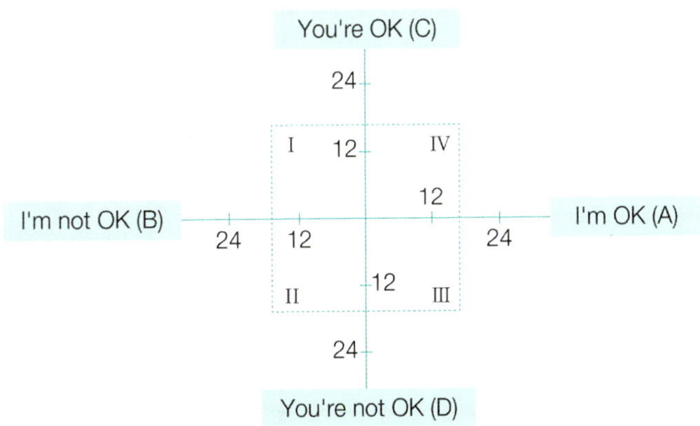

인생태도 검사

다음 문항에 자신의 생각과 일치한다고 여겨지는 점수를 빈칸에 쓰고, 각 점수의 세로 합계를 그래프에 표기 · 확인한다.

(그렇다 : 2점, 그렇지 않다 : 0점, 어느 쪽도 아니다 : 1점)

1	나는 하루하루를 충실하게 살아가고 있다.		
2	나는 마음이 여려서 상처받기 쉬운 편이다.		
3	나는 스스로 능력이 없다고 느낄 때가 많다.		
4	나는 실패를 두려워하지 않는 편이다.		
5	나는 나를 좋아한다.		
6	무엇 때문에 이런 일을 하고 있는 것인가라고 생각하는 일이 있다.		
7	내가 하고 싶은 일이라도 상대가 싫어할 것 같으면 그만 둔다.		
8	나는 말과 행동에 자신감이 부족하다.		
9	나에게는 아직 드러나지 않은 재능이 잠재해 있다고 생각한다.		
10	상대가 나를 비난하면 나는 아무런 대꾸도 하지 않는다.		
11	나는 좋아하는 사람에게는 스스로 다가간다.		
12	대부분의 일에 '하면 된다.'라고 생각한다.		
13	나는 남들이 나를 좋아한다고 생각한다.		
14	나는 싫은 일이더라도 곧 기분전환해서 할 수 있다.		
15	나는 앞으로 하고 싶은 일과 포부가 있다.		
16	나는 일을 하려고 들면 어쩔 수 없이 욕은 먹기 마련이라고 생각한다.		
17	나는 나의 속마음을 내보이기가 두렵다.		
18	내가 먼저 남들에게 접근해가는 일은 드물다.		
19	자신의 사고방식에 대해 만족하고 있다.		
20	상대가 화제로 삼고 싶지 않은 일은 잘 이야기하지 않는다.		
21	무엇을 하든"잘되지 않는다."는 생각이 든다.		
22	남들과 비교해 보면 나는 부족한 점이 많다.		
23	나는 누구에게도 할 말을 다하는 편이다.		
24	내가 친절하게 대하면 상대가 부담스러워하지나 않을까 염려한다.		
	점수 계	A	B

25	이 사람이 있어서 좋았다고 생각하는 일이 많다.		
26	다른 사람들과 함께 일을 하면 잘 안 되는 경우가 많다.		
27	내 취향에 맞지 않는 사람들과는 어울리고 싶지 않다.		
28	다른 사람이 하는 이런 저런 이야기를 듣는 것을 좋아한다.		
29	상대가 친절하게 대해주는 것이 부담스럽게 느껴질 때가 있다.		
30	내가 일부러 찾지 않더라도 상대의 장점을 감지할 수 있다.		
31	남이 실패할거나 괘도이탈을 하더라도 그의 능력과 됨됨이를 믿는다.		
32	사고방식이 다른 사람과도 잘 어울린다.		
33	"연애란 이런 거다"라고 딱 잘라 말하는 경향이 있다.		
34	나는 남의 단점을 잘 꼬집는 편이다.		
35	상대와 싸움을 해서라도 해결의 실마리를 스스로 만들어내는 편이다.		
36	귀찮은 일에는 가능한 한 관여하고 싶지 않다.		
37	상대가 먼저 나에게 접근해 온다면 좋겠다.		
38	즐거워하는 사람을 보고 있으면 나까지 즐거워진다.		
39	다른 사람들을 보면 사람을 믿어서는 안 된다는 말이 실감이 난다.		
40	"나는 이렇게 노력하는데…"라고 생각하는 경우가 많다.		
41	문제가 생기면 다른 사람의 탓으로 돌리는 일이 많다.		
42	남의 말을 듣고 마음속에서 호감이 우러나오는 것을 자주 느낀다.		
43	업무 이외의 개인적인 이야기는 거의 안 하는 편이다.		
44	상대의 무신경함에 화를 내는 일이 있다.		
45	상대가 잘못하는 점이 있더라도 언젠가는 좋아질 것이라고 믿는다.		
46	상대가 마음에 들지 않고 "왜 저 모양인가"라고 생각할 때가 있다.		
47	"당신과 있으면 안심"이라는 말을 상대에게 자주 듣는다.		
48	상대가 하는 말을 그대로 믿는 편이다		
	점수 계	C	D

점수	A	I'm OK	점	C	You're OK	점
	B	I'm not OK	점	D	You're not OK	점

나쁜 태도의 원인과 사례

나쁜 태도의 원인 인식

모든 사람이 태도를 가지고 있다. 하지만 모두들 똑같은 태도를 가진 것은 아니다. 어떤 사람은 태도에서 원동력을 얻어 도전하고 장애를 극복하며 목표를 달성한다. 반면 어떤 사람은 태도로 인해 모든 일에 절망하고 결국 그 자리에 주저 앉아버리기도 한다. 우리가 아는 사람들을 한번 떠 올려보면 그들이 어떤 태도를 가졌는지 알 수 있을 것이다.

- 그는 늘 뭐든지 할 수 있다는 자세야.
- 저 사람은 항상 당당해.
- 정말 저 직원은 대단해. 늘 웃음을 잃지 않거든.

모두들 이런 사람들이 주위에 있기를 바랄 것이다. 반면 다음과 같이 부정적인 태도로 일관하는 유형의 사람도 만나고 있을 것이다. 사람들은 대체로 그런 유형의 사람들과 어울리는 것을 꺼려 할 것이다.

- 그는 늘 문제를 만들어 내고 있는 사람이라니까.
- 저 사람은 능력은 있는데 일을 시키려면 너무 힘들어.
- 함께 얘기를 나누어 보니 도대체 저 사람에게는 좋은 일이라고는 전혀 없더군.

조지 버나드 쇼(George Bernard Show)는 '사람들은 현재의 자기 모습을 환경 탓으로 돌려 불평한다. 정말로 성공하는 사람들은 주위를 둘러보고 원하는 조건이 갖춰져 있지 않으면 스스로 환경을 만들어 간다.'라고 말했다. 우리 모두는 위기가 닥쳤거나 나쁜 환경에 둘러 싸였을 때 자신에게서 최악의 면을 발견할 수도, 최선의 모습을 발견할 수도 있다. 그건 모두 어떤 태도를 가졌느냐에 달려 있다.

사람들이 왜 나쁜 태도를 가지게 되는지를 아는 것은 쉽지 않다. 하지만 누가 나쁜 태도를 가지고 있는지는 쉽게 알 수 있는 일이다. 우리가 주변의 상하 동료, 친구, 친지들 중에서 누가 나쁜 태도를 가지고 있는지는 금방 알 수 있으며, 쉽게 지적도 할 수 있다. 하지만 자신의 나쁜 태도를 규명하는 것은 쉽지 않다. 그렇지만 비록 자신을 들여다보지 못한다 하더라도 주위 사람들이 자신에게 대하는 태도를 보면 대충 짐작은 할 수 있을 것이다. 만약 자신의 삶에서 원하는 것을 얻지 못하거나 제대로 평가받지 못함을 느끼고 있다면 대체로 바람직하지 못한 태도를 가지고 있다고 보면 된다. 주변 사람들과의 관계가 악화되고 있거나 사랑하는 사람이나 친구가 기대만큼 부응하지 않는다면 문제는 그들에게 있는 것이 아니라 바로 자신에게 있다고 보면 되는 것이다.

자신을 알고 무엇이 자신의 태도를 이끄는지 이해하는 것은 자신을 통제하는데 필요한 첫걸음이다. 나쁜 태도와 감정이 유발되는 경험을 기억 한다면 그렇게 된 원인을 제거하고 건설적인 좋은 태도로 바꾸어야 하는데, 이를 위해서는 자신의 감정과 태도를 파악하는 자기인식의 과정을 거쳐야 한다. 자기인식은 자신의 감정을 알아차리는 능력으로 어려운 환경 속에서도 자신을 계발하며 살아가는데 필요한 핵심능력이라 할 수 있다. 자기인식은 너무나 중요하다. 우리는 자신을 인식하는 노력을 통해서 자신의 행동을 더 많이 통제할 수 있다. 부정적인 감정에 반응하지 않고 그 감정을 제거하는 쪽을 선택함으로써 긍정적 감정을 발전시키며, 부정적 에너지를 긍정적인 에너지로 전환시켜 나갈 수 있다는 것이다.

부정적인 태도를 통제하거나 긍정적으로 전환하는 방법을 배우지 않는다면 인생에 좋지 않은 영향을 미치게 된다. 자신이 이유도 모르면서 쉽게 화내고 참을성도 없는 까다로운 사람이 되어 있는가? 왜 자신이 매사에 지나치게 반응하고 공격적인가? 때론 왜 이렇게 무섭게 화를 내고 있는지 의아하게 생각하는 때가 있는가? 그렇다면 자기인식의 과정을 거쳐 나쁜 태도의 원인을 알아보고 근본부터 바꾸어 나갈 필요가 있다.

나쁜 태도는 주로 과거의 경험이나 사건으로부터 만들어지는 경우가 많다. 나쁜 태도를 만드는 일반적인 원인은 다음과 같다.

첫째, 허약한 자신감을 들 수 있다.

혹시 자신이 다른 사람의 기를 무작정 꺾는 버릇이 있는지, 또한 자신의 실수를 다른 사람이나 처해졌던 환경 탓으로 돌려 불평하는 편인지? 타인의 충고나 도움의 손길을 거부하는 편인지? 만약 그러하다면 허약한 자신감으로 인해 마음속에서 부정적인 태도가 자라났을 가능성이 크다.

둘째, 두려움과 스트레스를 자주 느끼는 점이다.

두려움은 예상되는 위험을 자연스럽게 경보해 주는 신호로 볼 수 있는데, 이러한 감정들을 모두 자신에게 닥친 현실로 받아들인다면 자신의 능력이 심각하게 저하되는 문제가 발생하게 된다. 또한 탈진한 느낌, 쉽게 화가 나거나 짜증스러워 지며, 모든 것이 싫어진다든지 하는 것은 대부분 스트레스 누적으로 인해 나타나는 현상으로서 이러한 경우로 인해 나쁜 태도가 나타날 뿐 아니라 심각한 정신적, 신체적 문제에 까지 이어질 수 있다.

셋째, 원망과 분노이다.

다른 사람을 공격하거나, 그 사람을 방해하고 싶지 않은가? 그 사람을 생각만 해도 화가 치미는가? 때론 어떤 일로 인해 밤에 잠이 안 올 정도인가? 이러한 감정들이 원망과 분노의 일반적인 현상이다. 이는 주로 타인과의 갈등으로 인해 커지게 되는데 스스로에게 악영향을 주는 태도로서 자신을 인생의 내리막길로 가게 하는 원인이 되는 부정적 감정이다.

넷째, 변화에 대한 부적응이다.

급격한 기술 발전이나 구조 개편, 인적 쇄신 등 주위환경에서 큰 변화가 일어나면 대부분의 사람들은 겁을 내는 경향이 있다. 기존 체제에 대한 변화를 받아들이지 못하고 배신감과 두려움만 느끼는가? 만약 변화를 이겨낼 준비가 되어있지 않았다면 이런 것들은 모두 태도에 영향을 미치는 원인일 것이다.

우리는 살아가면서 여러 상황들로 인하여 부정적 감정들을 느끼게 되는 경우가 많다. 하지만 이러한 부정적 감정들이 자동적으로 나쁜 태도가 되어 나타나게 해서는 안 될 것이다. 그것은 무능력의 표출로 밖에 볼 수 없으며, 중요한 것은 그것을 긍정적인 감정으로 전환시키고, 또한 긍정적인 태도로 나타나게 해야 할 것이다.

나쁜 태도의 대표적 사례

나쁜 태도는 마음의 짐을 떨치지 못해 매사에 자신감을 갖지 못하게 되는 행동유형이다. 마음의 짐이라는 것은 걱정거리를 많이 지니고 있다는 것이다. 그러나 우리가 알아두어야 할 것은 마음의 짐이 되고 있는 상당수의 걱정거리들이 별 의미가 없는 경우가 많다는 것이다. 한 연구에 따르면 사람들이 걱정거리들 중에서는 절대로 발생하지 않을 사건에 대한 것이 40%, 이미 일어난 사건에 대한 걱정이 30%, 별로 신경 쓸 일이 아닌 사소한 것에 대한 걱정이 22%, 어떤 조치로도 바꾸어질 수 없는 사건에 대한 걱정이 4%로 나타났다고 한다. 이는 사실상 우리가 걱정을 해서 해결할 수 있는 일은 4%에 지나지 않으며, 걱정을 하는 것 중 96%는 불필요하게 에너지를 낭비하는 나쁜 태도 유형임을 알려주고 있다. 걱정거리로 인해 나타나는 나쁜 태도를 세 가지 유형으로 분류해 살펴보도록 하겠다.

첫째, '이렇게만 되었더라면 ~ ' 하는 걱정이다.

많은 사람들은 '이렇게만 되었더라면' 하는 마음 걱정을 안고 살아간다. 이는 주로 과거와 관련된 것으로 끝나지 않은 일, 이루어지지 않은 목표, 지워지지 않은 상처 등이다. 만약 이를 조난당한 선박의 승객이 지니고 있는 무거운 짐으로 생각할 때 승객들이 조그만 구명정에 구조되는 상황에서는 모두 미련 없이 버려야 할 것이다. 이 걱정거리들은 다음의 사례들이 있을 것이다.

- 그렇게 말해버리기 전에 좀 더 생각을 했더라면
- 학교에 계속 다녔더라면
- 그때 부모님 말씀을 들었더라면
- 사전에 결과를 예측했더라면
- 아이들과 좀 더 많은 시간을 보냈더라면
- 다른 사람들과의 관계에 좀 더 노력을 기울였더라면 등

이러한 걱정거리 들은 지워버리지 않으면 시간이 흐를수록 점점 더 심각해지고, 마음이 더 위축되어 결국 앞으로 나아가지 못하는 결과를 초래하고 만다.

둘째 '이제 어떻게 하나?' 하는 걱정이다.

이 걱정거리는 현재를 압박한 것이며, 통상적으로 부담스러운 스트레스와 좋은 기대를 동반하고 있다. 하지만 사람들은 대체로 부정적인 감정에 비중을 많이 둠으로써 능력이 충분함에도 좋은 기회나 결과를 얻지 못하게 되곤 한다. 이와 관련되어 전형적으로 부정적인 걱정 내용은 다음과 같이 들 수 있다.

- 상관(부하)이 불만이 많아, 이제 어떡하지
- 일 하면서 남는 게 없을 것 같아. 앞으로 어떻게 해야 하나
- 쌍둥이가 태어나다니! 이제 어떻게 하나
- 사전에 결과를 예측했더라면
- 하루 동안에 여러 가지 일을 해야 해. 이제 어떻게 하나

현재의 상황에 대해 이와 같은 부정적인 스트레스에 깔려있다면 효과적으로 대처할 수가 없다. 부정적인 마음의 짐을 가볍게 만들어

야 한다. 그러기 위해서는 잠재적인 두려움을 떨쳐버리고, 현재의 상황을 새로운 기회로 받아들여 해결해 나가는 방향으로 초점을 맞춰야 할 것이다.

셋째, '그렇게 되면 어떡하지?' 하는 걱정이다.

이 걱정거리는 주로 미래에 일어나게 될 문제에 대한 부정적인 감정들이다. 미래를 무한한 가능성이 펼쳐지는 기회로 보지 못하고 잠재적인 염려 대상으로 보는 것이다.

- 이 직장에서 떠나게 되면 어떡하지?
- 가족이나 내가 아프게 되면 어떡하지?
- 늙고 힘이 빠졌을 때 가족이 날 외면하면 어떡하지?
- 지구 온난화로 인류가 멸망하면 어떡하지?

예를 들어 앞날에 대한 예상을 바탕으로 대처 방안을 마련해 놓는 것은 현명하고 전략적인 태도이다. 하지만 예상되는 상황 자체만을 걱정하고 있는 태도는 삶을 마비시키는 결과를 가져오게 할 것이다. '그렇게 되면 어떡하지'라는 마음의 짐은 결코 내려놓아서는 안 되는 것이지만 해결책을 능동적으로 찾아나갈 때 그것은 어느새 자신의 자산이 되어 있을 것이다.

올바른 태도의 유형

첫째, 주도적으로 반응한다.

우리의 삶에서 나타나는 행동의 대부분은 외부의 자극에 대한 반응으로 이루어진다고 했다. 자극에 대한 반응의 유형은 두 가지로 구분할 수 있는 데 하나는 반사적 반응의 형태이고, 다른 하나는 주도적 반응의 형태가 되겠다. 이는 곧 반사적 태도와 주도적 태도라 할 수 있다. 반사적인 태도를 가진 사람은 종종 물리적 환경이나 사회적 여건에 영향을 받는다. 즉 주위 여건이 좋을 때는 긍정적인 행동을 보이고, 그렇지 않을 때에는 부정적이고, 자기 보호적인 행동들로 인해 순식간에 무너져 버리는 모습을 보이는 경우가 많다. 반면에 주도적인 태도를 가진 사람들은 주변의 여건에 영향을 받거나 기분에 좌우되지 않고 내면의 가치관에 기초를 둔 의식적 선택의 결과로서 행동을 나타낸다. 반사적 충동보다 가치를 상위에 두고 심사숙고하는 지혜를 갖고 있으므로 주변의 여건이 행동 자체에 영향을 미치지 않는 편이다. 좋은 태도는 주도적 반응을 보이는 것으로서 아래 〈표 1-3〉과 같이 자극과 반응 사이에 '선택의 자유'로 비유할 수 있는 공간을 두고, 어떤 자극이 왔을 때 그 공간에서 'STC 모델'을 적용하여 잠시 멈추고(Stop), 생각하여(Think), 선택한 후(Choose) 반응함으로써 늘 자신의 행동과 삶을 통제할 수 있게 된다.

| 표 1-3 | 자극과 반응 사이 선택의 공간

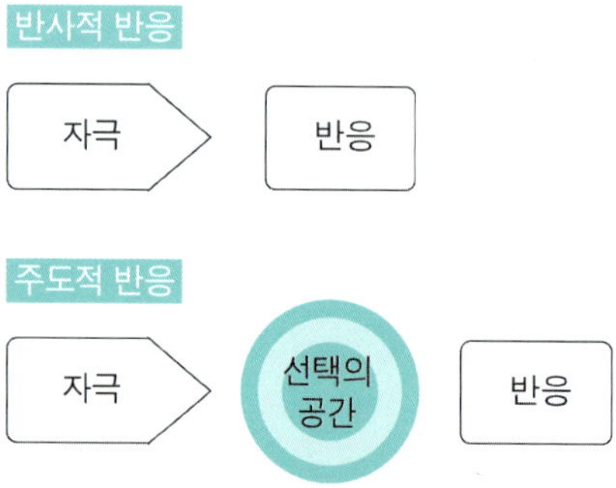

STC 모델 : Stop - Think - Choose

둘째, 긍정과 열정이 나타난다.

우리가 하는 말과 말의 내용 그리고 하는 일에 힘이 들어 있다면, 자신은 물론 주변 사람들 까지도 고양시키게 된다. 예를 들어 누구에게 안부 인사를 받았을 때 그저 힘없이 '그저 그래요, 글쎄요, 그럭저럭 지내죠 뭐' 라는 식으로 대답하는 것 보다 조금만 마음을 써서 기운을 북돋는 말을 던진다면 자신과 상대의 인생에 큰 영향을 줄 수 있을 것이다. 또한 자신의 기분이 가라앉았을 때 그런 느낌을 말하는 대신, 좋았으면 하고 바라는 상태를 말한다면 그러한 긍정이 자신과 주변 사람의 신체적, 정신적 상태 까지도 변화시킬 수 있다. 이러한 것들은 자신의 내적 동기부여와 긍정적인 삶을 위하여 매우 중요한 것이다.

열정은 긍정적 태도를 유지하고 동기부여 상태를 지속시키는 핵심적인 요소이다. 태도에 있어 열정이란 인생에서의 호흡과도 같다. 열정을 뜻하는 'enthusiasm'은 영감이라는 뜻이 있는 그리스어에서 왔는데, 어원은 '내면의 영혼'이다. 결국 열정이란 자신이 품고 있는 내면의 영혼을 다른 사람과 나누는 것이 된다. 열정은 사람들을 행동하게 하고, 자신이 하는 일에 얼마나 확신을 가지고 열심히 하는지를 보여주는 좋은 태도임에 틀림없다.

셋째, 확신의 말을 사용한다.

확신의 말은 마음속으로부터 무언가 긍정적인 것을 믿게 만드는 수단으로 믿음, 동기부여, 다짐이라는 요소를 포함하고 있다. 지속적으로 반복하는 확신의 말은 무의식을 긍정적인 생각으로 다시 프로그래밍 하는 역할을 한다. 무의식은 말하는 것은 무엇이든 받아들이는 속성이 있다. 우리가 이런 무의식에 긍정적인 말을 계속 던진다면 행동을 유발하는 긍정적 감정이 형성될 뿐만 아니라 내면의 힘도 모아지게 된다. 확신의 말은 생각이나 감정, 행동을 통제하기 위한 것으로서 '....하기 바란다, ...이면 좋겠다'와 같은 애매한 표현보다는 '나는 이것을 반드시 하겠다, 나는 할 수 있는 능력이 충분한 사람이야.' 같은 확실하고 강력한 표현을 써야한다.

올바른 태도 만들기

부정적인 성향을 떨쳐버리고 올바른 태도로 개선하는 데는 확고한 결심과 함께 대단한 각오가 필요하다. 강하고 튼튼한 체력을 기르기 위해 훈련이 필요한 것처럼 좋은 태도를 갖는 것도 꾸준한 노력이 필요한데, 이를 위해서 먼저 다음 네 가지 핵심사항을 중심으로 태도 개선을 위한 조건을 갖춰야 할 것이다.

첫째, 스트레스를 줄여라

스트레스를 덜 느끼면 더 많은 에너지를 긍정적으로 생각하는 훈련에 쓸 수 있다. 일상이나 업무에서 너무 많은 스트레스를 느낀다면 기분을 풀어주는 취미활동과의 균형을 맞출 방법을 찾아봐야 한다. 물론 취미활동의 종류도 다양하므로 중요한 것은 그 취미활동이 어떤 것이든 긴장을 풀고 행복을 느끼는 것이어야 한다는 데 있다.

둘째, 부정적인 생각에 맞서 대응하라

'시간이 부족해, 나는 자격이 없는 사람이야!' 등의 부정적인 생각을 하는 순간부터 그것이 현실이 된다. 부정적인 생각에 절대 굴복해서는 안 되며, 사실 그 자체로서 또한 이성적인 생각으로 맞선다면 긍정적인 태도가 형성될 가능성은 더 커지게 된다. '하지 않으려고 하면 변명이 보이고, 하고자 하면 방법이 보인다.'는 말이 있지 않은가?

셋째, 믿을 만한 사람에게 솔직한 감정을 털어 놓아라

전문가들은 사회적 고립이 건강에 심각한 해를 입힌다고 지적한다. 끊임없이 부정적인 생각이 생긴다면 친구든, 가족이든 믿을 만한 사람에게 마음을 털어놓아야 한다. 지지와 격려를 받을 수 있다면 부정적인 생각에 대처할 힘이 북돋워지게 될 것이다.

넷째, 문제를 해결하기 위해 행동하라

동료들과의 갈등으로 스트레스를 받는다면 직접 상황 해결을 시도하라, 누군가 때문에 감정이 상했다면 그에 대해서도 바로 얘기를 하여 빠른 시간 내에 해결할 필요가 있다.[2]

도전 정신으로 유명한 현대그룹 창업자 고 정주영 회장의 유명한 어록 중의 하나는 "여보게, 해보기나 했어?"이다. 사업 책임자나 기술자들이 업무 진행상의 난관에 봉착하여 이런저런 사유를 대며 쉽지 않을 것으로 보고할 때 나오는 반응이었다고 한다. 이는 긍정적이고 도전적인 기업가의 태도를 그대로 보여주는 단적인 예로서 맨손으로 출발하여 세계 굴지의 현대그룹으로 성장시킨 원동력이었다. 우리의 마음속에 '~ 때문에 어렵다'는 마인드가 잠재해 있다면 지금 당장 '~ 임에도 불구하고 할 수 있다'라는 마인드로 전환시켜야 한다. 즉 내 속에 잠재해 있는 Bof(Because of ~)의식을 Isof(In spite of ~)의식으로 전환해야 한다는 것이다. 긍정적인 태도는 그것으로부터 나오는 것이다.

충무공 이순신의 긍정적 태도

01. 집안이 나쁘다고 탓하지 마라

- 나는 몰락한 역적의 가문에서 태어나 가난 때문에 외갓집에서 자라났다.

02. 머리가 나쁘다고 말하지 마라

- 나는 첫 시험에서 낙방하고 서른둘의 늦은 나이에 겨우 과거에 급제했다.

03. 좋은 직위가 아니라고 불평하지 말라

- 나는 14년 동안, 변방 오지의 말단 수비장교로 돌았다.

04. 윗사람의 지시라 어쩔 수 없다고 말하지 말라

- 나는 불의한 직속상관들과의 불화로 몇 차례나 파면과 불이익을 받았다.

05. 몸이 약하다고 고민 하지 마라

- 나는 평생 동안 고질적인 위장병과 전염병으로 고통 받았다.

06. 기회가 주어지지 않는다고 불평하지 말라

- 나는 적군의 침입으로 나라가 위태로워진 후 마흔 일곱에 제독이 되었다.

07. 조직의 지원이 없다고 실망하지 말라

- 나는 스스로 논밭을 갈아 군자금을 만들었고 그러면서 스물세 번 싸워, 스물세 번 이겼다.

08. 윗사람이 알아주지 않는다고 불만을 갖지 말라

- 나는 끊임없는 임금의 오해와 의심으로 모든 공을 뺏긴 채, 옥살이를 해야 했다.

09. 자본이 없다고 절망하지 말라

- 나는 빈손으로 돌아온 전쟁터에서 열 두 척의 낡은 배로 133척의 적을 막았다.

10. 옳지 못한 방법으로 가족을 사랑한다 말하지 말라

- 나는 스무 살의 아들을 적의 칼날에 잃었고, 또 다른 아들들과 함께 전쟁터로 나섰다.

11. 죽음이 두렵다고 말하지 말라

- 나는 적들이 물러가는 마지막 전투에서 스스로 죽음을 택했다.

02 좋은 습관

♣

『다른 사람과 구별되는 독특한 라이프스타일을 즐기고 싶다면 이 점을 이해해야 한다. 습관이 미래를 결정한다는 사실이다.』

- 잭 캔필드(Jack Canfield) -

나는 누구인가?

1. 나는 당신의 영원한 동반자이다. 나는 당신에게 가장 큰 힘이 되기도 하고, 가장 무거운 힘이 되기도 한다. 나는 당신을 전진하게 만들기도 하고, 당신을 실패하게 만들기도 한다. 나는 전적으로 당신의 명령을 받는다.

2. 나를 통제하기는 아주 쉽다. 하지만 단호해야 한다. 어떤 일을 어떻게 하고 싶다고 정확히 보여 주기만 하면 몇 차례의 시도 끝에 자동적으로 일을 처리한다. 나는 모든 위대한 사람들의 충복이며, 모든 실패자의 충복이기도 하다.

3. 나를 잡아 길들이고 훈련시키고 단호하게 통제하면 나는 당신의 발밑에 이 세상을 바칠 것이다. 나와 함께 편안히 살아라. 그렇지 않으면 내가 당신을 파괴할 것이다.

나는 누구일까?

나는 [   ] 이다.

* 출처 : 잭 핫지, 「습관의 힘」, 2008.

습관의 힘

습관의 의미는 사전적으로 '오랫동안 되풀이하여 오랫동안 몸에 익은 채로 굳어진 개인적 행동'으로, 심리학적으로는 '학습에 의하여 후천적으로 획득되어 되풀이함에 따라 고정화된 반응 양식'으로 표현되고 있다. 아리스토텔레스(Aristotle)는 기원전 350년경에 이미 '미덕을 만드는 것은 정당하고 절도 있는 행동으로 이루어진 습관이며, 그것은 한 개인의 삶 이상의 범위까지 그 영향력을 발휘한다.'라고 하였고, 릭 웨런(Rick Warren)은 「목적이 이끄는 삶(The Purpose Driven Life)」에서 '성격은 기본적으로 습관의 합이다. 습관적인 행동 방식이 바로 성격인 것이다.' 라고 주장하기도 했다. 이런 정의들은 우리가 일상적으로 하는 행동 대부분이 바로 습관에 의한 것이라는 점을 확신시켜 준다.

아침에 일어나서 잠들 때까지의 과정을 생각해 보자. 수십, 수백 가지 이상의 모든 과정이 매일 습관적으로 이루어진다. 오늘 아침에 일어나 가장 먼저 어떤 행동을 했는가? 신문을 들고 화장실부터 갔는가? 휴대폰의 소식부터 확인했는가, 아니면 명상을 하고 체조를 했는가? 침실에서 나와 가족과 마주칠 때 무슨 말을 했는가? 출근하기 위해 어떤 노선을 선택했는가? 사무실 책상에 앉으면 무엇부터 하는가? 커피부터 마시는가, 컴퓨터를 켜서 이메일을 처리하는가? 퇴근하면서 집으로 곧장 가는가, 아니면 모임을 만들려고 하는가? 집에 오면 운동을 하러 나가는가, 또는 텔레비전 앞에 앉는가?

우리가 매일 반복하는 행동들이 신중하게 생각하고 내린 선택의 결과물로 여겨지겠지만, 실제로는 그렇지 않다. 대부분의 행동이 습관이다. 하나하나의 습관이 그 자체로는 상대적으로 큰 의미는 없지만, 매일 먹는 음식, 아침마다 가족들에게 하는 말, 어떤 소비를 하는지, 얼마나 자주 운동을 하는지, 생각과 일과를 어떻게 정리하는지 등이 결국에는 건강과 생산성, 경제적 안정과 행복에 엄청난 영향을 미친다. 미국 듀크 대학교 연구진이 2006년에 발표한 논문에서 '우리가 매일 행하는 행동의 40퍼센트가 의사 결정의 결과가 아니라 습관 때문이었다.'라고 결론지었다.[3]

또한 많은 심리학자는 습관이 사회 조직 전체의 심리학적 메커니즘을 실질적으로 이끌고 있다고도 주장한다. 19세기 심리학자인 윌리엄 제임스(William James)는 이렇게 말했다. '습관은 사회를 움직이는 거대한 바퀴이다. …… 힘들고 어려운 삶의 길이라도 그 길을 걸으며 자란 사람은 절대 포기하지 않는다. 우리 모두는 어린 시절의 선택이나 교육을 통해 획득한 습관을 바탕으로 인생의 전투에 나서며, 다른 대안이 없기 때문에 못마땅해도 그대로 살아간다. 다시 시작하기에 너무 늦었다고 생각한다. 다양한 사회 계층은 서로 섞이지 못한다. 젊은 여행자, 의사, 목사 등 모두 25세 나이에 이미 직업적 매너리즘에 빠져 있다. 더 도망칠 수 없다는 편견에 사로잡혀 있다. 그대로 있는 것이 최선의 길이라고 생각하고 있다. 우리의 성격은 석고처럼 단단히 굳어져 있으며, 다시는 이전 상태로 돌아가지 않는다.' 윌리엄 제임스는 이 말을 통해 습관의 힘이 사회 전체의 구조에 어떤 영향을 주는지 지적하고 있을 뿐만 아니라, 습관을 바꾸기도 얼마나 어려운지를 강조하고 있다.[4]

'습관은 동아줄과도 같아서 한 올 한 올 날마다 엮다 보면 결국 끊지 못한다.'라는 말이 있다. 따라서 우리는 훌륭하고 긍정적이며, 생산적인 습관을 형성하기 위해 노력해야 한다. 생각은 행동을 낳고, 행동은 습관을 만든다. 그렇게 형성된 습관은 결국 성품을 만들어 그것이 자신의 운명을 결정짓게 할 것이다. 습관은 결국 한 사람의 운명을 좌우하고 또 성공을 결정할 만큼 우리의 삶에 엄청난 힘을 발휘하고 있음을 인식할 수 있다. 인생에 있어 습관의 영향력을 도표로 표현하면 아래 〈표 2-1〉과 같겠다.

| 표 2-1 | 습관의 영향에 의한 인생 순환 사이클

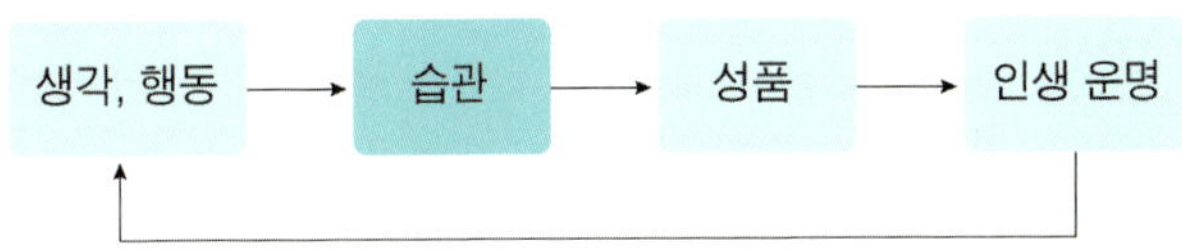

습관의 효과

성공한 사람과 보통 사람을 어떻게 구분해야 할까? 무엇이 사람을 성공으로 이끌었을까? 이 질문의 답은 일상생활에서 나타나는 '습관의 차이'라고 하면 될 것이다. 각자의 분야에서 성공을 거둔 사람들은 좋은 습관이라는 한 가지 공통점을 가지고 있다. 물론 그들에게 나쁜 습관이 전혀 없지는 않겠지만 좋은 습관이 상대적으로 훨씬 많다는 것이다.

우리는 어떤 사람들의 업적을 평가할 때 '기대이상의 성과' 또는 '기대이하의 성과'라는 표현을 쓴다. 전자는 특별하게 지능이나 재능이 뛰어나지 않은 것으로 아는데 높은 성과를 내었을 경우이고, 후자는 잠재적 능력이 있음에도 그 수준에 부합하는 성과를 내지 못했을 경우이다. 유전적 특성이 강한 지능과 재능의 우열에도 불구하고 기대와 다르게 나타나는 성과는 어떤 차이 때문일까? 시간관리, 열정, 신속한 처리, 성실성 등 생활태도와 습관에 관련된 것들이 복합되어 나타난 결과일 것이다. 이는 성공하는 사람은 반드시 지능이 뛰어나거나, 탁월한 재능을 갖추었기 때문만은 아니라, 다만 남들보다 인내하고 노력하며 더 체계적으로 일하는 좋은 습관을 갖고 있기 때문임을 알려준다.

유전적 특성과 좋은 습관 중 무엇이 성과에 더 큰 영향을 미치는가는 드라마의 흔한 소재가 되는 스토리에서 잘 비교해볼 수 있다. 어려서 헤어져 각자 다른 환경에서 자란 일란성 쌍둥이의 삶의 이야기다. 한 아이는 부지런하게 살 수밖에 없는 농촌에 살면서 어려운 여건 속에서도 부모님의 격려와 관심을 받으며 자랐고, 다른 사람은 부모의 무관심 속에 방치되었으며 집안일도, 학업도 열심히 할 필요가 없는 환경에서 자랐다. 이 두 사람이 어른으로 성장하여 서로 만났을 때 외모는 똑같았으나 생활태도는 완전히 달라져 있었다. 이들의 차이는 환경의 영향에 따른 생활습관에서 유래한 것이다. 즉 삶의 성취 효과를 높이는 것은 유전적인 특성보다 오히려 좋은 습관의 영향이 더 크다는 것이다.

이 현상과 관련된 연구 결과가 있다. 시카고 대학교의 벤자민 블룸(Benjamin Bloom)박사는 유명한 학자와 예술가, 운동선수를 대상으로 5년 동안 '재능과 능력이 그들의 성공에 얼마나 영향을 미쳤는가?'에 대해 면접조사 방식의 연구를 실시하여 '성공을 이끈 중요한 요소는 타고난 재능이나 능력이 아니라 좌절과 실패에도 불구하고 끊임없이 노력하는 습관'이라는 점을 밝혀냈다. 다음의 구체적인 사례들은 습관의 효과를 더 확실하게 뒷받침 해준다.

먼저, 좋은 습관은 지능보다도 성취의 효과가 크다는 사례이다. 보통 수준이었던 어느 의사의 경우이다. 그는 아침마다 식사를 하면서 의학저널과 임상 논문을 읽는 습관이 있었다. 얼마 지나지 않아 이 습관으로 인해 전문적 지식을 많이 갖춘 뛰어난 의사로 인정받게 되었다. 아마 이러한 습관 형성 과정을 모르는 일반인들은 그 의사가 다른 의사보다 그저 지능이 뛰어난 사람으로만 보았을 것이다. 지능이 높은 사람은 좋은 유전적 특성을 주신 부모님께 물론 감사해야 한다. 하지만 자신이 더 많은 교육을 받고, 더 많은 지식을 획득하였다면 그것은 지능 보다는 좋은 습관에 의한 효과라고 생각하는 것이 맞다. 만약 위대한 학문적 업적을 남긴 학자가 있다면 그는 높은 지능에다 훌륭한 습관까지 가지고 있어서 자신의 유전적 잠재력을 극대화 시킨 사람이라 할 수 있겠다.

다음은 좋은 습관은 재능이나 능력보다도 더 큰 성과를 얻는다는 사례이다. 위대한 발명가인 에디슨(Edison)은 일생동안 전구, 영사기 등 1,093점의 제품을 발명했다. 에디슨은 진짜 천재이기는 했다. 그러나 에디슨은 자신의 성공을 천재성이 아니라 결코 포기하지 않고 노력하는 습관 때문이었다고 평가했다. 전구를 발명하기까지 10,000번이나 실험을 시도했다는 점이 그의 평가를 뒷받침한다.

사람들은 누구나 어느 수준의 잠재적 능력을 보유하고 있음에도 성과에서 차이가 나타난다. 기대 이상의 성과를 얻는 사람들은 좋은 습관으로 좋은 성과를 내는 선순환 사이클을 유지하고 있다. 좋은 습관은 좋은 결과를 낳고, 나쁜 습관은 나쁜 결과를 낳기 때문이다. 우리는 자신이 가지고 있는 나쁜 습관이 무엇인지를 인식하여 좋은 습관으로 바꾸는 노력을 지속해야 한다.

삶에 영향을 주는 좋은 습관들

- 약속은 반드시 지키며, 전화 약속을 잊지 않는다.
- 회의나 약속 시간에 절대 늦지 않는다.
- 행동을 미루지 않는다.
- 행정 업무는 신속하게 처리한다.
- 늘 상황을 예측하여 기대 수준을 명확하게 설정한다.
- 누구에게든 경청한다.
- 동료, 고객, 가족과의 소통을 더욱 효과적으로 한다.
- 인사를 나눈 다음에는 상대방의 이름을 기억한다.
- 다른 사람과 대화할 때는 반드시 상대의 눈을 바라본다.
- 감정을 통제하여 반응하기 전 한 번 더 생각한다.
- 규칙적으로 운동한다.
- 책을 매일 읽는다.
- TV 보는 시간을 최소화 한다.
- 매일 아침은 가족과 함께 식사한다.
- 건강에 좋은 음식을 매일 먹는다.
- 매월 자기 수입의 10%는 남을 위해 기부한다.

자신의 습관 조사

사람은 습관에 따라 생각하고, 말하고, 행동한다. 현재 자신이 하는 행동들 대부분은 어릴 적부터 학습되고 경험했던 것들이 축적된 결과로 나타나는 것이다. 나쁜 습관은 우리가 원하는 방향으로 성장되는 것을 가로막는 장애물이다. 습관적으로 하는 생각과 언행이 우리를 원하는 방향으로 가지 못하고 같은 자리를 맴돌거나 뒤처지게 한다. 이러한 습관의 속성을 과학적 이론으로 비유하자면 뉴턴의 제1운동 법칙인 '관성의 법칙'이 적절하다. 관성의 법칙이란 외부에서 힘이 가해지지 않는 한 정지한 물체는 계속 정지하려 하고, 움직이는 물체는 계속 움직이려 한다는 것이다. 우리 인간의 생각과 행동에도 같은 법칙이 적용된다. 외부에서 가해지는 힘이 없거나 특별한 결심에 의한 행동 변화가 없으면 늘 같은 수준의 일만 반복하게 될 것이다. 현재의 습관으로 인해 성장을 멈추고 행복도 누릴 수 없다면 새로운 습관으로 완전히 전환해야 한다. 습관은 자신의 삶을 윤택하게 만들고 미래를 향한 성장에 도움이 될 때만 가치가 있기 때문이다.

바람직한 습관으로 바꾸기 위해 가장 먼저 해야 할 것은 '자아조사'이다. '자아조사'는 자신이 갖고 싶은 습관과 고치고 싶은 나쁜 습관을 찾아내기 위하여 스스로의 깊은 성찰을 통하여 자신의 나쁜 습관이 무엇인지? 좋은 습관은 무엇인지? 찾아내는 작업이다. 이러한 자아조사를 통해 성공을 가로막는 나쁜 습관과 잠재력 발휘에 도움이 되는 좋은 습관을 일부 찾아낼 수 있다. 하지만 나쁜 습관의 경우 스스로의 성찰만으로는 제대로 깨닫지 못한다고 봐야 한다. 제대로 찾아내기 위해서는 다른 사람의 도움을 받을 필요가 있다. 이것은 '자아인식' 방법으로서 자신을 잘 알고 있는 사람과 함께 작업을 하면서 자신의 습관을 객관적으로 파악하는 과정이다. 자아인식은 매우 중요한 과정이다. 자신의 나쁜 습관을 많이 찾을수록 자신이 성장하는데 더 많은 도움이 되기 때문이다.

자아성찰과 자아인식의 방법으로 자신의 습관을 파악하고 나면, 가장 우선적으로 고쳐야 할 습관과 새로이 갖고 싶은 좋은 습관을 정하여 고치는 것이다. 나쁜 습관들을 단번에 고치기는 어렵다. 습관을 고친다는 것이 결코 쉬운 일이 아니며, 금방 효과가 나타나는 것도 아니기 때문이다. 따라서 1~3개월 이내에 반드시 고쳐야 할 나쁜 습관과 새로 가지고 싶은 습관을 정하여 집중적으로 고쳐나가도록 노력하는 것이 좋다. 이때 유념해야할 점은 자신에게 축적되어 있는 나쁜 습관들의 근원이 되는 습관이 있으며, 이들을 찾아서 바꾸는데 집중하면 다른 나쁜 습관들 까지도 따라서 고쳐지게 된다는 것이다. 이를 증명하는 사례와 연구결과들은 많다. 한 사례를 들자면 '나쁜 식습관에 의한 비만에다 흡연 및 커피중독, 불면증 까지 있어서 정상적인 사회생활을 못하고 결혼생활도 파탄지경에 이른 사람이 있었다. 그는 생의 마지막 지푸라기라도 잡는 심정으로 삶의 패턴을 고치고자 결심했다. 그래서 우선적으로 금연을 시도하였고, 조깅을 시작하는 등 하나하나 고쳐나가기 시작했다. 어느덧 그는 체중도 감량하여 정상적인 생활을 하게 되었고, 마라톤 하프코스에 이어 풀코스 까지 완주하는 등 다방면에서의 역동적인 습관으로 사회생활도 성공에 이르게 되었다.' 이 점을 특이하게 인식한 의학연구 집단에서 이 사람의 습관 변화과정을 조사한 결과 '핵심 습관'이라는 것을 발견해 냈다. 여러 가지 변화의 노력 중에서도 간절한 각오로 끊겠다고 결심하여 집중한 흡연 습관이 그것이다. 이것에 집중한 결과가 뇌 활동 프로그래밍을 개선하는데 영향을 주어 다른 나쁜 습관들도 따라서 고쳐지는 결과로 나타났다는 것이다. 지금부터 〈표 2-2〉 양식에 따라 자신의 삶에서 '고쳐야 할 나쁜 습관'과 '새로 갖고 싶은 좋은 습관', 그리고 다른 나쁜 습관에 영향을 줄 수 있는 핵심 습관을 조사해 보자.

| 표 2-2 | 자신의 습관 조사 양식

자아조사(성찰을 통한 자신의 습관 조사)

평소 자신의 나쁜 습관과 좋은 습관을 차분히 생각하며 적어보자.

나쁜 습관	좋은 습관
·	·
·	·
·	·
·	·
·	·
·	·
·	·
·	·
·	·
·	

자아인식(동료의 도움을 받아 자신의 습관 발견)

질문(습관의 영역)	자신의 습관 발견
좋은 유형의 습관 (생각, 감정, 말, 행동 등으로 구분)	· ·
나쁜 유형의 습관 (생각, 감정, 말, 행동 등으로 구분)	· ·

* 질문의 예

· 나는 화가 날 때 다른 신체적 변화가 있는가?

· 나는 민망한 상황에서 거짓말을 하는가?

· 나는 좋은 사람을 만나면 어떻게 반응하는가?

· 나는 웃을 때 입을 얼마나 벌리며, 소리는 어떻게 내는가?

· 나는 걸을 때 다리를 어떻게 하는가?

종합 : 1개월 이내에 '고쳐야 하는 습관'과 '새로 갖고 싶은 습관'

고쳐야 하는 나쁜 습관	새로 갖고 싶은 좋은 습관
· · · · · · ·	· · · · · · ·
※ 나쁜 습관에 영향을 주는 핵심습관 :	※ 좋은 습관에 영향을 주는 핵심습관 :

좋은 습관의 형성에 필요한 요소

습관의 구성요소 이해

새로 갖고 싶은 좋은 습관을 계발하기 위해서는 습관의 구성요소를 이해하고 그 요소들에 대하여 긍정적인 예측을 해야 한다. 「성공하는 사람들의 7가지 습관」의 저자인 스티븐 코비(Steven R.Covey)는 〈표 2-3〉과 같이 습관을 인식(knowledge), 기량(skill), 욕구(desire)의 혼합체로 정의하고, 각 요소들에 대하여 다음과 같이 설명하고 있다. '인식이란 우리가 무엇을 해야 하고, 왜 하는지에 대한 패러다임이다. 기량이란 어떻게 해야 하는가, 즉 방법을 말한다. 욕구란 하고 싶어 하는 것, 즉 동기를 말한다. 우리가 무엇을 습관화하기 위해서는 반드시 이 세 가지가 있어야 한다.'[5]

예를 들어 '가족과의 따뜻한 소통'을 새로운 습관으로 갖고 싶다면, 먼저 '인식 요소'에서 현재 자신의 큰 문제가 아내와의 갈등관계인데, 이는 평소에 자신이 아내의 말을 중간에 자르고 자신의 이야기만 끊임없이 하려는 태도 때문인 것으로 보고, 아내가 말을 할 때 경청해야 한다고 인식하는 것이다. 다음으로 '기량 요소'는 아내와의 따뜻한 소통을 위해 경청 태도를 가져야 함을 인식은 하지만, 진지하게 경청하는 방법을 몰라서 실천을 못하는 수도 있다. 마지막으로 '욕구 요소'는 아내의 말을 경청해야 하는 당위성과 방법을 잘 알고 있더라도 아내와 관계를 개선하고자 하는 것이 다른 일에 비해 간절함이 부족하다면 새로운 습관을 지속적으로 유지하기 쉽지 않을 것이다.

이처럼 새로운 습관을 가지고자 한다면 위와 같은 습관의 세 가지 구성요소가 모두 필요 한다. 그리고 각 요소들의 항목들에 대해서는 긍정적인 기대감을 담아야 한다. 사람은 스스로 기대를 만들어 내고, 그 기대에 대한 예상 때문에 어떤 행동을 한다는 것이다. 따라서 실제로 일어나든 그렇지 않든 좋은 결과를 기대하는 버릇을 들이게 되면 늘 긍정적으로 일의 결과를 예상하게 되어 좋은 습관과 함께 미래를 성공적으로 만들어 갈 수 있다.

효과적인 방법으로 새로운 습관을 만들기 위해 〈표 2-3〉에 명시된 습관의 세 가지 각 구성요소별로 긍정적 기대 또는 실천 목표를 정하는 작업을 진행해 보자.

| **표 2-3** | 습관의 구성요소

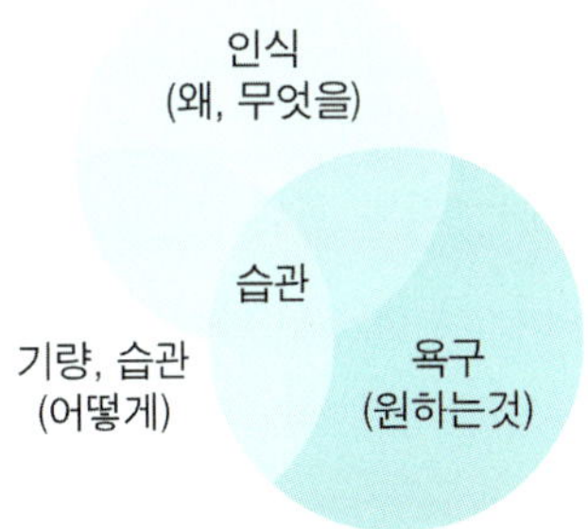

새로 갖고 싶은 습관 유형 제목

인 식	· 왜 : · 무엇을 : ※ 이러한 점이 잘못되어 있으므로, 무엇을 고쳐야 하는지에 대한 인식?
기 량 (방법)	· 어떻게 : · 어떤 수단으로 : ※ 고치려면 어떤 방법과 어떤 수단을 사용해야 하는지?
욕 구 (동기)	· 원하는 것 : · 원하는 질 또는 양 : ※ 원하는 것은 무엇이며, 어느 정도의 수준인가?

습관을 고치는 힘, 모멘텀(Momentum)

새로운 습관을 갖기 위한 목표를 세웠으면 습관 형성을 위한 실천에 들어가야 한다. 새로운 습관을 형성하는 것은 성공적인 인생을 위해 꼭 필요한 일이지만 우리의 삶에서 가장 힘든 일 중의 하나이다. 습관이란 응급처치식의 짧은 시간과 가벼운 노력으로 쉽게 고쳐지는 것이 아니기 때문이다. 새로운 습관을 형성하는 것은 앞에서 언급하였듯이 어떤 힘이 가해지지 않는 한 현재의 움직임을 계속 유지하려 하는 관성을 극복하는 것과 같다. 빨리 달리고 있는 무거운 기차를 멈추게 하고, 다시 다른 방향으로 달리게 하는 것이 쉽게 가능하겠는가? 다른 움직임으로 전환시킬 수 있는 막대한 에너지, 즉 관성의 힘 이상의 운동량이 필요하다. 그것이 바로 모멘텀(Momentum)이다. 관성을 극복하기 위해서는 초기에 큰 모멘텀이 필요하고, 정상 궤도에 들어서면 다른 관성으로 안정되면서 모멘텀의 필요성은 줄게 된다.

좋은 습관을 갖기 위해서는 모멘텀 역학의 개념을 잘 적용해야 한다. 처음에는 습관을 바꾸기가 매우 어렵다. 정지 상태의 기차를 움직이게 하는 것처럼 시작하기가 매우 힘들다는 것이다. 하지만 하나의 습관을 바꾸고 나면 다음에는 좀 더 쉬워진다. 습관을 하나씩 바꿀 때 마다 습관을 바꾸는 능력이 향상되어 우리는 멈출 수 없는 기차가 되며, 그 기차는 어느새 우리 삶의 현실이 되어있을 것이다.

스티븐 코비(Steven R. Covey)는 우주선이 지구 중력을 돌파하는 모멘텀을 사례로 들어 설명하면서 새로운 습관을 형성하는 초기 단계에서 당사자의 굳은 결의와 언행의 일치가 요구된다고 하였다. 설명 내용은 다음과 같다. '우주선은 달에 도달하기 위해 먼저 거대한 지구의 중력을 돌파해야 한다. 우주선이 발사되어 처음 몇 분간 몇 마일을 비행하기 위해 소모하는 에너지의 양은 그 후 며칠에 걸쳐 50만 마일을 여행하는데 드는 에너지의 양보다 더 많다. 습관 역시 거대한 중력을 가지고 있다. 이는 대부분의 사람들이 깨닫고 인정하는 것 보다 더 큰 중력이다. 예를 들어 할 일을 뒤로 미루는 것이라든지, 성급함, 상대에 대한 비난, 이기심 등과 같은 좋지 않은 습관이 그에 속한다. 우리의 생활에 깊이 배어있는 이러한 습관적 경향을 타파하기 위해서는 시작 단계에서 상당한 의지력과 생활상의 변화가 필요하다. 하지만 발사에 해당되는 시작에서는 굉장한 노력이 요구되지만 일단 중력권을 돌파하고 나면 새로운 차원의 자유를 경험할 수 있다.' 좋은 습관을 새로이 형성시키기 위해서는 관성을 극복하는 초기 단계에서의 모멘텀 개념을 이해하고 적용하는 것이 중요하다.

자기통제

새로운 습관을 갖고자 모멘텀을 적용한 최초 단계 이후에 요구되는 노력은 바로 '자기통제'이다. 자기통제는 꿈만 꾸는 자가 아닌 실천가로 전환하는데 핵심적인 요소로서 싫어하는 것을 매일 꾸준히 하는 끈기가 기본이다. 마크 트웨인(Mark Twain)의 말이다. '하고 싶지 않은 일을 매일 하도록 하라. 이것이 바로 고통 없이 자기 의무를 수행하는 습관을 갖는 황금률이다.' 철저한 자기통제 없이 새로운 습관을 형성하는 것이 매우 어렵다는 점을 알려주고 있다.

자기통제가 얼마나 중요한지를 보여주는 좋은 사례가 있다. 역사적으로 존경받는 미국 루즈벨트 대통령의 건강한 삶에 대한 이야기이다. 루즈벨트는 미국 역사상 육체적으로 가장 건강하고 정신적으로 단호한 지도자로 인식되고 있다. 하지만 그가 처음부터 그랬던 것은 아니다. 어린 시절 루즈벨트는 천식이 너무 심해 침대 옆에 있는 촛불도 끄지 못했다. 어린 시절을 회상하며 루즈벨트는 자기 자신을 '병약하고 허약한 소년이자 불쌍한 꼬마'였다고 표현했다. 눈도 좋지 않았고 말라깽이였으며 건강 상태가 너무나 좋지 않아 그의 부모도 루즈벨트가 오래 살지 못할 것이라고 생각했다. 하지만 그는 건강하게 살아남았다. 루즈벨트는 이렇게 설명했다. "항상 병을 달고 다니던 연약한 아이였던 나는 나 자신의 힘으로 건강한 청년이 되었다. 단순히 나의 몸이 아니라 영혼과 정신을 훈련시켰다. 고통스럽고 힘든 과정이었다." 루즈벨트는 자기가 원하는 사람이 되려면 연습과 훈련을 해야 한다는 사실을 이해했다.

「루즈벨트 전기」(제임스 M.스톡)에서 자기 통제력을 키우기 위한 루즈벨트의 노력이 이렇게 묘사되어 있다. '자기 자신을 통제하기 위해 루즈벨트는 아버지의 가르침을 그대로 따랐다. "먼저 몸을 만들어야 한다." 정체되어 있을 수 없다. 자기통제를 위한 지속적인 싸움에서 나태는 우리를 패배로 이끈다.' 또 다른 어록들에서 루즈벨트의 자기통제에 의한 습관 형성 과정을 알 수 있다. '사람들은 인생의 수많은 전투에 대해 이야기 한다. 하지만 내가 겪은 가장 힘든 전투는 아무도 알지 못하는 것이다. 그것은 바로 나 자신에 대한 통제권을 차지하기 위한 전투였다.' '자기통제와의 전투에서 이기는 것은 치열한 노력을 통해서만 얻을 수 있다. 이것은 일종의 습관이다. 반복적인 노력과 반복적인 의지의 훈련을 통해 얻는 습관이다.' 루즈벨트는 어릴 때부터 육체적으로 튼튼하고 정신적으로 강인한 사람이 아니었으나 자기통제를 통해 강인한 사람이 되었다. 루즈벨트는 자기통제의 결과로 다음의 결과를 성취했다.

- 미국의 26대 대통령이자 미국 역사상 최연소 대통령으로 선출
- 해군 차관 등 수많은 공직에 선출
- 여러 국제분쟁 종식 및 노벨 평화상 수상
- 군인으로서 건강상태 입증을 위해 말을 타고 100마일 완주
- 최다 악수 분야의 기네스 세계 기록 보유(논스톱으로 8,150회)
- 가슴 부위 총상을 입고도 90분간 연설 후 병원으로 이송
- 현대적 의미의 대통령 역할 규정
- 책 30권 이상 저술[6]

자기통제는 끈기가 행동으로 나타나는 것이다. 끈기도 습관의 일종으로서 끈기를 발휘할수록 더욱 끈질긴 사람이 되어 간다. 끈기를 기본으로 한 자기 통제권을 확보하면 꿈꾸는 사람에서 실천하는 사람으로 변화될 것이다. 아울러 목적의식을 가진 좋은 습관을 갖게 된다.

습관을 바꾸는 21일 PMA 프로그램

* PMA(Positive Mental Attitude) : 긍정적 정신자세

이 프로그램은 21일 동안 종일 생각과 말, 행동을 우리가 존경하며, 되고 싶은 사람의 그것과 일치시키는 것이다. 21일 동안 이 일을 해야 하는 이유가 두 가지 있다.

첫째, 성인은 뇌 속에 새로운 습관을 받아들이는데 보통 14~21일 정도의 기간이 소요된다. 가끔은 이보다 훨씬 기간이 단축되기도 한다. 그러나 평생 동안 지닌 습관을 단 며칠 안에 바꾸거나 제거할 수 있는 방법은 없다.

둘째, 참을성과 끈기를 배우기 위해서다. 암탉이 알을 부화시키려면 21일 동안 참을성 있게 안정된 공간에서 따뜻하게 알을 품어야 한다. 뇌가 완두콩만 한 암탉도 21일 동안 꾸준히 알을 품는 자기통제를 보이는데, 하물며 만물의 영장인 인간이 못한다는 것은 말이 안 된다. 습관을 바꾸는데 있어 참을성은 중요한 열쇠이다.

* 출처 : 브라이언 트레이시, 「잠들어 있는 성공시스템을 깨워라」, 2010.

좋은 습관 만들기 위한 실천 단계

새로 갖고 싶은 좋은 습관을 찾아내고, 습관을 형성하는 요소들을 이해했으면 이제 좋은 습관을 만들기 위해 실천을 해야 한다. 어떻게 실천해야 하는가? 새로운 좋은 습관을 형성하기 위한 간단하고도 강력하게 입증된 방법들은 많이 있을 것이다. 그 중 동기부여 전문가인 브라이언 트레이시(Brian Tracy)가 개발하여 제시한 실천 방법을 〈표 2-4〉와 같이 소개하겠다.

| 표 2-4 | 새로운 습관 형성을 위한 7단계 실천 방법

단계 / 실천 방법	사 례
1단계 결심하라	· 항상 특정한 방식으로 행동한다고 단단히 결심하라 · 매일 아침 일찍 운동을 하겠다는 결심을 하면 그 시간에 자명종을 울리도록 하라. 시계가 울리면 즉시 일어나 운동복으로 갈아입고 운동을 시작하라
2단계 예외를 인정하지 말라	· 새 습관의 형성기에는 핑계를 만들지 말고 합리화하지 말라. · 의무를 저버리지 말라 · 매일 아침 6시에 일어나기로 결심하면 자동적인 습관이 될 때까지 6시에 일어나는 연습을 반복하라
3단계 다른 사람에게 말하라	· 특정한 행동 습관을 익히는 중이라고 주변 사람들에게 말하라. · 결심을 밀고 나가는 당신을 지켜보는 사람이 있다고 생각할 때 당신은 놀랄 만큼 굳은 결심으로 원칙을 지켜나간다.

4단계 새로운 자신을 시각화 하라	· 마음의 눈으로 특정한 방식으로 행동하는 자신을 보라. · 새 습관을 이미 익힌 당신의 모습을 자주 시각화하고 상상하라. 새 습관은 자주 시각화 할수록 더 빨리 자동적인 버릇이 된다.
5단계 확언하라	· 스스로 반복해서 확언하라. 습관형성 속도를 높여줄 것이다. · 예를 들어 '나는 매일 아침 6시에 일어나 일을 시작할거야!'라고 말 할 수 있다. 자기 전에 이 말을 반복하라. 저절로 깨게 될 것이다.
6단계 굳은 결심으로 밀어붙여라	· 결심한 일을 하지 않으면 불편함을 느낄 정도로 새 습관이 자동적이고 쉬운 일이 될 때까지 계속 연습하라
7단계 자신에게 보상하라	· 새 습관을 익히는 자신을 잘 대우하라. 스스로에게 보상을 할 때 마다 행동을 재확인하고 강화하게 된다. · 무의식 속에서 보상의 즐거움을 만끽하며, 긍정적 결과에 대해 강한 애착을 보이게 될 것이다.

* 출처 : 브라이언 트레이시, 「백만불짜리 습관」, 2005, p57-58

새로운 습관을 개발하기 위하여 실천 목표를 설정할 때는 좋은 습관의 유형들을 참고하면 도움이 될 것이다. 좋은 습관들 중에서도 세계적으로 가장 크게 영향을 끼쳤다고 평가받는 '스티븐 코비(Steven R. Covey)' 박사의 「성공하는 사람들의 7가지 습관」에서 설명하는 내용을 요약하여 소개 하겠다. 습관의 개발 지침에 관한 내용 중 가장 권위 있다고 정평이 나 있는 만큼 깊이 새겨 습관화 한다면 자기 발전에 많은 도움이 되리라 생각된다.

첫 번째, 자신의 삶을 주도하라.

주도적이라는 것은 단순히 앞장선다는 의미가 아니다. 주도적인 사람들은 변화의 주체로서, 분위기나 상황이 아닌 원칙과 가치에 기초하여 책임 있는 선택을 하는 습관을 견지한다.

두 번째, 끝을 생각하며 시작하라

개인 또는 다른 사람들과 함께 프로젝트를 수행할 때, 먼저 그 결과를 마음속으로 그려본 후에 자신의 미래를 만들어 가야 한다는 것이다. 그런 사람들은 마음속에 분명한 목적을 가지고 있으며, 모두에게 중요한 원칙, 관계를 찾아 거기에 헌신한다.

세 번째, 소중한 것을 먼저 하라

소중한 것을 먼저 한다는 것은 가정 중요한 것을 중심으로 계획하고 실행함을 의미한다. 어떠한 상황에서든 긴급한 일이나 주변 상황이 아닌 자신이 가장 중요시하는 원칙에 따라 살아가는 것이다.

네 번째, 승-승을 생각하라

승-승을 생각한다는 것은 모든 관계에서 상호이익과 존중을 모색하는 태도를 갖는 것이다. 부족과 적대적 경쟁이 아닌 풍요와 기회의 측면에서 생각하는 것이다. 이기적이거나, 양보만 하는 것이 아니라 '우리'가 모두 잘 되고자 하는 측면에서 생각하는 것이다.

다섯 번째, 먼저 이해하고 다음에 이해 시켜라

대답할 생각이 아니라 이해하겠다는 자세로 들을 때, 진정한 소통과 관계가 시작된다. 그렇게 했을 때 솔직하게 말하고 이해시킬 기회가 보다 자연스럽게 찾아온다. 이해하기 위해서는 배려가 필요하고, 이해시키기 위해서는 용기가 필요하다.

여섯 번째, 시너지를 내라

시너지는 나의 방법도 상대의 방법도 아닌 더 좋은 제3의 대안이다. 서로의 차이점을 존중하고, 중요하게 여기고, 축하했을 때 얻어지는 결과이다. 1더하기 1이 3이 되고, 11이 되고, 111이 되는 창조적 협력으로서 문제를 해결하고, 기회를 잡고, 차이점을 활용하는 것이다.

일곱 번째, 끊임없이 쇄신하라

끊임없이 쇄신하는 것은 살아감에 있어서의 기본적 영역이 되는 신체적, 경제적 · 사회적, 지적, 영적 등 4가지에서 자신을 지속적으로 쇄신하는 것이다. 이 습관은 다른 모두를 실천할 수 있는 능력을 키워주게 된다.[7]

03 가치관

♣

『선택의 자유와 영혼을 가지고, 자신이 바라는 대로 자신을 만들어가라. 너희의 영혼이 주는 힘을 가지고 더 높은 형태로 다시 태어나서 신성한 존재가 되라.』

- 구약 성경 -

자아의 발견

'시계보다 중요한 것은 나침반 이다.' 이 말은 인생에서의 진정한 성공을 위해서는 '얼마나 빨리 가느냐?' 보다 '올바른 방향으로 가고 있느냐, 즉 가치관을 갖고 있느냐?'가 더 중요하다는 표현이다. 하지만 그 전에 해야 하는 것이 있다. 자신의 거울을 보는 것, 즉 자신을 알기 위한 세 가지 질문에 먼저 대답을 하는 것이다.

- 나는 진정 무엇을 원하는가?
- 나는 무엇을 잘할 수 있는가?
- 나의 삶에 대해 어떤 그림을 그리고 있는가?

세상의 모든 문제는 나로 부터 출발하고, 그 답 역시 내 안에 있다고 한다. 우리가 살아오며 일관되게 들어왔던 메시지가 있다. '너 자신을 알라. 발견된 너 자신을 받아들여라, 그리고 자신의 특성을 최대로 활용하여 자기답게 살라.' 나를 알고자 하는 길은 많은 고민과 방황이 따른다. 지금 이 순간 나를 찾기 위해 고민하며 방황하고 노력한다면 그것은 바른 길이다. 대신 노력하지 않는 방황이나 방종, 즉 욕망의 혼동은 생에 대한 모독이 될 것이다. 이제 조용히 나만의 시간을 마련하여 생각을 해야 한다. 그리고 스스로에게 이렇게 물어보자. '나는 누구인가?' 다음 〈표 3-1〉 질문 항목에 대해 깊이 생각하여 적고, 주위 사람들과 서로 나누는 시간을 가진다면 자아를 발견하는데 도움이 될 것이다.

표 3-1 나를 찾아보기

	나는 누구인가?
1	나의 가장 큰 장점과 좋은 습관은 무엇인가?
2	나의 가장 큰 단점과 나쁜 습관은 무엇인가?
3	나를 가장 행복하게 하는 것과 소중한 감정은 무엇인가?
4	나를 가장 힘들게 하는 것과 쓸모없는 감정은 무엇인가?
5	나에게 가장 큰 성취감을 주는 것은 무엇인가?
6	나의 보물 1호는 무엇인가?

* 이것을 적어서, 주위 사람들과 공유하도록 하자

'세상은 자신이 어디로 가는지 아는 사람에게 길을 열어준다.'는 말이 있다. 사람이 성장하려면 자신이 누구인지, 강점과 약점은 무엇인지, 무엇에 관심이 있는지를 알아야 하며, 또한 지금까지 어떤 길을 걸어왔는지, 지금은 어디에 있는지도 알아야 한다. 그렇지 않으면 앞으로 어디로 나아가야 할지를 정할 수가 없다. 이것에 대해 깊이 생각하고 자각하는 것이 바로 자기 삶의 방향성에 대해 고민하는 일이다. 지금부터 삶의 방향성을 제대로 고민하고 진단하는 방법에 대해 알아보겠다.

삶의 방향성에 대해 고민하는 사람들은 대개 다음의 세 가지 부류로 나뉘어 진다.

첫째, 자신이 하고 싶은 것이 무엇인지를 모르는 경우이다.

이들은 대부분 정체성 혼란에 빠져 있고 목적의식이 희박하다. 설령 성장을 하고 있다 하더라도 구심점이 없다. 그저 이것저것 조금씩 건드려 볼 뿐이다. 노력을 해서 성취해야 할 대상이 무엇인지 확실치 않기 때문에 잠재역량을 발휘하기가 매우 어렵다.

둘째, 자신이 하고 싶은 것이 무엇인지 알지만, 행하지 않는 경우이다.

이들은 대부분 좌절 속에서 살아가며 날마다 현재의 자신과 미래에 되고 싶은 자신 사이에서 괴리감을 느낀다. 왜 하고 싶은 일을 하지 않는 걸까? 생활여건의 문제가 있을 수 있고, 자신이 원하는 곳에 도달하기 까지 치러야 할 노력이 엄두가 나지 않을 수도 있다. 또한 새로운 시도 자체를 두려워하는 사람도 있다. 어찌 하였던 이들 역시 잠재역량을 발현하기는 어렵다.

셋째, 자신이 하고 싶은 것을 알고 있고 실제로 행하는 경우이다.

이들은 자기 자신을 알고 열정이 넘치며 목표 지향적이다. 따라서 목표에 더 가까이 다가가는 데 도움이 되는 영역에서 성장하고 자신의 사명을 다한다. 이들이 가장 잘 사용하는 단어는 '성취'가 될 것이다.

안타깝게도 많은 사람이 첫 번째 부류에 속한다. 그들은 자신이 하고 싶은 것이 무엇인지 모른다. 자신을 제대로 알지 못하는 탓에 어느 방향으로 비전과 목표를 정할지도 쉽지 않다. 물론 자신을 아는 것이 그리 쉬운 일은 아니다. 하지만 자신이 성장하면서 잠재역량을 발현하려면 자신이 누구인지를 알고 가치관과 비전을 찾는 노력을 해야 한다. 그러면 어떻게 해야 할까? 다음 항목들을 자신에게 진지하게 질문하고, 진단해서 평가해 봐야 한다. '나는 나의 삶을 살아가는데 있어 진지한 기준이 있는가?, 나는 미래에 대한 비전과 꿈에 대해 고민하고 있는가?, 나 자신이 갖고 있는 재능을 파악하고 있는가?

다음 〈표 3-2〉 삶의 방향성 진단 항목에 대해 자신이 해당하는 정도에 따라 1~4점 중 하나를 택하여 표시해 보자.

표 3-2 삶의 방향성 진단

(1점 : 전혀 아니다, 2점 : 대체로 아니다, 3점 : 대체로 그렇다, 4점 : 매우 그렇다)

구 분	의 미	1	2	3	4
가치관 정립	나는 삶에 대한 분명한 가치관(인생관)을 가지고 있다.				
	나는 중요한 결정을 할 때 명확한 기준을 가지고 있다.				
	나는 직장(직업)을 선택하는 명확한 기준을 가지고 있다.				
	나는 내면의 소리를 듣기 위한 나만의 방법(산책, 명상, 일기쓰기 등)을 가지고 있다.				
	나는 내면의 소리를 듣기 위해 시간을 정기적으로 가진다.				
꿈(욕망) 발견	나는 이루고자 하는 생생한 꿈(욕망)을 가지고 있다.				
	나는 내가 살아 있다는 느낌이 들 때가 언제인지 알고 있다.				
	나는 존경하고 닮고자 하는 사람(역할모델, 멘토)이 있다.				
	나는 나의 꿈을 시각화(그림, 사진 등) 또는 언어화(글)하여 가지고 있다.				
	나는 나의 꿈(욕망)을 정기적으로 업데이트하고 있다.				
재능 발견 및 활용	나는 직업적 성공에 있어 노력만큼 재능이 중요하다고 믿는다.				
	나는 나의 타고난 재능을 잘 알고 있다.				
	나는 현재 나의 재능을 일상에서 잘 활용하고 있다.				
	나는 나의 재능을 (활용 가능하도록) 나의 언어로 표현할 수 있다.				
	나는 나의 재능을 성공 및 실패 사례를 통해 수시로 업데이트 하고 있다.				
계					

전체 문항을 합산하여 총점을 계산하고, 각 항목(핵심가치, 꿈, 재능)별로 점수를 환산하여 비교해 보라. 무엇이 가장 부족한가? 다음은 방향성 찾기 프로그램에 참여한 젊은이들의 설문조사 결과를 분석한 것이다. 20대들을 기준으로 했을 때 점수대에 따라 보인 특성은 다음과 같으므로 자신의 입장을 고려하여 참고하면 되겠다.

50~60점 :

삶의 방향성을 명확하게 정립해 시각화 또는 언어화하여 가지고 있다. 3가지 요소 모두를 내면화하여 일상에서 구체적이고 지속적으로 활용하고 있으며, 그 결과 자신의 방향에 부합하는 굵직한 성과들을 꾸준히 창출하고 있다.

40~50점 :

삶의 방향성을 전반적으로 인식하고 있으나 확신하지는 못하고 있다. 3가지 요소 중 일부를 내면화하였으나 일상에서 지속적으로 활용하고 있지는 못하며, 자신의 방향에 부합하는 작은 성공 경험을 쌓고 있으나 큰 성과는 아직 보이지 않는다.

26~39점 :

삶의 방향성을 거의 인식하고 있지 못하고 있다. 3가지 요소 중 일부는 대략적으로 알고 있으나 자신의 언어로 정리하거나 일상에서 활용하려는 노력은 거의 하고 있지 않다. 가끔 작은 승리를 경험하고 있지만 그것이 삶의 방향과 어떤 관련이 있는지 명확하게 인식하지 못한다.

12~25점 :

삶의 방향성을 아직 찾지 못했으며, 그에 대한 확신도 없다. 3가지 요소에 대해 거의 인식하지 못하고 있으며 작은 승리 경험도 없다.

* 출처 : 박승오 외, 『시계를 멈추고 나침반을 보라』, 공감의 기쁨, 2012.

자아개념의 계발

'믿음은 성격의 질을 결정하고, 지금의 모습과 행동은 자신이 믿고 있었던 결과이다. 그렇다면 믿음은 어디에서 생기는가?'에 대한 답이 20세기 심리학의 대 발견이라고 하는 '자아개념(Self Concept)'이다. 세계적인 동기부여 전문가인 브라이언 트레이시는 자아개념이란 '자신과 자신의 삶, 자신의 세계에 대한 믿음의 덩어리이자 잠재의식이라는 컴퓨터를 움직이는 마스트 프로그램이다.'[8]로 정의하고 있다.

자아개념과 성공적인 삶은 직접적으로 연관된다. 자아개념이 믿음 또는 신념의 덩어리라고 볼 때, 그 속성으로 인하여 어떤 일에서건 자신이 믿는 만큼만 성과를 내고, 그런 만큼만 성공한다고 한다. 이와 관련된 재미있는 이야기를 소개하겠다.

'미국의 한 시골에서 고등학교 전 과목을 A학점으로 졸업한 젊은이가 주립대학교에 지원했다. 그는 입학절차에 따라 다른 학생들과 마찬가지로 전국적으로 시행되는 대학수학능력 시험을 봤고, 얼마 후 입학 담당자로부터 결과를 통지 받았다. 통지서에는 그의 시험성적이 백분위 점수로 99이니 가을학기에 등록하라고 적혀 있었다. 그는 합격한 것은 기뻤지만 한 가지 문제 때문에 근심이 생겼다. 백분위 점수가 무엇인지 잘 몰랐던 그는 99를 자신의 IQ로 오해한 것이다. IQ 두 자리 수밖에 되지 않는 자신의 지능으로는 대학 공부를 제대로 해내지 못할 것이라고 생각했다. 가을 학기 내내 그는 모든 과목에서 낙제를 하거나 낙제를 겨우 면하는 성적을 거두었다.

결국 담당교수가 그를 불러 이유를 물었고, 그는 이렇게 대답했다. "글쎄요, 저를 탓하지 말아주세요. IQ 99밖에 안 되는 제가 어떻게 좋은 성적을 낼 수 있겠습니까?"

교수는 앞에 놓인 그의 파일을 보며 이렇게 되물었다. "왜 그런 말을 하지?"

"왜라니요? 입학 허가 통지서에 그렇게 적혀 있었는데요."

그제야 이유를 안 교수는 IQ와 백분위점수의 차이를 설명해 주었다. "백분위점수의 99는 자네 시험점수가 전국 학생 99퍼센트 보다 더 높다는 의미일세. 자네는 이 대학에서 가장 뛰어난 1퍼센트 안에 드는 학생일세."

그때서야 그는 자신의 지능에 대한 오해를 풀고 스스로를 믿게 되었다. 교실로 돌아가 자신감과 확신을 갖고 공부하기 시작한 그는 이제까지와는 전혀 다른 사람으로 바뀌었다. 그리고 학기가 끝날 즈음엔 우등생 명단에 이름을 올렸으며, 결국 졸업할 때는 상위 10위 안에 드는 좋은 성적을 거뒀다.[9]

이 사례를 논리적으로 이해하기 위해 자아에 대한 개념을 세부적으로 살펴보겠다. 자아개념은 자아이상, 자아상, 자부심 이렇게 세 가지 요소로 구성되어 있다.

자아이상(Self Ideal)

모든 면에서 자신이 그리고 있는 이상적인 모습으로서 완벽한 사람에 대한 비전이다. 즉 자질과 능력이 월등하여 닮고 싶은 인물의 모습을 표본화한 것으로 우리 행동과 생각에 큰 영향을 미친다.

성공적인 사람들은 분명한 자아이상을 갖고 거기에 맞는 높은 기준을 목표로 하여 꾸준히 노력한다. 자신이 원하는 모습이 명확할수록 자신이 그리고 있는 이상적인 모습으로 발전할 가능성이 높다. 반면 실패하는 사람들은 대체로 자아이상이 불분명하거나 아예 없다. 그들은 미래의 이상적인 모습이나 특별히 계발하고자 하는 목표가 없어 성장과 발전이 더뎌지거나 멈춰 버린다. 또한 고정관념의 틀 속에 갇힌 채 자기발전의 힘을 모두 잃어버리게 된다.

자아상(Self Image)

자신을 예측하는 이미지로서 '나는 어떻게 될 거야, 나는 어떻게 할 거야' 하며 평소에 자신의 수준에 대해 짐작하는 것이다. 우리는 어떤 특정한 상황에 마주쳤을 때 종종 자신의 자아상과 일치되는 행동을 하게 된다. 이러한 현상은 만약 의식적으로 내면의 자아상을 바꾼다면 자신의 행동에 관심을 집중하게 되어 더 나은 성과가 나게 될 것을 말해 준다. 자아상을 높이면 자신의 태도와 행동, 성격이 좋게 변화되면서 어떤 일에서건 높은 성과를 얻게 될 것이다.

자부심(Self Esteem)

자부심은 자신의 가치나 능력을 당당하게 여기는 마음으로서, 높은 성과를 내게 해주는 열정의 근원이 된다. 자부심의 수준은 두 가지 부분으로 결정되는데, 하나는 성격 측면에서의 자기평가로서 자신에 대한 호감도이다. 다른 하나는 성과 측면의 자기평가로서 자신의 능력에 대한 자신감이다. 이 두 가지는 상호 영향을 미치면서 자부심이 높을수록 더 많은 성과를 내며, 성과가 많아질수록 자신감도 커지는 선순환 형태를 만들어 준다.

자아개념의 요소를 앞의 시골학생 사례에 적용해 본다면, 그 학생은 착오로 인해 자신에 대한 자부심과 자아상이 낮아진 상태가 되었고, 자아이상 같은 것은 생각할 여지도 없이 그저 학교에 다니는 것이 다행이라는 생각으로 지내고 있었다. 오해가 풀린 이후에는 그 반대의 자아개념 인식으로 인해 완전히 달라진다. 따라서 성공적인 삶을 위해서는 먼저 자신의 자부심을 고양하고, 자아이상을 설정한 다음, 자아상을 자아이상의 수준으로 맞추어 가는 훈련과 습관이 필요하다. 자신의 행동을 통제하는 중앙지휘소와 같은 이 자아개념은 타고나는 것일까? 아니다. 인간은 자아개념이 전혀 없는 순수한 특성과 잠재능력의 상태로 태어난다. 현재의 자신에 대해 안다고 믿고 있는 것은 모두 유아시절부터 일어났던 일들에 의해 학습된 결과이다. 따라서 자신의 목표 달성에 도움이 되지 않는 자아개념은 훈련을 통해 제거하면 될 것이다.

평범한 사람들은 평생 동안 자신이 지닌 잠재력의 단 10퍼센트 정도만 사용하며, 20세기 위대한 천재인 아인슈타인도 자신이 지닌 잠재력의 15퍼센트만 사용했을 뿐이라고 한다. 이는 자아개념의 계발을 통해 인간의 잠재능력은 무한정 증대될 수 있음을 알려주는 말이다. 또한 심리학자들에 따르면 자아개념이란 자신과 세상에 관한 모든 신념, 태도, 감정과 행동들의 총합이기 때문에 비록 잘못 형성되어 있다고 할지라도 자신에게만은 진리로 인식되어서 그것에 따라 느끼고 행동하게 된다는 것이다. 이것은 자아개념이 진리와 원칙에 가깝도록 계발되어야 함을 나타낸다.

이렇듯 스스로 자신의 한계를 제한한다든지, 자신의 신념에 올바른 확신을 갖지 못하는 내면의 상태는 자신의 능력을 발휘하는데 큰 장애가 되므로 위에서 얘기한 자아개념의 요소들을 계발하기 위해 다음과 같은 인식과 노력이 있어야 할 것이다.

먼저, 사람의 자질과 관련된 전문가 집단의 평가나 기준을 전적으로 신뢰할 필요는 없다는 것이다. 예를 들어 학습 부적응에 관한 「포춘」 지의 한 기사에 따르면, 「포춘」이 선정했던 500대 기업의 최고 경영자들 가운데 많은 이들이 학창시절에 그리 똑똑하지 않다는 평가를 받았으나, 끊임없는 노력 덕분에 자기 분야에서 큰 성공을 일구었다고 한다. 알베르트 아인슈타인은 어렸을 때 학습 부적응으로 학교에서 쫓겨났다. 토마스 에디슨은 어떠했는가? 그 역시 6학년 때 학교에서 쫓겨났다. 사람들은 그가 영리하지 않기 때문에 교육시키느라 돈을 들이는 것은 괜한 낭비일 뿐이라고 했지만 역사적으로 가장 위대한 발명가가 되었다. 이런 사례는 수도 없이 많을 정도이다. 단 하나의 경험이나 남들의 그냥 툭 던지는 의견 때문에 자신에게 실망하여 수년을 낭비하는 경우가 많다. 따라서 자기 제한적 신념에 갇혀 스스로를 포기하고 있는 것은 아닌지 면밀히 살펴보아야 한다.

다음은, 자신은 스스로 생각하는 것 보다 훨씬 유능하다고 생각해야 한다. 대부분의 문제는 자신 스스로가 '나는 여러 면에서 남보다 부족하며, 유능하지 못하다'라는 자평에서 비롯된다. 여러 전문가들은 그것이 진리가 아니라고 말한다. 사람들 각자는 현재 발휘하고 있는 것 보다 훨씬 더 큰 잠재능력을 보유하고 있으며, 자신보다 더 유능한 사람도 없고, 더 현명한 사람도 없다고 생각하면 된다. 다중지능 개념의 창시자인 하버드 대학의 하워드 가드너(Howard Gardner) 박사에 따르면 사람은 적어도 열 가지 이상의 서로 다른 지능을 소유하고 있으며, 그 가운데 어느 하나로도 최고가 될 수 있다고 한다.

우리 내부에는 분명히 아직 한 번도 발휘된 적이 없는 비상한 능력과 적성들이 있으므로 이를 찾아내기 위해서라도 자아개념을 성숙시켜 나가야 한다.

또 한 가지는 긍정적인 신념을 선택하여 키우라는 것이다. 신념에 대한 다행스런 사실은 그것이 타고나는 것이 아니라 습득된다는 점이다. 우리가 이 세상에 태어날 때는 종교나 정치나 또 다른 세계에 관한 그 어떤 신념도 없었다. 신념은 천성이 아니라는 것이다. 만약 자신이 지금 도움이 안 되는 제한적 신념을 갖고 있다면 당장 버리고 긍정적인 신념을 선택하면 된다. 주변에 본 받을만한 신념 사례들이 널려 있으므로 '나는 무엇이든 자신 있게 해결할 수 있다.' 등과 같은 좋은 신념을 선택해서 그것들로 신념덩어리를 만들어 자아개념을 형성하면 된다. 성공적인 인생을 위해 중요한 것은 내가 원하고 이루고 싶은 자아이상에 근접하는 자아상을 설정하고 그에 맞는 신념을 가져야 한다. 그러면 신념과 함께 자부심도 충만해질 것이다.

가치관의 혼동과 부재의 문제

가치관이란 '자신의 삶에서 무엇이 중요하며 무엇이 옳은지를 판단하는 관점'을 의미한다. 즉 어떤 것 자체가 아니라 그것에 관한 의견이나 해석으로서 세상을 보는 방식이라 말할 수 있겠다. 또한, 이것은 그저 단순히 살아가면서 바라는 눈앞의 소망이기 보다는 '어떻게 하면 보다 나은 삶을 살 수 있을까?' 라는 생각과 관련이 있다. 예를 들면 생의 마지막 단계에서 '그래서 나는 그러한 가치관을 세웠고, 그것은 나 자신에게나 다른 사람에게 유용한 것 이었다.' 라는 표현에 적합한 개념이다.

가치관의 형성에는 내·외부 요인이 끊임없이 개입된다. 가치관의 하부구조는 국가관, 직업관, 행복관 등 수 많은 항목으로 구성되어 있다. 가치관은 이런 개별적인 항목들이 형성한 가치의 평균이자 총합이다. 문제는 이것을 형성해 가는 과정에서 끊임없이 다른 요인들이 개입하는 것이다. 예를 들어 국가관의 형성에는 성장과정에서 당대의 국가적 가치, 즉 시대별로 찬양되던 것이 교육이라는 명분으로 개입한다. 하지만 국가적 가치라는 것은 지금 찬양하는 것이 오래지 않아 부인되기 일쑤다. 직업관은 주로 부모가 돈, 명예, 현실론 등을 강조하면서 개입한다. 이러한 경향은 독립된 존재로서의 나 자신을 흔들며 의존적으로 몰고 간다.

바람직한 가치관을 형성하기 위해서는 우선 내가 내 삶의 주인이 되어야 하는데 나를 둘러싼 각종 요인들의 개입을 인정해 버린다면 가치혼동의 상황에 빠지게 된다. 나의 의지와 타 요인들이 결합되어 실상이 없는 가치관이 형성되기 때문이다. 이럴 경우, 당시에는 올바른 가치관에 의한 결정이라고 믿었으나 세월이 지나면서 그렇지 않았음을 인지하는 사태를 초래하게 된다. 간혹 성공한 기업인이나 인기 절정의 연예인이 어느 날 갑자기 스스로 생을 포기하는 안타까운 일이 발생한다. 왜 이런 일이 일어날까? 이유는 가치관의 혼동이 주요 원인이 될 것이다. 지난 세월동안 주변과 경쟁하며 성과 지향적으로 살아온 결과가 지금 자신의 가치와 아무 상관이 없다는 점을 깨달았을 때 당사자는 큰 상실감과 허무감에 사로잡힐 수 있을 것이다. 이는 '인생은 성공과 실패의 연속이라고 하지만, 가치의 실패는 단 한 번으로 모든 것을 무너뜨린다.'는 말이 틀린 것이 아님을 깨닫게 해 준다.

가치관의 부재는 더 문제가 된다. 가치에 대한 깊은 고뇌 없이 단지 목적에만 충실하게 살아가다보면, 언젠가 가치를 보는 눈이 성숙했을 때 내가 살아왔던 모두를 송두리째 부정하는 사태가 생길 수 있다. 결국 가장 중요한 것은 바람직하고 건강한 가치관을 정립하고 삶의 모든 선택을 그것에 따라 해나가는 것이다. 자신이 선택한 가치기준 아래 목표를 정하고 그 목표에 도달하기 위해 온전히 노력하며 뚜벅뚜벅 걸어간다면 모든 것은 한 방향으로 정렬된다. 이런 상태가 되면 걸음의 크기나 속도는 중요하지 않다. 자신이 걸어가는 길에서 도달한 마지막 지점, 그것이 나의 성취이고 무엇과도 바꿀 수 없는 소중한 나의 존재가 되기 때문이다.

오늘날 사회적 성공과 부와 명예를 이룬 많은 사람들이 주변의 상황으로 인해 일거에 와르르 무너지는 것은 바로 그들의 삶이 이런 가치혼동이나 가치부재의 바탕 위에 세워졌기 때문이다. 오늘날 우리에게 있어 이 문제들은 가장 큰 숙제라 할 수 있다.

가치관은 자신을 알리거나 타인을 알아야 하는 일상 속에서도 중요하게 관심을 두어야 하는 사항이다. 가령 어떤 중요한 자리에서 누군가 자신에게 '당신은 어떤 사람이오?'와 같은 질문을 던진다면 어떻게 대답할 것인가? 보통 사람들은 대체로 다음과 같이 답하는 편이다.

- 이름은 홍길동이고, 나이는 28세이며, 취미는 자전거와 독서입니다. (이름/나이/취미)
- 저는 1986년 ㅇㅇ시에서 태어났으며, 2남1녀 중 막내입니다. (출생지/가족관계)
- ㅇㅇ중, 고등학교, ㅇㅇ대학교 경영학과를 졸업했습니다. (학력)
- ㅇ군 학사장교로 군대를 다녀온 후, ㅇㅇ기업 영업부에서 근무 중입니다. (군대 및 직장)

이런 유형의 통상적인 대답은 피상적인 사실만 나열한 것에 불과하여 자신이 어떤 존재라는 것을 충분히 나타낼 수 없으며, 듣는 사람도 제대로 파악하지 못한다. 이름과 나이, 출생지와 가족관계, 학력, 직업 등이 사람의 본질이라 보기는 어렵기 때문이다. 사람을 파악하기 위한 질문을 해야 할 때 "당신은 어떤 사람이며, 당신을 지배하는 중요한 가치는 무엇입니까?"라고 하던지, 또는 질문을 받게 되었을 때 평범한 질문에도 성의껏 자신의 가치관을 추가로 설명 해준다면 상대를 명확하게 파악하거나, 자신을 소개하는데 도움이 될 것이다.

일상에서의 가치관은 항로를 가리키는 도덕적 나침반 역할을 하는 것으로 자신을 이끌어 주는 지침이다. 명확한 가치관이 있다면 자신이 선택한 항로를 지키기는 더 쉽다. 또한 그것은 삶과 운명에 지속적으로 영향을 미치는 힘이 된다. 자신의 가치관에 생각과 행동을 일치시키는 삶은 언제나 당당하며, 특히 어렵고 불확실한 때에는 자신 뿐 아니라 사회에도 크게 기여하는 힘이 된다.

임진왜란 시 충무공 이순신은 강직한 성품으로 세 번 파직당하고 두 번 백의종군 했다. 이런 시련 속에서도 그의 가치관은 조금도 흐트러짐이 없었다. '장부로서 세상에 태어나 나라에 쓰이면 주기로서 최선을 다할 것이며, 쓰이지 않으면 들에서 농사짓는 것으로 충분하다. 권세에 아부해 한때의 영화를 누리는 것은 내가 가장 부끄럽게 여기는 바다.'라고 하였다. 1597년 8월 임진왜란 막바지에 조선 조정은 원균의 칠천량 패배로 다시 통제사가 된 이순신에게 '10여척의 수군으로는 어찌 해볼 도리가 없을 터이니 수군을 해체하고 육전에 참여하라'는 명령을 내린다. 명량해전 직전의 일이었다. 이순신은 조정에 즉시 이의를 제기하며 수군의 역할과 가치를 역설하는 장계를 올린다. '임진년부터 5, 6년 동안 적이 감히 충청 · 전라도로 쳐들어오지 못한 것은 우리 수군이 길목을 막고 있었기 때문입니다. 신에게는 아직도 전선 12척이 있사오니 죽을힘을 다해 싸우면 막아낼 수 있을 것 같습니다. 이제 수군을 폐한다면 적이 만 번 다행으로 여기는 일이고 (적은) 호남의 바닷길을 따라 충청도를 거쳐 한강에까지 도달할 것이니, 이것이 신이 걱정하는 바입니다. (중략) 전선의 수가 비록 적보다 적지만 신이 죽지 아니한 즉 적이 감히 우리를 업신여기지 못할 것입니다.' 충무공 이순신 제독이 국가의 위기에 보여준 위국헌신의 가치관 사례이다.

'나는 일생동안 아프리카인의 투쟁에 헌신해 왔다. 나는 백인이 지배하는 사회에도 맞서 싸웠고 흑인이 지배하는 사회에도 맞서 싸웠다. 나는 모든 사람이 조화롭고 평등한 기회를 갖고 함께 살아가는 민주적이고 자유로운 사회를 건설하는 이상을 간직해 왔다. 그것이야 말로 내가 목표로 하고 성취하고자 하는 소망이다. 하지만 필요하다면 그런 소망을 위해 죽을 준비가 되어 있다.' 이 문장은 넬슨 만델라(Nelson Mandela)가 자신의 가치관을 묻는 질문에 대답한 말로, 이 짧은 문장 안에 그가 살아온 존경스러운 삶이 모두 압축되어 있다.[10]

위 두 위인의 사례는 자신의 삶의 목표와 가치를 명확하게 세우고, 오직 그 길로만 걸어감으로써 역사 발전에 기여하는 모습을 잘 보여준다. 그들이 만약 진정한 가치관을 가지고 있지 않았더라면 자신의 목숨을 담보로 한 결정을 어떻게 내릴 수 있었겠는가? 가치관은 결국 모든 결정을 이끌어내고, 그것이 자신의 운명을 인도한다는 점을 기억해야 할 것이다.

원칙 중심의 가치관 사례

지도가 지역 그 자체가 아니듯이 가치관은 어떤 것 자체가 아니라 그것에 관한 의견이나 해석에 관한 것이다. 예를 들어 서울 중심부의 어느 복잡한 지역으로 간다고 가정해 보자. 그 지역의 지도는 자신이 목적지까지 찾아가는데 큰 도움을 줄 것이다. 만약 그 지도에 목적지로 가는 방향이 잘못 기재되어 있다면 혼동에 빠지게 하여 상당한 어려움을 겪게 될 것이다. 이 사례에서 가치관의 방향이 인생에 미치는 영향이 얼마나 클 것인가를 짐작할 수 있다. 역사적인 정치지도자 가운데 링컨과 히틀러를 비교해 보자. 두 사람 모두 명확한 가치관을 지녔던 사람이다. 하지만 이들이 세계 역사에 미친 영향은 극명하게 갈라진다. 가치관의 성격과 방향 때문이다. 가치관이 있는 것도 중요하지만 어떤 가치관을 가져야 하는가는 더 중요한 문제인 것이다.

스티븐 코비(Steven R. Covey)는 미국 해군연구소 잡지인 「프로시딩즈 Proceedings」에 실린 해군전함의 항해에 관련된 일화를 소개하면서 가치관은 원칙이 지향하는 방향으로 가까워져야 하며, 그럴수록 더 좋은 기능을 발휘하게 된다고 강조하고 있다.

'훈련함대에 배속된 두 대의 전함이 수일 동안 계속되는 폭우 속에서도 대대적인 해상기동훈련에 참가하고 있었다. 나는 선두 전함에 소속되어 밤이 되자 함교(艦橋)에서 당직 임무를 맡고 있었다. 안개가 너무 짙어 시야가 불분명했기 때문에 함장은 모든 활동을 감시하기 위해 계속 함교에 위치하고 있어야만 했다.

완전히 어둠이 깔렸을 때 함교의 앞쪽에 근무하던 견시(見視)병이 "우현 전방에 불빛이보입니다"라고 보고하였다. "불빛은 가만히 있는가, 아니면 우현 후방 쪽으로 움직이고 있는가?"하고 함장이 소리쳤다. 견시병은 "움직이지 않습니다. 함장님"하고 대답하였다. 이는 우리 배가 그 배와 충돌할 수 있는 위험한 코스에 들어와 있음을 의미하는 것이었다.

그러자 함장은 신호수에게 소리쳤다. "저쪽 선박에 우리가 충돌 코스에 들어와 있다고 신호를 보내라. 그리고 항로를 20도 변침하라고 지시하라." 저쪽에서 "귀함이 항로를 20도 바꾸시오"라는 신호가 왔다.

함장은 "나는 미합중국 함장이다. 그쪽이 20도를 움직여라."라는 신호를 보내도록 명령하였다. 그러자 "저는 이등 당직근무자입니다. 함장님이 20도 바꾸는 게 좋겠습니다."라는 응답이 돌아왔다.

그러자 함장은 매우 화가 나서 소리쳤다. "우리는 미합중국 전투함이다. 당장 항로를 20도 변경하라."

조명 빛과 함께 다시 응답이 왔다. "저희는 등대입니다."라고.

우리는 즉시 항로를 변경하였다.'

여기서 등대는 원칙을 의미한다. 함장은 제한된 시각 때문에 실체를 제대로 파악하지 못하고 있었는데, 주어진 상황은 완전히 다른 시각에서 보도록 바꾸어 주었다. 우리는 제한된 시각 때문에 실체를 제대로 파악하지 못한다. 그런데 실체를 파악하는 것은 안개 속의 함장처럼 우리가 일상적인 삶을 이해하는 데 매우 중요한 요소이다.[11] 이는 세상의 실체를 보는 시각이 원칙에 가까워야 한다는 교훈을 주는 이야기로서 그만큼 가치관의 방향이 중요함을 강조하는 것이다.

원칙에 가까운 가치관을 찾는데 도움을 주기 위해 미국 '와튼 스쿨의 저명한 리더십 프로그램(Wharton's Leadership Program)'에서 활용하고 있는 좋은 가치관 목록과 선정 이유에 대한 사례들을 다음과 같이 소개하겠다. 물론 이 목록에 없는 것을 선택해도 무방하다.

- 성별 제약 없이 독립적으로 행동할 수 있는 능력, 자립하는 것
- 도전 : 복잡하고 힘든 작업과 문제들을 지속적으로 상대하는 것
- 변화 : 변화무쌍하고 예측 불가능한 것
- 협력 : 다른 집단과 서로 밀접하게 돕는 업무상 관계
- 공동체 : 개인적 욕망을 넘어서는 목적을 위해 봉사하는 것
- 능력 : 능숙함과 지식을 보여주는 것
- 경쟁 : 목표를 쟁취하기 위한 대립
- 용기 : 믿는 바를 지키려는 의지
- 창의성 : 새로운 생각이나 사물을 발견, 개발하고 설계하는 것, 상상력을 보여주는 것
- 다양한 관점 : 처음에는 맞지 않는 것처럼 보이거나 인기가 없는 독특한 생각과 의견들
- 의무감 : 권위와 규칙, 규칙에 대한 존중
- 경제적 안정 : 든든하고 안정된 고용, 적절한 보상, 낮은 위험
- 즐거움 : 재미, 희열, 웃음
- 가족 : 배우자와 자녀, 부모, 친척과 함께 지내는 것
- 우정 : 다른 사람들과 개인적으로 가까운 관계
- 건강 : 몸도 마음도 편안한 것, 활력
- 타인 돕기 : 다른 사람들이 목표를 달성하도록 돕고 관심을 기울이는 것
- 유머 : 나 자신과 인생을 놓고 웃을 수 있는 능력
- 영향력 : 다른 사람의 태도나 의견에 영향을 주는 것
- 내적 조화 : 행복과 만족, 내적 평화
- 정의 : 공정함. 옳은 일을 하는 것
- 지식 : 사물을 이해하고 기술과 전문성을 추구하는 것, 지속적 학습
- 정착 : 원하는 방식으로 살아갈 수 있도록 거주지를 선택하는 것
- 사랑 : 가깝고 애정이 넘치는 관계, 친밀함

- 충실함 : 성실함. 개인이나 전통, 조직에 대한 헌신
- 질서 : 안정, 반복, 예측 가능성, 명확한 상하관계, 표준화
- 개인 발전 : 잠재력을 극대화하기 위한 노력
- 신체적 건강 : 균형 잡힌 영양 섭취 및 운동으로 건강한 신체 유지
- 인정 : 잘한 일에 대한 긍정적 반응과 사람들의 칭찬, 존경과 동경
- 책임감 : 신뢰성, 결과에 대한 책임
- 자아존중 : 자부심, 자존감, 자신에 대한 깨달음
- 영성 : 영적 및 종교적 믿음, 도덕의 실천
- 지위 : 일을 잘했거나 우수한 조직에 속해서 존경 받는 것
- 신뢰성 : 믿을 만하고 성실하다고 알려지는 것
- 지혜 : 지식과 경험, 이해력에 근거하여 올바른 판단을 내리는 것

리더십 프로그램 참가자들은 과정을 수행하면서 이러한 가치관 목록을 참고로 자신만의 핵심가치를 선정하고 그 이유를 적게 되는데, 어느 참가자가 중요하다고 여긴 가치관과 그것을 선정한 이유는 〈표 3-3〉의 내용으로 적고 있다.

| 표 3-3 | 가치관 목록과 선정 이유 사례

나의 가치관	선정 이유
진정성	행동에는 신념이 있어야 한다. 그렇지 않으면 열정의 부족함을 사람들이 알아차려 리더십이 무력해지기 때문이다.
정직과 신뢰	정직하면 사람들이 나를 신뢰한다. 신뢰가 없는 리더십은 강제력에 의존할 수밖에 없다. 역으로 남을 신뢰하는 것도 중요하다. 그래야 상대방도 스스로 일을 완수하고 올바른 선택을 하게 된다.
창조적 자극	가장 뛰어난 리더들은 사람들에게 언제나 일에서 최선을 다하고 싶다는 생각이 들게 한다. 그런 리더들은 사람들한테 호감을 얻고 업무도 잘한다는 평가를 받는다. 그리고 사람들의 잠재력까지 이끌어낸다.

존중하고, 존중받기	계층이나 지위와 상관없이 타인을 존중하는 것이 중요하다. 누구에게나 존중할 만한 점이 있으며 그걸 찾아내야 한다.
용 기	리더 역할을 해야 할 사람들 대부분이 어려운 문제를 회피하고 혁신적인 행동을 주저한다. 용기 있게 시행착오를 감수하는 태도는 리더에게 필수적이다.
가 족	일은 일일 뿐이다. 아무리 생각해도 결국 나에게 가장 중요한 존재는 아내와 아이들이다. 종일 가족만 생각하면서 살 수는 없지만 좋지 않은 일이 닥쳤을 때일수록 가족의 소중함을 절감하게 된다.

위의 가치관 설정 프로그램 사례를 삶의 중요한 부분과 연결시켜 개인적 가치관을 생각해 보는 것이다. 내가 정립하고자 하는 가치관과 실제 나의 삶이 얼마나 일치하게 될 것인지, 내가 노력해서 지금보다 더 잘할 수 있는 부분이 있는지 생각해 보는 것은 중요한 과업이다. 또한 그 중에서도 정말 절실하고 소중하다고 할 수 있는 핵심적인 가치를 찾아봐야 한다. 그것이 원칙에 가까운 가치관을 정하는 데 매우 중요한 요소로 작용하게 된다.

핵심 가치 찾기

핵심가치란 '나의 행동을 지배하는 가장 중요한 가치', '살아가면서 반드시 지키고자 하는 신념'으로 표현할 수 있다. 성공적인 삶을 살아가는 사람들은 자신만의 핵심가치를 찾고 그것을 말과 행동의 기준으로 삼으며 어려운 환경이 닥쳐도 포기하지 않고 지켜 나간다. 그리고 살아가면서 더욱 견고하게 발전시킨다. 삶을 살아가는 방법은 환경과 목표에 따라 바뀔 수 있지만 핵심가치는 변화 속에서도 변하지 않는 나만의 질서를 부여한다. 자신만의 '좋은 삶'에 대한 기준이 없다면 다른 사람이 정한 기준에 맞춰 살 수밖에 없다.

인생은 크고 작은 선택의 연속이므로 삶에 대한 분명한 가치관을 발견하는 일은 매우 중요하다. 특히 가치관의 본질인 핵심가치를 알아야 한다. 누구나 자신만의 가치를 가지고는 있다. 행동의 이면에는 잠재되어 있는 가치가 역할을 한다는 것이다. 그러므로 '나는 지금 핵심가치가 없습니다.'라는 말은 맞지가 않다. '나는 나에게 필요한 핵심가치를 아직 찾지 못했습니다.'라고 해야 옳다. 그렇다고 핵심가치를 찾는 것이 엄청나게 어려운 일이라고 생각할 필요는 없다. 지금까지 살아온 삶을 되돌아보고 그 삶 속에서 행동의 일관성을 찾으면 그것이 바로 자기 나름의 핵심가치요, 삶의 원칙이 되는 것이다. 처음부처 완벽한 가치관을 정립해야 한다는 강박관념에 사로잡힐 필요는 없다. 실천해 가면서 수정하고 보강하면 될 것이다.[12]

핵심가치 발견을 위한 방법 중 한 가지 간편한 방법으로 접근해

보자. 핵심가치가 자신의 삶에 절실한, 살아가는 의미 그 자체라고 볼 때, 그에 맞는 수준의 상황을 설정하여 핵심가치를 찾아보도록 하겠다.

당신은 크지 않은 연안여객선의 선장이다. 배 안에는 45명의 승객이 타고 있다. 당신은 추운 겨울바다를 항해중이며, 주변 섬의 아름다움에 취하면서 여유롭게 차 한 잔을 하고 있다. 그런데 갑자기 배에 이상한 징조가 나타난다. 보이지 않는 암초에 배 바닥이 손상을 입은 것일까? 배가 갑자기 기울고 빠른 속도로 가라앉고 있다. 구조선이 신속하게 오기에는 항구로부터 거리가 너무 멀고, 바닷물은 매우 차서 바다에 빠지는 승객들은 곧 죽을 수 있는 상황이다. 하지만 배에는 운항 가능한 5인승 구명정 하나만 있을 뿐이다. 다급하게 눈을 돌려 당신이 살려야 할 승객들의 명단을 살펴본다. 아래 〈표 3-4〉가 그 승객들의 이름이다.

| 표 3-4 | 승객이름(핵심가치의 종류)

성취	발전	모험	미학	소속감
풍요	권위	자율	도전	변화
협력	공동체	능력	경쟁	용기
창의성	다양한 관점	의무감	경제적 안정	즐거움
가족	우정	건강	타인 돕기	유머
영향력	충성	정의	지식	효도
사랑	충실함	질서	개인 발전	신체적 건강
인정	책임감	자기존중	신앙	지위
신뢰성	지혜	(　　　)	(　　　)	(　　　)

나타난 바와 같이 〈표 3-4〉의 승객들의 이름은 많은 사람이 인생에

서 중요하다고 생각하는 가치들을 반영하고 있다. 반드시 명단에 있는 이름만 선택해야 하는 것은 아니며, 명단에는 없지만 당신에게 중요한 것이거나, 평생 지향하고자 하는 가치에 해당된다면 빈칸에 적어 넣고 선택해도 좋다. 모두 살리고 싶지만 선장으로서 당신은 승객 중 5명만을 구명정에 태워야 한다. 그렇지 않으면 몰살당할 것이다. 누구를 태워야 한다는 말인가? 그 힌트는 앞 절에서 살펴보았던 자신의 삶의 방향성을 돌이켜 볼 필요가 있다. '나는 누구이며, 무엇을 지향하는가?, 나의 핵심적인 요구는 무엇인가?' 라는 내용이 바탕이 되어야 한다.

그런 다음 왜(why)? 라는 질문을 해보자. 도대체 어떤 것들이 자신의 마음을 움직이고, 또 행동하라고 재촉하는가? 승객들의 명단을 보며 그 '가치'와 '선정 이유'에 대하여 생각해 보자. 그리고 그 이유를 바탕으로 구명정에 태울 5명을 고르는 작업을 하면 된다. 만약 5명이 넘으면 구명보트마저도 가라앉을 것이다. 이것은 나머지 40명을 깨끗이 포기해야 한다는 뜻이다. 솔직하게 선택하라. 구명정에 태울 다섯 승객(핵심가치)의 이름을 아래 〈표 3-5〉에 적어보자.

| 표 3-5 | 핵심가치 후보군

그런데 문제가 발생했다. 5명의 승객이 타고 있는 구명정에 문제가 생겼다. 구명정의 바닥에 구멍이 나서 이 또한 가라앉게 되었다. 다행으로 배에 남겨진 구명튜브가 하나 있었고, 거기에 3명의 승객

만 옮겨 타게 할 수 있다. 2명을 가라앉는 구명정에 남겨두어야 한다. 2명을 포기하고 다시 3명(핵심가치)만을 선택해야 한다. 누구를 선택할 것인가? 5명의 승객 중 3명을 선택하여 〈표 3-6〉에 이름을 적어보자.

| 표 3-6 | 최종 핵심가치

지금까지 진행한 절차에 따라 먼저 찾은 5개를 핵심가치 후보군으로 하고, 다시 최종적으로 선택한 3개를 핵심가치로 정하자. 이 3개의 가치가 자신이 여기는 진정한 핵심가치 인지 확인하기 위해 〈표 3-3〉의 예와 같이 선정이유를 다시 되새기면서 자신의 가치관을 설정해 가야 한다. 대부분의 경우 가치관을 정립하는데 여러 번의 과정을 거치게 된다. 쉽게 핵심가치를 발견했다 하더라도 그것으로 끝이 아니다. 그것에 대해 심사숙고하고 자신의 일상에 적용하며 정기적으로 검토해야 한다. 최종적으로는 핵심가치를 그대로 가치관으로 삼아도 되고, 새로운 언어와 문장으로 정리해도 된다. 그리고 이러한 과정을 핵심가치가 변하지 않을 때 까지 반복해야 할 것이다.[13]

04 꿈과 비전

♣

『모든 빛나는 성과는 자신의 내면에 떠오른 무엇인가가
지금까지의 어떤 것 보다 뛰어나다는 확고한 믿음을 갖고
현실에 도전한 이 들에 의해 성취되었다.』

- 브루스 바튼 -

성공의 개념과 요소

동물에게는 생존본능이 있고 인간에게는 성공본능이 있다는 말이 있다. 어릴 적 사내아이에게 "너 뭐가 되고 싶어?"라고 물으면 대통령, 장군이라고 말하는 경우가 적지 않다. 물론 청춘기를 지나면서 현실 인식과 함께 성공개념을 조정하지만 이는 인간이 성공본능을 지닌 존재임을 나타내는 기본적인 사례이다. 꿈과 비전은 이 같은 성공본능을 충족하기 위하여 설정하는 것이라 할 수 있다. 꿈과 비전을 세우는 과정에서 우선적으로 해야 할 것은 자신에게 잠재되어 있는 성공 욕구가 무엇인지, 자신이 생각하는 가치관은 올바른 방향을 지향하고 있는지? 확인하는 것이다. 이를 위해 성공의 의미는 무엇이며, 그것의 요소는 어떤 것들이 있는지를 아는 것이 중요하다. 성공의 의미란 일반적으로 '가치 있는 목표를 설정하여 그것을 계획한 기한 내 달성하는 것'으로 설명되어 지는데, 세계적인 동기부여 전문가들은 성공의 의미를 〈표 4-1〉과 같이 보다 세부적으로 설명하고 있다.

표 4-1 성공의 의미

브라이언 트레이시(Brian Tracy)	존 맥스웰(John Maxwell)
성공이란 자신의 잠재력을 개발해서 최상의 목표를 성취하는 것, 그리고 다른 사람의 잠재능력을 개발하도록 영향력을 발휘하는 것	성공이란 인생의 목적을 깨닫는 것, 최대의 잠재력을 발휘해 성장하는 것, 그리고 다른 사람에게 유익한 씨앗을 뿌리는 것

두 전문가가 내린 성공에 대한 개념은 아래 내용과 같은 공통점이 있으며 진정한 성공을 위해서는 먼저 자신의 잠재능력을 찾아 성장시켜야 함을 알려준다.

자신의 잠재능력 발견 → 잠재능력 발휘로 성장
→ 타인에게 영향력 발휘

세계적인 동기부여 전문가 브라이언 트레이시(Brian Tracy)는 높은 성취를 이룬 사람들의 공통적 특징을 분석하여 성공의 요소를 일곱 가지로 설명하고 있다. 첫째, 마음의 평화이다. 이 요소는 다른 모든 요소를 선도하는 최상위의 목표로서 인생의 핵심 원칙이 되어야 한다. 마음의 평화는 자신의 삶을 평화롭게 하는 평형 유지 장치이며, 가치관 및 신념과 행동이 일치하는 삶을 살아가고 있을 때 얻을 수 있다. 둘째는 건강과 에너지이다. 이는 신체적 질병과 고통이 없고 활력이 넘치는 상태로서, 놀랍게도 해로운 일을 멈추면 저절로 회복되어 진다. 완벽한 건강을 유지하고 있는 자아이상을 설정하여 상상하고 실행하면 어느새 활력이 넘치는 모습으로 변해져 있을 것이다. 셋째, 인간관계이다. 인생을 살면서 자신이 행복과 만족감을 느낄 수 있는 환경을 주변에 만드는 것은 매우 중요한 일이다. 그것은 다른 사람과 오랫동안 친밀한 관계를 맺고 유지하는 능력을 갖추는 것이다. 대인관계를 효과적으로 하여 원만한 인간관계를 만든 뒤에야 자신의 잠재능력을 한껏 발휘할 수 있다. 넷째, 경제적 자유이다. 경제적으로 자유롭다는 것은 돈에 대하여 더 이상 걱정할 필요가 없는 것을 의미한다. 인구의 80퍼센트가 돈 문제로 고통을 받고 있는 현실임을 감안할 때, 이는 너무나 중요한 성공 요소이자 책임이다. 자신이 1년, 5년, 또는 이후에 얼마를 갖고 싶은지, 경제적으로 어떤 상태가 되었으면 좋겠는지? 명확하게 정의하고 그것을 실현할 수 있는 계획을 세워야 한다. 다섯째, 가치 있는 목표와 이상이다. 자신은 분명한 가치관을 바탕으로 세상에 무언가 공헌하는 삶을 산다는 느낌을 갖고 있어야 행복해진다. 가치 있는 이상을 마음 속 깊이 품고 한 발짝씩 나아갈 때 성취감은 한층 높아질 것이다. 여섯째, 자신을 알고 이해하는 것이다. 내적인 행복과 외적인 성취는 자기 자신을 아는 데서 비롯된다는 것이 진리이다. '너 자신을 알라'는 격언이 있다. 최고의 성취를 이루려면 내가 누구이고, 왜 그렇게 생각하고 느끼는지 알아야 한다. 마지막 일곱째는 성취감이다. 심리학계에서는 이것을 '자아실현'으로 묘사한다. 즉 자신이 인간으로서의 잠재능력을 충분히 발휘하여 자신이 원하는 모습에 점점 가까워지고 있다는 인식이다.

이러한 일곱 가지 성공 요소는 자신이 성취하고 싶은 잠재적 욕구가 무엇인지 알게 해주고, 추구하는 꿈과 비전을 설정하기 위한 기준을 제시해 준다는 측면에서 매우 가치 있는 자료이다.

꿈의 실현 체계

꿈을 자신의 가치관에 따라 성공적으로 현실화하기 위해서는 비전을 세우고, 그에 따른 각 항목들을 목표화, 계획화한 다음 실행을 하는 등, 일정한 체계에 따라 선순환 되도록 해야 한다. 이러한 선순환 체계를 다음과 같은 간단한 문장으로 표현할 수 있다. '꿈을 가시화하면 비전이 되고, 비전을 구체화하여 기한을 정하면 목표가 되고, 각 목표를 계량화하여 잘게 나누면 실행 가능한 계획이 되며, 계획을 실행하면 현실이 된다.'이다. 여기서 중요한 것은 이 순환 체계가 진행되는 모든 단계에는 올바른 가치관과 성공의 기준이 적용되어야 하는 것이다. 이를 하나의 흐름으로 표현한 것이 〈표 4-2〉의 체계도이다.

| 표 4-2 | 꿈의 실현 순환체계 및 단계별 핵심 내용

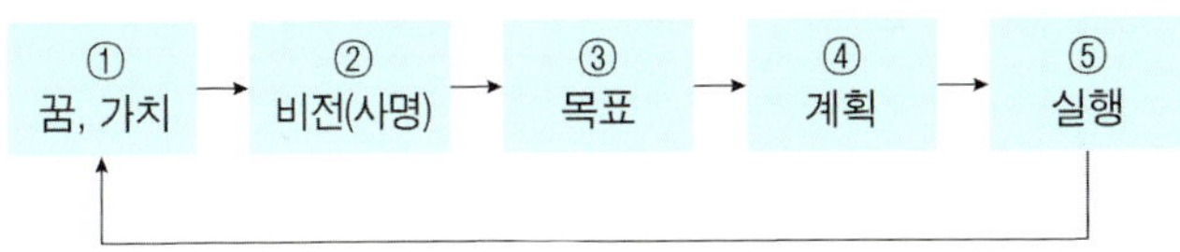

■ 자아욕망을 바탕으로 한 꿈과 핵심가치를 정립

- Have : 자신이 갖고 싶은 것
- Do : 자신이 해 보고 싶은 것
- Be : 자신이 되고 싶은 것

• 자신이 남기고 싶은 것

■ 비전(자기 사명서) 작성

• 꿈과 가치관을 토대로 반드시 하고자 하는 신념이 담긴 사명
• 미래에 대한 마음속의 정신적 지도
• 꿈 보다 강력하고, 그 꿈을 이루기 위한 구체적인 행동의 원동력이 되며, 목표 수립의 기준이 됨

■ 목표 수립

• 비전이 수록된 자기사명서에 초점이 맞춰져야 함
• 구체성, 현실성, 지향성, 시한성
• 개인과 가정, 건강, 직장과 일, 경제, 자기계발 등 영역별 균형성 유지

■ 실행

• 열정적인 실천이 중요함

성공하는 자	실패하는 자
비 전	무계획
열 정	부정적 생각
좋은 태도와 습관	걱정만 하고, 노력하지 않음

인생의 성공과 실패 여부는 자신의 삶을 〈표 4-2〉 순환체계의 각 단계에 맞춰 가며 살고 있느냐에 달려 있다. 자신의 삶에서 실패가 반복되고, 일이 원하는 대로 이루어지지 않는다면 다음과 같은 몇 가지 이유가 존재하기 때문이라고 보면 된다.

첫째 꿈도 비전도 목표도 없다. 더욱이 가치관, 성공의 기준이 무엇인지도 모른다.

둘째 꿈, 비전, 목표가 존재하지만 구체적이지도 명확하지도 않다.

셋째 꿈과 비전이 존재하더라도 그것이 달성해야 할 목표로 이어지지 않는다.

넷째 단기적으로 명확한 목표는 존재하지만 순환체계의 흐름으로 이어지지 않아 흐지부지 하거나 원점으로 돌아간다.

자신에게 해당되는 것은 어떤 경우인가? 위의 네 가지 실패요인을 점검하여 부족한 점에 대해 알게 되었다면 각 단계에 필요한 핵심 내용에 맞춰 자신의 꿈을 실현하는 흐름이 선순환 되도록 바꾸어 나가야 한다. 그것을 위한 중요한 조치는 먼저, 막연하고 추상적인 성격의 꿈을 명확한 비전으로 바꾸면서, 자기사명서를 작성하는 것이다. 다음엔 작성된 자기사명서를 기준으로 장·단기적인 목표를 설정하여 실행한다. 목표를 설정하여 달성을 위해 매진할 때는 늘 명확하고 장기적인 비전을 염두에 두는 것을 잊지 않아야 한다.

꿈과 비전 설정을 위한 자세

오늘날 급변하는 사회 환경으로 인한 불확실성 속에서 사람들은 그 어느 때 보다도 미래에 대한 불안감에 커지고 있다. 꿈과 비전 설정이 중요하다는 것은 자신의 삶이 사회 환경의 지배를 받지 않도록 하여 미래에 대한 막연한 불안감을 해소하고, 자신의 미래를 능동적으로 만들어 가도록 삶의 방향을 통제해 준다는 점이다. 다시 말해서 자신의 꿈과 비전이 명확하다면 어떤 여건 속에서도 자신 스스로 삶의 변화를 결정하고 통제할 수 있다는 것이다.

명확한 꿈과 비전을 가지고 있으면 개인적 삶이나 일터에서 성공에 필요한 잠재능력을 최대로 발휘할 수 있으며, 닥치는 장애물들도 잘 극복해 가면서 많은 성취를 이룰 수 있게 된다.

성취를 원하는 사람은 누구에게나 꿈과 비전이 필요하며 이를 부인하는 사람은 아무도 없다. 그런데 꿈과 가시적인 비전을 설정하고 그것을 성취하기 위해 지속적으로 노력하는 사람들은 실제로 많지 않다. 이것은 인간의 삶에서 큰 미스터리 중의 하나라고 한다. 자신의 삶을 성공적으로 실현하기 위한 첫걸음은 바로 꿈과 비전을 세우는 것이다. 따라서 사람들이 왜 그러지 못하는가에 대한 이유를 바탕으로 꿈과 비전 설정 방법에 대하여 알아보겠다.

첫째, 꿈과 비전 설정의 중요성을 인식해야 한다.

사람들은 대부분 그것이 얼마나 중요한지 모르고 있다. 만일 어떤 사람이 꿈이라고는 없는 가정에서 자라거나 꿈과 비전을 이야기하지도 소중히 여기지도 않는 집단에서 성장하고 있다고 가정해 보자. 그 사람은 성인이 되어서도 꿈과 비전을 설정하고 그것을 실현하고자 하는 의지가 다른 어떤 생존 수단보다도 삶에 큰 영향을 미친다는 사실을 깨닫지 못할 것이다. 주변을 둘러보라. 친구나 가족들 중에 꿈과 가시적인 비전을 갖고 있고 또 그것을 실현하기 위해 전념하는 이들이 얼마나 되는가?

둘째, 꿈과 비전을 명확하게 가지고 있는지 점검해야 한다.

자신이 이미 목표를 가지고 있다고 생각하는 사람들이 많다. 하지만 그것은 기껏해야 '행복해지고 싶다.', '돈을 많이 벌고 싶다.', '행복한 가정을 꾸리고 싶다.' 식의 단순한 소망사항에 불과하다. 명확한 꿈과 비전은 단순한 소망과는 분명히 다르다. 자신의 꿈에 대해서는 다른 사람에게 언제든지 확신을 가지고 설명할 수 있어야 하며, 그것은 비전으로 진전되어 가시적으로 그려질 수 있어야 한다. 많은 사람들이 이렇게 되도록 하기 위해서는 우리의 교육체계가 앞장서야 할 것이다. 현재는 학교에서 꿈과 비전에 대한 강의를 전혀 듣지 않아도 학점을 이수하는 데에 지장이 없는 것으로 되어 있다. 이는 학교가 꿈과 비전을 세우는 것이 성공적인 삶을 살아가는데 얼마나 중요한지 인식하지 않고 있음을 의미한다. 사람들이 성장하면서 명확한 꿈과 비전을 가질 수 있도록 가정과 학교에서부터 가르치고, 서로 이야기 하여 보완도 할 수 있도록 하여 궁극적으로 사회의 문화로 정착되어야 할 것이다.

셋째, 설정한 꿈과 비전을 향해 도전하는 만큼 발전이 있으리라는 확신을 가져야 한다.

사람들은 대체로 꿈을 실현하기 위한 도전이 실패할까 두려워서 망설이거나 포기하곤 한다. 과거의 실패 경험이 상처가 되어 정서적으로, 가끔은 경제적으로도 자신을 괴롭힌다고 느끼면서 앞으로는 조심하여 실패를 피하리라 다짐하게 된다. 이로 인해 다소 어려울 것 같은 것은 아예 꿈꾸는 것조차 피함으로써 자연스럽게 스스로를 망치는 우를 범한다. 꿈과 비전이 없다 보니 실제로 가능한 것보다 훨씬 낮은 수준에서 활동하며 삶을 낭비하게 된다.

넷째, 타인의 시선을 의식할 필요가 없다.

자신의 꿈을 공표했는데 그것을 이루지 못하면 다른 사람들이 자신을 비난하거나 조롱하지 않을까 의식하는 것이다. 꿈을 향해 달려가는 그 모습을 훌륭하게 평가하지 실패한 것을 비난하는 사람은 드물 것이다. 그 꿈에 대한 특별한 경쟁자가 있다면 예외가 될 수 있다. 그런 경우에는 꿈과 비전을 설정할 때부터 굳이 그에게 공개할 필요는 없다. 성취하고 난 다음에 당당하게 보여주면 된다. 꿈과 비전을 설정하고 성취하는데 도움이 되는 배우자 또는 협력자가 되는 직장상사나 선배들에게는 반드시 밝혀서 격려와 조언을 받는 것이 좋겠다.

자신의 꿈과 비전을 세우기 전에 먼저 미래 나의 모습을 상상하는 시간을 가져 보겠다. 아래 〈표 4-3〉의 빈칸을 채워보기 바란다.

| 표 4-3 | '미래 나의 모습' 상상하기

시 기	5년 후 (　　세)	15년 후 (　　세)	30년 후 (　　세)
월요일 아침 9시이다. 어디서 누구와 무엇을 하고 있는가?			
수요일 정오이다. 어디서 누구와 점심식사를 하고 있으며, 무슨 이야기를 나누고 있는가?			
토요일 오후 7시다. 어디서 누구와 무엇을 하고 있는가? 마음상태는 어떠한가?			
위의 내용을 토대로 미래의 나의 모습을 간략히 적어보자.			

꿈 찾기

비전을 세우고 목표를 설정하기 전에 먼저 내 안에 잠재된 욕망, 즉 꿈을 찾아내는 것이 필요하다. 꿈을 찾는 방법은 우선 몇 가지 항목 별로 내가 원하는 욕구들을 최대로 많이 도출하여 그 중에 자신이 간절히 바라는 욕망을 찾아내면 된다.

마크 한센은 그의 저서인 「영혼을 위한 닭고기 수프(Chicken Soup for Soul)」에서 '꿈을 찾는다는 것은 진정한 목표를 달성하기 위한 사전 단계로서 아무런 한계도 정할 필요가 없다고 생각하면서 평생 실현하고 싶은 최소 100개의 욕망을 목록으로 작성해 보라고 조언한다. 또한 이것을 적기만 해도 얼마 후에 놀라운 일이 시작될 것이라고 말하고 있다.' 이 조언에 따라 먼저, 내 안에 잠재된 욕망을 찾아내면서 목록을 작성해 보자.

어려운 일상 속에서도 불현듯 나를 살아 있게 하는 것은 무엇인가? 내가 진정으로 원하는 것은 무엇인가? 에 대한 깊은 사색을 통하여 답을 찾아야 한다. 그 다음에는 찾아내어진 내용들을 보다 구체적으로 정리를 하여 아래 〈표 4-4〉의 각 항목 별로 20~30개씩 나누어 총 100여개를 적도록 하자.

| 표 4-4 | 질문 항목 4가지

· Have(갖고 싶은 것) · Do(하고 싶은 것) · Be(되고 싶은 것)	+	· 남기고 싶은 것

■ Have(갖고 싶은 것)

- 나는 어떤 것을 가졌을 때 행복을 느끼는가?
- 지금까지 소유하게 된 것들 중 어떤 것이 가장 귀하다고 여기는가?
- 앞으로 꼭 갖고 싶은 것은 무엇인가?

■ Do(하고 싶은 것)

- 나는 어떤 일을 하고 있을 때 살아있음을 느끼는가?
- 무엇을 하면 진정으로 행복하게 될 것 같은가?

■ Be(되고 싶은 것)

- 역사적 인물이나 현실에서 접하게 된 인물 중에 끌리는 사람은 누구이며, 그 인물의 특징 중에 구체적으로 어떤 점을 닮고 싶은가?
- 미래에 어떤 인물로 성장하고 싶은가?

■ 남기고 싶은 것

- 생의 마지막 단계에서 나는 이런 삶을 살았노라고 자신 있게 말하고 싶은 것은 무엇인가?
- 후대와 자손, 그리고 사회 공익을 위해 무엇을 남기고 싶은가?

이 질문 항목들에 대한 답은 반드시 기록해야 하며, 구체적으로 적는 것이 중요하다. 이를테면 '좋은 친구와 함께 이야기 할 때'라고 쓰기 보다는 '좋은 친구와 함께 미래의 희망에 대해 이야기 할 때'로 적는 것이다. 구체성은 욕망에 생명력을 불어 넣는다. 모호하게 기술된 욕망은 되도 좋고, 안 되도 좋다는 것처럼 죽어 있는 것이나 다름없다.

자신이 기록한 욕망이 이루어질 수 없다거나 비현실적이라고 생각할 필요는 없다. 비현실적으로 보였던 100개가 넘는 욕망들을 꿈으로 만들어 실현해 나간 사람들이 있다. 탐험가이자 인류학자인 존 고다드는 열다섯 살 때 종이 한 장을 가져다가 맨 위쪽에 '나의 꿈과 목표'라고 제목을 적었다. 그 밑에다 일생동안 내가 원하는 모든 것들을 목록으로 만들었다. 그가 목록을 완성했을 때 그의 인생 청사진은 모두 127개의 항목에 달했다. 보이스카우트 단원 되기, 타자로 1분에 50단어 치기 등 손쉬운 것들에서부터 브리태니커 백과사전 통째로 읽기, 비행기 조종법 배우기 등 다소 어려운 것 까지, 거기다 세계 일주, 달 여행 등 불가능해 보이는 것도 있었다. 존 고다드는 15세 때 세운 이 목록들을 꿈으로 만들어 평생 동안 끈기 있게 실천한 결과 그 중 108개를 달성했다. 그는 한 인터뷰에서 '어렸을 때 어른들이 늘 '내가 어렸을 때 진작 이런 일을 했더라면' 하고 아쉬워하는 소리를 듣고 이런 일을 실행하고자 했다.', '억지로 127개 항목을 모두 이루려고 고민하지 않았다. 중요한 것은 내가 그렇게 살고 싶었다는 것이다.'라고 말했다. 내 마음을 벅차게 하는 100여개의 욕망을 꺼내는 것이 쉽지는 않을 것이다. 하지만 반드시 끝까지 채워야 한다. 욕망을 계속 써 내려가다 보면 생각지도 못한 일이 생기게 될 것이다. 그리고 어느 순간 그것이 오래전부터 내가 꿈꾸어

왔던 것임을 느끼게 될 것이며, 벅찬 마음으로 그때그때 상황에 맞춰 수정 보완해 가면서 실천하면 된다.

심리학자 매슬로우(Maslow)는 삶에서의 '최고의 경험'이란 한 개인이 가장 큰 행복과 즐거움을 느끼는 시간을 경험하는 것이라고 하면서 이를 많이 누리는 것이 만족스런 삶을 사는 것이라고 했다. 위의 과정을 거치면서 자신의 확고한 꿈으로 걸러지게 될 것이다. 그렇게 만들어진 꿈을 목록화 하여 하나하나 실천하는 것이 바로 삶에서의 '최고의 경험'이라 할 수 있으며, 실천을 위해서는 이 목록들을 기반으로 자신의 비전을 세워서 구체적인 목표의 기준이 되도록 하면 될 것이다.

비전 세우기 (자기 사명서 작성)

구체적인 목표를 세우기 전에 해야 할 기본적인 과업이 있다. 꿈의 목록과 가치관을 기초 자료로 하여 비전을 세우고 자기 사명서를 작성하는 것이다. 이를 다시 설명하자면, 비전이란 미래에 대한 정신적인 지도와 같은 것으로서 꿈을 이루기 위한 구체적인 행동 지침이며, 꿈 보다 구속력이 강한 것이다. 자기사명서는 비전을 문장으로 정리한 것으로서 목표를 효과적으로 설정하는 기준이 된다. 리더십 전문가 스티븐 코비(Steven R. Covey) 박사는 '목표를 확립하고 성취하는 가장 좋은 방법은 자기사명, 즉 자신의 인생철학 내지는 신조를 작성하는 것으로 우리가 어떤 사람이 되기를 원하는가(성품), 무엇을 하기를 원하는가(공헌 및 업적)를 기술하고, 자신의 존재와 행동이 바탕을 두고 있는 가치와 원칙에 초점을 맞추는 것'이라고 한다.

이를 보면 자기사명서는 자기 인생에 있어 일종의 헌법과도 같은 성격을 지닌 것으로, 자신이 찾아낸 핵심적인 꿈과 가치관 목록을 기초자료로 하여 작성하면 된다. 올바른 가치관, 즉 진리와 원칙에 가까운 가치관과 자신의 욕망을 담은 꿈을 기초로 하여 작성된 자기 사명서는 헌법이 국가에 대해 갖는 역할처럼 개인에게 작용할 것이다. 이것은 개인 헌법의 성격으로서 자신에게 닥치는 어려운 상황이나 혼란스러운 감정 속에서 중요한 판단을 할 때 하나의 기준체계를 제공해 주고, 나아가 불확실한 미래 환경을 헤쳐 나갈 수 있는 강력한 힘을 유지시켜 준다. 성공적으로 사는 사람들은 자신의 미래를 다른 사람이나 주위 환경에 의해 결정되도록 놓아두지 않고 스스로 만들어 간다. 명확한 자기사명서를 기준으로 목표를 설정하여 꾸준하게 달성해 가는 사람들이 바로 그들이다.

자기사명서를 잘 완성하기 위해 포함해야 할 사항들을 살펴보겠다. 먼저, 자신의 가장 중요한 역할과 책임에 관한 사항이다. 가장으로서, 직장에서의 누구로서, 신앙인으로서의 역할 등이 될 수 있다. 다음은, 자신의 핵심적인 가치관과 꿈을 간명하게 정리하는 것인데, 인생의 방향과 목적, 자아욕구 등이 주요 내용들이다. 일단 위 두 가지만 종합을 해도 기본적인 사명서가 완성이 된다. '나는 누구로서 어떠한 삶을 어떻게 살아가겠다.'가 하나의 예가 될 수 있으며, 이러한 몇 가지 문장을 통해 가정적으로, 직업인으로, 신체적으로, 경제적으로, 또는 지적 및 영적으로 어떤 삶을 살겠다는 의지를 나타내는 것이다. 또한 자기사명서의 완전성을 높이기 위해서는 영감을 불러일으키는 시 구절, 성취욕을 촉구하는 타인의 자서전, 자신의 수양록 등으로부터 좋은 내용을 인용하는 것도 하나의 방법이다.

잘 작성된 자기사명서가 주는 이점들은 다음과 같은 내용들이 있다.

- 자신에게 중요한 것이 무엇인지를 확인시켜 준다.
- 미래를 향한 초점을 제공해 준다.
- 삶의 목표를 설정하고, 실행하는 기준이 생긴다.
- 하루하루 살아가는 의미와 목적을 깨닫게 해준다.
- 마주치는 모든 일을 해결하기 위한 명확한 지침을 준다.

자기사명서는 여러 형태가 있다. 짧은 문장으로 된 것도 있고, 긴 내용도 있다. 단 한 줄로 표시할 수도 있다. 중요한 것은 이것이 자신의 목표를 설정하는 기준이 되고, 실행하는 지침이 될 만해야 한다는 것이다. 몇 가지 사명서 사례를 아래와 같이 소개하겠다. 아래 〈표 4-5〉 자기사명서(비전서) 사례들을 참고하여 자신의 사명서를 작성해 보자.

자기사명서 사례 모음

사례 1 (타인을 위한 사명)

1. 자신의 인생을 살고 타인의 인생도 존중하라
2. 타인의 말에 귀 기우려라
3. 마음의 평온을 유지하라
4. 소비주의에 빠지지 말라
5. 일요일은 가족을 위해 보내라
6. 젊은이들을 위한 자리를 마련하라
7. 자연 보호에 힘써라
8. 타인을 험담하지 말라
9. 타인을 개종하려 들지 말라
10. 전쟁을 지양하고 평화를 추구하라

* 출처 : 프란치스코 교황

사례 2 (개인)

나의 사명은,

성실과 정직을 신조로 사랑과 행복을 끊임없이 추구하는 데 있다.

이 사명을 수행하기 위해 나는,

1. 나 자신을 소중하게 생각한다. (정신적으로나 신체적으로 항상 건강함을 추구한다.)
2. 가정, 직장, 사회에서 꼭 필요한 사람이 된다. (매사에 감사하는 마음으로 가르침을 통해 감동과 보람을 추구한다.)

이를 위한 나의 역할은,

1. 남편으로 살아있는 동안, 아내의 행복을 위해 믿음과 사랑으로 정성을 다하겠다.
2. 아버지로서 살아있는 동안, 두 아들이 목표 있는 삶과 독립적인 삶을 키워나갈 수 있도록 늘 곁에서 돕겠다.
3. 아들/사위/형제로서 살아있는 동안, 부모님과 장모님께는 효도하는 마음으로, 형제들과는 진실한 우애로 사심 없이 봉사하겠다.
4. 직장인으로서 살아있는 동안, 내가 하는 모든 일에 정성을 다하여 전문성을 키워나가는 데 매진하겠다.
5. 친구/이웃/사회인으로서 살아있는 동안, 곁에 있는 친구/이웃/사회인에게 의미 있는 사람이 되겠다.

* 출처 : 7 Habit 교육자료

사례 3 (가족)

우리는 가정이 우리의 몸과 마음, 영혼의 휴식처이고 행복의 원천임을 믿는다.

우리 가족 구성원 모두가 즐겁고 편안한 휴식, 행복의 추구를 할 수 있도록 서로 도와 이 세상에서 가장 모범적인 가정을 이룬다.

이를 위해,

1. 늘 서로를 칭찬하고 격려한다.
2. 다른 사람의 이야기를 잘 들어주고 이해해준다.
3. 아침식사와 저녁 Tea time을 함께 한다.
4. 가사활동은 분담한다.
5. 할머니, 할아버지를 자주 찾아뵙고, 이웃과 친지들에게도 인사를 잘한다.
6. 건강을 위해 노력하며 술, 컴퓨터 오락 등이 지나치지 않도록 늘 조심한다.
7. 가족 모두가 사회봉사에 참여한다.
8. 바른말 고운 말을 사용한다.
9. 한 달에 한 번 가족과 즐거운 시간을 갖는다.

* 출처 : 7 Habit 교육자료

사례 4 (사회인)

나는 사회 구성원으로서, 예술가로서, 그리고 자영 사업가로서 나의 재능을 나누며 살겠다. 나는 일과 여가와 지역사회 참여활동 사이의 균형을 유지하며 살겠다. 나는 늘 만나는 사람들에게 활력과 행복을 불어넣는 사람이 되겠다.

* 출처 : 7 Habit 교육자료

사례 5 (사회인)

1. 나는 세계 최고의 성공 동기부여가로서 항상 생각하면서 열정으로 사랑을 실천한다.
2. 모든 사람을 미소로 대하고 열정적으로 사랑을 실천한다.
3. 개인, 조직에 성공과 열정을 전한다. 사랑과 행복을 심는다.
4. 한국인의 정신(열정, 창의력)과 혼을 심은 리더십 프로그램을 전 세계에 보급한다.
5. 초, 중, 고, 대학에 인성교육을 위한 리더십 코스를 보급, 미래의 인재를 양성한다.
6. '열정, 사랑을 심어주었다.'는 소리를 가족, 회사, 동료, 주변 분들로부터 듣는다.

* 출처 : 카네기 연구소

사례 6 (직장 팀)

1. 우리는 독립된 영상 전문가의 일원이다.
2. 최첨단의 다양한 영상 솔류션과 서비스를 제공함으로써 캐나다에서 고객의 요구를 최대한 만족시킨다.
3. 총체적 고객만족을 제공하고 구성원들의 매출신장을 돕는다.
4. 그래서 우리는 약속을 지키고 다른 소매점이 우리와 제휴하고 고객을 우리에게 되돌아오도록 한다.

* 출처 : 코닥 캐나다

| 표 4-5 | 자기사명서(비전서) 작성 실습

자기 사명서
작성자 : (작성일 : . . .)
1. 가치관(핵심 가치)
2. 나의 사명 · · · · ·

05 목표 설정과 실행

♣

『목표가 없는 사람은 목표가 분명한 사람을 위해 평생 일하는 종신 노동형에 처해진다.』

- 브라이언 트레이시 -

목표 설정의 중요성

명확한 목표 없이 살아가는 것은 짙은 안개가 끼어있는 구불 길에서 운전하는 것과 같다. 차가 아무리 성능이 좋고 운전자의 기량이 뛰어나다 한들 진땀을 흘리며 머뭇머뭇 운전해 나아갈 수밖에 없다. 하지만 목표를 수립하여 결정하고 나면 안개가 걷힌 고속도로에서 상쾌한 기분으로 신속하게 달리는 느낌이 들 것이다. 또한 목표가 없다는 것은 방향타와 나침반이 없는 선박처럼 항상 좌초될 위험을 안고 있는 것과 같다. 반면, 목표가 있다는 것은 지도와 나침반의 안내에 따라 방향타를 움직이며 목적지를 향해 자신 있게 순항하는 선박과 같다. 이 두 가지 비유는 사람이 명확한 목표가 있다면 자신의 삶에 에너지와 능력을 집중하여 자신 있게 나아갈 수가 있어서 진정으로 원하는 것을 더 많이 성취할 수 있음을 알게 해준다.

목표를 정한 사람은 그렇지 못한 사람보다 더 성공하며 더 행복한 모습을 보인다는 조사 결과들이 새롭게 나오고 있다. 전 세계적으로 유명한 교육 전문회사인 플랭클린 코비(Franklin Covey)는 최근 목표 설정의 효과와 목표 달성도에 대한 조사를 실시했다. 이 조사 결과에 의하면 성공적인 목표달성 능력과 삶의 만족도 사이에 직접적인 상관관계가 있는 것으로 밝혀졌다. 삶의 만족도가 8점 이상(1점부터 10점까지 점수를 부여하며, 10점은 가장 행복한 상태를 의미함)인 사람은 대부분 자기를 위한 목표를 정하고 있었다. 즉 '행복한 삶을 살고 있는 사람은 대부분 목표를 정하고 그 목표를 성공적

으로 달성하며 살고 있다.'는 것이다.[14]

보다 구체적이고 명확한 목표를 설정하고 그에 대한 열망이 강할수록 성취 가능성은 높아지며, 성취를 통해 행복한 삶을 살게 된다. 목표 설정과 성취에 관한 몇 가지 사례를 통해 그 중요성을 인식해 보겠다.

1996년 미국의 애틀랜타에서 열린 올림픽 마라톤에서 이봉주 선수가 영예의 2위를 차지하였다. 그는 골인지점 얼마 전 까지 3위의 순위였다. 그러나 그는 골인지점 직전에서 2위로 앞서가던 선수를 제치고 그 자리를 차지했다. 이는 1992년 스페인 바르셀로나 올림픽에서 금메달을 차지한 황영조 선수에 이은 한국 마라톤의 쾌거였다. 그는 시합이 끝난 후 기자회견에서 이렇게 말했다. "내가 2위를 차지할 수 있었던 것은 솔직히 말해서 2위에만 입상하면 군 입대가 면제될 수 있으므로 그 생각을 하면서 이를 악물고 뛰었기 때문입니다." 바람직한가 하고 갸우뚱 할 수 있는 사례이긴 하지만 뚜렷한 목표와 강렬한 욕구가 얼마나 큰 성취를 가져다주는지를 알려주고 있다.

1953년 미국 예일 대학교에서는 졸업생을 대상으로 목표에 대해 한 가지 조사를 했다. '당신은 인생의 구체적인 목표를 글로 써 놓은 것이 있습니까?' 하는 질문이었다. 졸업생 중 3퍼센트의 학생만이 인생의 구체적인 목표와 계획을 글로 써 놓았다고 대답했다. 나머지 97퍼센트의 학생들은 그저 생각만 하거나 아니면 아예 목표를 가지고 있지 않다고 대답했다. 20년이 지난 1973년, 그 때의 학생들 중 생존자를 대상으로 경제적 부유함을 조사해 보았다. 놀랍게도 졸업할 당시에 삶의 구체적인 목표와 계획을 가지고 있던 3퍼센트의 사람들이 나머지 97퍼센트의 사람들이 가지고 있는 부를 모두 합친 것보다 훨씬 더 부유하게 살고 있었다.[15]

다른 하나는 1979년과 1989년 사이에 행해진 하버드대 교육에 대한 이야기이다. 1979년 하버드 경영대학원 졸업생들에게 "명확한 장래 목표를 설정하고 기록한 다음, 그것을 성취하기 위해 계획을 세웠는가?"라고 질문을 해보았더니 졸업생의 3퍼센트만이 목표와 계획을 세운 것으로 밝혀졌다. 13퍼센트는 목표는 있었지만 그것을 종이에 직접 기록하지는 않았고, 나머지 84퍼센트는 학교를 졸업하고 여름을 즐기겠다는 것 외에는 구체적인 목표가 전혀 없었다. 10년 후인 1989년에 연구자들은 그 질문 대상자들을 다시 인터뷰했다. 목표는 있었지만 그것을 기록하지 않았던 13퍼센트는 목표가 전혀 없었던 84퍼센트의 학생들 보다 평균적으로 2배의 수입을 올리고 있었다. 그리고 너무나 놀랍게도 명확한 목표를 기록했던 3퍼센트의 졸업생들은 나머지 97퍼센트의 졸업생보다 평균적으로 10배의 수입을 올리고 있었다. 그 그룹들 사이의 유일한 차이는 졸업할 때 얼마나 명료한 목표를 세워두었는가 하는 점이었다.[16]

위에서 제시한 개인 및 집단적 사례를 통해 우리는 두 가지의 중요성을 인식할 수 있다. 하나는 자신의 삶에서 간절히 원하는 것을 목표로 설정하고, 그것을 기록하여 뚜렷하게 각인시켜야 한다는 것, 또 다른 하나는 목표를 향한 강렬한 열망을 키우는 것이 성취의 출발점이라는 것이다. 즉 성취를 위해서는 먼저 각자가 확고부동한 목표를 가져야 하며, 그리고 강렬한 열망으로 목표를 향해 다가가야 한다는 것이다.

나이팅게일은 '행복이란 어떤 가치 있는 이상이나 목표의 점진적인 실현이다.'라고 했다. 자신에게 중요한 무엇인가를 향하여 한 걸음 한 걸음 나아갈 때 진정한 행복을 느낄 수 있다는 말이다. 목표는 현재 자신이 하고 있는 생각과 행동에 대해 의미와 목적을 부여

한다. 따라서 의미 있는 목표를 설정하여 성취하고자 노력할 때, 자신감을 느끼며 행동에 활력을 얻게 된다. 목표를 향해 조금씩 다가갈 때 마다, 작은 목표들부터 하나하나 달성할 때마다 장차 훨씬 더 큰 목표가 생기고 성취할 수 있으리라는 믿음도 커진다. 설사 목표 달성을 향한 시도를 하지 않았다 하더라도, 목표에 대한 생각 자체만으로 행복해질 수 있다. 목표 설정이 자신의 삶에 주는 의미는 그 정도로 크다.

목표 설정하기

100여개 이상의 욕망을 바탕으로 정한 꿈과 자신의 핵심 가치를 기초로 자기사명서를 작성하였으면 이제 자신의 인생목표를 설정할 차례이다. 목표를 설정하기 위해서는 다시 욕망과 꿈의 목록을 펼쳐서 활용해야 한다. 수많은 목록들을 놓고, 자신의 비전 즉 자기사명서와 대조하면서 제대로 된 꿈인가에 대한 검토를 차분하게 할 필요가 있다. 이 욕망들은, 꿈들은 나의 가치관에 맞는 것인가? 나의 비전에 합당한가? 과연 내 마음 속 깊은 곳에서부터 간절히 원하던 것인가를 생각해 봐야한다. 자신이 오랫동안 간절히 원해왔던 순수한 욕구와 일치하는 것이 아니라 성장과정이나 주위 환경의 영향으로 인해 세뇌된 욕구로 인한 꿈일 수도 있다. 이를테면 대중의 사랑을 받는 유명 연예인에 대한 맹목적 모방, 치러야 할 대가가 무시된 단순한 동경, 결핍에 의한 집착 등의 욕구들이 사례가 될 것이다. 이들은 간절한 내면의 욕망에 비해 진정성이 떨어진다. 따라서 자신의 비전에 합당한 목표를 설정하기 위해서는 몇 가지 기준을 적용하여 걸러내는 과정을 거쳐야 한다. 선정했던 욕망이나 꿈들 모두가 중요하다고 판단하여 그대로 인생목표로 설정할 수도 있지만, 자신의 가치관과 비전이 스며있는 보다 효과적인 목표로 관리하기 위해서는 욕망이나 꿈의 목록들에서 개략 '꿈(자아욕망) Top 10'을 기준으로 하여 걸러내도록 한자. '꿈(자아욕망) Top 10'을 걸러내는 기준은 아래 〈표 5-1〉에 있는 5가지 질문 모두에 통과하는 것으로 정하면 되겠다.

아래 5가지 질문을 하면서도 제대로 걸러내기가 쉽지는 않을 것이다. 만약 어려울 경우 각 질문에 대한 긍정적 비중을 1에서 10까지 점수를 매겨 판별하는 것도 방법 중의 하나이다. 10여개의 핵심적인 꿈을 간추려 낸 후에 이를 근거로 자신의 인생목표를 설정하는 것이 비교적 용이하면서도 효과적인 방법이 될 것이다. 필요한 경우에는 꿈 2~3개를 합쳐서 하나의 목표로 재 작성하는 것도 좋은 방법이 될 수 있다.

| 표 5-1 | 목표 설정을 향한 5가지 질문

Question 1 (시한성)	앞으로 6개월 밖에 살지 못한다면 무엇을 하겠는가? 병원에서 신체 정밀검사를 한 결과 6개월만 건강하게 살다가 바로 죽는다는 통보를 받았다면 이 세상에서의 마지막 6개월을 어떻게 보내겠는가? 그 시간을 누구와 함께 보내겠는가? 어디에 가겠는가? 무슨 일을 마무리 하겠는가? 등등 떠오르는 생각이 많을 것이다. 그것이 바로 가장 중요한 욕망이며, 삶의 가치관에 반영할 수 있는 내용일 것이다.
Question 2 (적합성)	자신이 좋아하며, 자신의 능력으로 잘할 수 있는 것인가? 자신이 세운 가치관, 비전과 일치하며, 오랜 시간 지속적으로 품고 있던 것인가? 아니면 일시적인 기분에 의한 것이나 유명 인사들로부터 영향을 받은 결과로 자신의 개성을 고려치 않은 욕망은 아닌가? 만일 이것을 이루지 못한다면 평생 후회 속에서 살아갈 것 같은가?
Question 3 (대가성)	이것을 하기 위해 치러야 할 대가를 알고 있는가? 특별한 사유가 없는 해외이민 등과 같이 단순 동경에 의한 욕망은 아닌가? 치러야 할 대가는 무시한 채 그저 누리는 혜택만을 기대하는 것은 아닌가? 보수 없이도 평생 동안 할 수 있을 수준인가? 보는 것이다.
Question 4 (균형성)	인생의 성공요소 별로 균형 있게 목표를 설정 했는가?이다. 인생의 성공요소는 앞장에서 살펴본 바를 참고할 때, 보편적으로 마음의 평화, 건강, 인간관계, 일과 직장, 경제적 자유, 자기계발, 영적 성장 등이 되겠다. 이러한 요소들 중에 자신에게 꼭 필요한 영역 별로 두세 가지를 균형 있게 세운다면 목표 간에 영향을 주어 성장적인 흐름을 만들어 갈 수 있다.

Question 5 (공공성) 사회와 공동체에 기여하는 것인가? 주변에 어떤 긍정적인 변화를 일으킬 수 것인가? 주변에서 다른 사람들이 감탄스러워 하는 일에 기여하고는 싶었으나 시도하기가 두려워서 못했던 일인가?

이러한 과정을 종합적으로 정리하자면 아래 〈표 5-2〉와 같다.

| 표 5-2 | 목표 세우기

100개의 잠재욕구 또는 꿈의 목록
(Have. Do. Be. + 남기고 싶은 것)

5가지 질문
(시한성, 적합성, 대가성, 균형성, 공공성)

'10대 목표 설정'

(건강, 사랑의 관계, 일, 재산, 자기계발 등 영역별 2~3개)

인생 전반을 설계하는 큰 목표를 정하고 나면 그 목표를 향해 나아갈 수 있도록 하는 것이 무엇보다 중요하며, 자신의 목표를 마음속에 품고서 매일, 매시간 목적이 분명하고 긍정적인 삶의 자세를 유지하는 것이 이상적이다. 항상 자신이 무엇을, 왜 하는지? 지금의 생각과 행동이 자신의 목표에 합당 한가?를 인식하기 때문에 계속 앞으로 전진 하게 되며 늘 '승자'라고 느낄 수 있다.

지금까지 작성한 것을 토대로 아래 〈표 5-3〉과 같이 '나의 목표' 카드를 작성해 보자.

| 표 5-3 | 목표 세우기

나의 비전, 나의 목표
작성자 : (작성일 : . . .)
1. 핵심 가치
2. 나의 비전 · · ·
3. 나의 목표 (향후 5년, 15년, 30년 후) · 건강 · 사랑의 관계(가족, 친구) · 일과 직장 · 재산 · 자기계발 및 성장

목표를 효과적으로 세우는데 도움 되는 네 가지 지침

Question 1 (시한성)

목표는 서로 상충되지 않고 조화를 이루어야 한다. 경제적으로 성공하겠다는 목표를 세우면서 동시에 하루의 절반을 골프장이나 해변에서 보내겠다는 목표를 세울 수는 없다. 목표는 서로 지원하며 상호 강화하는 것이 되어야 한다.

Question 2 (적합성)

목표는 도전적이어야 한다. 시작도 하기 전에 되레 압도당할 정도로 무모해서는 안 되지만 그렇다고 너무 쉽게 달성할 수 있는 것이어서도 곤란하다. 힘을 들여 노력해야만 목표를 달성할 수 있는 수준이어야 한다. 처음 목표를 세울 때는 성공가능성이 약 50퍼센트 정도 되는 것으로 정한다. 이 정도 가능성이면 동기부여에 이상적이면서 쉽게 좌절해버릴 만큼 어렵지도 않다. 목표를 세워 달성시키는 기술이 향상되면 성공가능성이 20~40퍼센트 정도로 낮은 목표도 자신감 있게 세워 열정과 동기를 유지하며 큰 어려움 없이 달성해나갈 수 있다.

Question 3 (대가성)

유형적 목표와 무형적 목표, 정량적 목표와 정성적 목표를 동시에 추구해야 한다. 다시 말해, 목표가 객관적으로 측정하고 평가할 수 있을 정도로 구체적이면서 동시에 내적인 삶과 인간관계의 질을 높여주어야 한다는 말이다. 가족이 편하게 지낼 수 있도록 현재보다 더 큰 집을 구입하겠다는 목표는 정량적인 것이다. 반면 더 인내력이 있고 사랑이 가득한 사람이 되도록 노력하겠다는 목표는 정성적인 것이다. 이 두 가지 목표는 서로 잘 조화되면서 내부와 외부의 균형을 유지한다.

Question 4 (균형성)

단기적인 목표와 함께 5년, 15년, 30년 뒤의 장기적 목표가 동시에 필요하다. 비즈니스, 사적인 계획 등 단기 목표의 이상적인 기간은 90일 정도이고, 길게는 2~3년 정도이다. 이 정도의 기간이면 동기부여를 유지하는데 딱 알맞다. 주된 목적이나 삶에서 지향하는 최고 목표는 정량적이고 도전적이며 2~3년 정도의 기간으로 정한다. 그러고 나서 그 기간을 다시 90일 정도씩 나눠 진행과정을 특정할 수 있게 정량적 기준을 적용한 월간과 주간, 일간 목표로 세분화 한다.

* 브라이언 트레이시(Brian Tracy), 「잠들어 있는 성공시스템을 깨워라」

• 목표 실행 계획의 수립

정해진 목표는 실행력이 높게 수립되어야 한다. 목표를 'SMART'하게 수립하라는 말이 있다.

- S (Specific) : 구체적으로 수립한다.
- M (Measurable) : 측정 가능하게 한다.
- A (Action-Oriented) : 행동 지향적으로 한다.
- R (Realistic) : 현실적으로 가능해야 한다.
- T (Timely) : 최종기한을 명시한다.

공직자를 대상으로 하는 어느 리더십 교육 프로그램에서 경험한 사례이다. 어느 참가자가 자신의 목표 수립 과제 중 경제적 자유에 해당하는 설문에서 자신은 임용 된지 1년차인데, 지금부터 10년 이내 10억 원을 모으는 것이 목표라고 써 냈다. 그래서 강사 자격으로 물어보았다. "목표가 구체적이어서 참 좋군요. 그런데 언제까지, 어떤 방법으로 그것을 모을 건가요?", 참가자는(조금 생각을 하다가) "안 먹고 안 쓰고 그냥 모으지요 뭐."라고 무성의하게 답했다. "그럼 10년 동안 월급을 모두 모은다면 10억이 되나요?" 라고 반문하니 "아, 제가 목표를 별 생각 없이 무턱대고 잡았군요. 잘못 되었습니다." 라고 답했다. 이 대화 사례는 목표가 도전적인 것은 좋지만 실현가능성을 완전 배제해서는 안 되며, SMART 특성을 적용해야 함을 알려주고 있다.

또한 목표를 달성하는데 최대의 성과를 올리기 위해서는 몇 가지 독특한 규칙을 적용하는 것이 효과적이다. 목표를 표현하는 문장은 1인칭으로, 현재시제의 긍정문으로 서술하라는 것이다.

첫째, 1인칭 사용은 모든 목표의 문장을 1인칭인 '나는'으로 시작되게 하는 것이다.

이런 문장을 사용하면 잠재된 자아의식은 마치 생산 주문을 받은 공장처럼 즉각 활동을 시작한다. 예를 들어 '내 목표는 100권의 책을 읽는 것이다.'가 아니라 '나는 100권의 책을 읽는다.'라고 표현한다. '나는 얼마를 저축한다.', '나는 백두산을 오른다.' 등과 같이 목표의 표현 문장을 '나는' 으로 시작하도록 조정한다.

둘째, 현재시제로 씌어진 긍정문을 사용하는 것이다.

'나는 다음 한 해 동안 50권의 책을 읽겠다.'가 아니라 '나는 매년 50권의 책을 읽는다.' 라고 적는다. 또한 '나는 언제까지 몸무게를 줄이겠다.'가 아니라 '나는 언제 몸무게가 얼마다.' 라고 한다. 목표 달성을 위해 자신에게 내리는 명령은 긍정적이어야 한다. 잠재의식은 나로 시작하는 현재시제의 긍정문에 가장 잘 반응하며, 부정적인 명령을 잘 처리하지 못하는 속성이 있기 때문이다.

다음은 기술된 목표에 실행력을 불어넣어야 한다. 이는 각각의 목표에 최종 완료 기한을 설정하는 것이다. 예를 들어 '나는 0000년 말에 연간 순수익 1억 원이 되게 한다.'라고 적는다. 최종 기한이 설정되어 있어야 연간, 월간 등 주기적인 목표 기한을 정할 수가 있다. 사람의 잠재의식은 최종 기한을 좋아하며, 적절한 강제력 안에서 최대의 능력을 발휘한다. 목표가 어떻게 성취될지 모호한 상황일지라도 마치 모든 문장에 마침표를 찍듯이 확고한 최종 기한을 정해야 한다.

목표 실행을 위해서 어떻게 계획을 수립해야 하는가에 대하여 알아보겠다. 목표를 구체화 했다는 것은 가야할 지점을 정했다는 것이다. 그렇다면 자신이 설정한 지점까지 어떻게 갈 것인지에 대한 생각을 하며 길을 만들어야 한다. 여기서 길은 계획이라고 생각하면 된다. 목표를 수립하였다는 것은 구체화된 목표와 함께 계획이 정해졌다는 것이다.

예를 들어 금년도의 자기계발에 관한 목표 중의 하나가 '책 50권 읽기'라고 하면 이에 대한 계획은 먼저 '자기계발 실용서 20권, 전공서적 10권, 자연과학 서적 10권, 인문학 서적 10권 읽기'로 하면 된다. 굳이 세부적일 필요는 없다. 실제 실행을 위한 세부적인 계획은 월간계획이나 주간계획에 반영 하면 되기 때문이다.

그렇다면 연간 단위를 기준으로 한 계획 수립 방법을 살펴보도록 하겠다.

■ 연간목표 설정 및 계획 수립이다.

직장에서 조직 생활을 하면 매년 연말연시 즈음에 연간목표 및 계획을 수립하게 된다. 그 실상을 한 번 보자. 연간의 주기는 당장 현실에 와 닫는 정도의 기간이기 때문에 나름대로 신경을 쓰며 세우는 경우가 많은데, 이렇게라도 목표를 세워 본 경험이 있다면 개인의 연간목표를 세우는 것도 어렵지 않게 할 수 있다. 다만 이 두 가지의 차이가 있다면 '조직적인 것이냐, 개인적인 것이냐' 일 것이다. 개인일 경우에는 자신이 모든 중심이 되어 목표를 하나씩 이루어 가야 하지만, 조직은 혼자가 아닌 조직 전체가 호흡을 맞추어 가며 이루어 가기 때문에 목표를 설정하는 방법은 유사하나 계획을 수립하는 방법에서는 차이가 난다.

따라서 목표 실행계획을 수립할 때는 조직과 개인의 계획 수립은 따로 하는 것이 효율적이다. 조직에 소속된 사람의 경우는 개인의 연간계획을 수립할 때 조직의 계획을 염두에 둘 수밖에 없는데, 만일 두 가지를 함께 섞는다면 시간이 흘러 갈수록 혼란이 생기면서 결국 개인의 목표를 잃게 될 가능성이 높다.

연간 목표계획을 수립할 때 무엇보다 중요한 것은 조직이든, 개인이든 간에 목표가 비전에 기초를 두고 있듯이 이미 설정한 바 있는 중·장기 목표가 기준이 되도록 해야 한다. 즉 연간 목표실행 계획은 중·장기 목표들의 세부시행 계획의 성격을 가져야 한다는 것이다.

■ 월간목표 설정 및 계획 수립이다.

많은 사람들이 월간계획을 매월 말이나 월초에 세우는 경우가 많다. 이는 일의 진행에 따라 좀 더 탄력적인 흐름과 명확성을 높이기 위한 좋은 방법 중의 하나이기 때문이다. 하지만 이런 형태만 고수한다면 연간목표 달성 기준을 잃게 되거나 오히려 방해가 될 수도 있다. 그렇게 되지 않기 위해서는 연간목표 계획을 수립한 뒤, 그것을 바로 월별로 세분화하여 목표로 정함으로써 그 계획한 월에 실행이 될 수 있도록 해야 한다. 이렇게 미리 설정한 월간목표를 기준으로 하여 탄력적으로 월간계획을 세운다면 결코 연간목표 달성의 기준을 훼손하거나 방향을 잃게 되는 일은 없을 것이다.

■ 주간목표 설정 및 계획 수립이다.

주간계획은 목표가 최종 달성되도록 하는 방향타 역할을 한다. 따라서 어느 계획보다도 중요한 역할을 한다고 봐도 과언이 아니다. 그럼에도 불구하고 주간목표에서 많은 실수를 되풀이하는 경우가 많다. 대부분의 주간계획서는 '한 일'과 '할 일'로 형태만 다를 뿐이지 구성은 똑 같음을 알 수 있다. 혹시 목표지향성에 관심을 소홀히 할 경우에 '할 일'을 작성할 때 그저 '한 일'의 연장선에서 세부 목표들을 작성하고, 나머지 할 일에 대해서는 생각나는 대로 작성하여 오류가 생기게 할 수 있다는 것이다. 관행과 습관에 따라 주간계획을 수립하다 보면 조직이나 개인의 비전과 핵심적인 목표는 물론 연간목표와도 전혀 다른 방향으로 흐트러져 실행되고 있는 경우가 발생한다. '목표 따로, 계획 따로, 실행 따로'가 현실화 된다는 것이다. 이런 일을 예방하기 위해서는 주간계획서 양식에 월간목표를 넣어두는 방법이 있다. 그렇게 하면 주간의 '할 일'을 작성할 때 월간목표를 의식하게 되어 상위 목표와 일치되는 주간계획을 잘 작성할 수 있을 것이다.

단계별 목표 달성 과정

목표를 달성해 가는데 교훈이 되는 한비자(韓非子)의 가르침이 있다. '각삭지도 비막여대 목막여소'(刻削之道 鼻莫如大 目莫如小)이다. 얼굴을 조각할 때 처음에 코는 크고, 눈은 작게 새겨놓아야 한다는 뜻이다. 처음부터 눈을 크게, 코를 작게 해놓으면 되돌릴 수 없으니 순리와 절차에 맞게 단계적으로 일을 처리하라는 의미이다. 목표를 달성해 가는데 기준이 될 만한 단계적 절차를 아래와 같이 소개하겠다.

제 1단계 핵심목표 하나를 선정하라.

어떤 명확한 목표가 있으면 깨어있는 내내 그것에 집중할 수 있다. 명확한 목표에 대해 더 깊이 생각할수록 도와줄 사람, 기회와 아이디어, 재원들이 몰려와 목표로 더 빨리 접근하게 된다. 현재 자신이 가장 하고 싶고, 원하는 핵심목표 하나를 선정하여 깊이 생각하며 달성 단계에 적용시키도록 하자.

제 2단계 강렬한 열망과 함께 질문하라.

강렬한 열망은 성공의 시작이다. 이것이 있을 때 앞에 닥치는 모든 어려움, 실망, 일시적인 실패를 넘을 수 있다. 강렬한 열망은 항상 자신만의 것이어야 한다. 또한 내가 그 목표를 달성하는 것이 가능하다는 것을 확신해야 한다. 확신을 가지기 위해서는 목표가 최소 50퍼센트 이상의 가능성이 있는 현실적인 것이어야 한다. 또한 왜 이것을 원하는지 자신에게 질문해야 한다. 원하는 이유가 많을수록 목표달성에 더 가까이 갈 수 있을 것이다.

▌제 3단계▐ 목표를 종이에 글로 적어라.

목표를 글로 적으면 목표가 더 확고해 진다. 목표를 적을 때는 보다 분명하게, 구체적으로, 원색적인 단어를 사용해야 한다. 인간의 두뇌는 당장의 현상 유지에 도움이 되는 것부터 기억하고 또 에너지가 발산되도록 진화하여 왔다. 목표는 당장이 아닌 미래의 상태를 변화시키고자 하는 것이기 때문에 뇌 기억의 우선순위에서 밀릴 수밖에 없다. 따라서 종이에 적어 붙여두고 수시로 뇌에 되새겨 줘야 한다.

▌제 4단계▐ 현재 나의 상태를 분석하라.

현재의 상태를 알아야 목표를 향한 다음 단계가 무엇인지 알 수 있다. 현재의 수준을 분석하기 위한 질문은 '무엇이 나의 장점, 약점인가? 내가 배워야 할 것이 무엇인가? 내가 배워야 할 것이 무엇이며, 어떤 점을 개선해야 하는가?' 등이다. 예를 들어 살을 빼는 것이 목표라면 먼저 현재의 몸무게를 재야하는 것과 같다.

▌제 5단계▐ 기한을 정하라.

기한이 없는 목표는 실행력을 떨어뜨려서 자기기만 상태로 전락할 수 있다. 구체적인 목표에 기한을 정하면 마음속에 프로그램시켜서 잠재의식의 강제시스템을 작동시키게 된다. 최종기한과 중간기한을 설정하는 것이다. 즉 연간목표, 월간목표 및 주간목표를 정하는 방식으로 하면 된다.

▌제 6단계▐ 장애물을 인식하라.

목표를 향해 나아가는 도중에 예상되는 장애물을 인식하는 것은 목표달성의 지름길이다. 장애물은 자신을 방해하러 오는 것이 아니라 가르치러 온다고 보면 된다. 예를 들어 영어 토익 성적을 200점 올리는 것을 목표로 하였을 때 나에게 어떤 장애물이 있는지 파악하는 것이다. 늦잠 습관, 친구의 유혹 등이 있을 수 있다. 장애목록을 작성하여 극복해야 한다. 어떤 일이든 성취를 위해서는 반드시 치러야 할 대가가 있음을 인식해야 한다.

▌제 7단계▐ 필요한 지식과 조력자를 구하라.

목표를 달성하는데 필요한 방법을 알아야 한다. 독서를 하거나 성공한 사람으로부터 노하우를 구할 수도 있다. 그리고 자신이 필요한 협력을 얻을 수 있는 개인, 집단을 확보해야 한다.

▌제 8단계▐ 열정적으로 계획을 실행하며, 시각화 하라.

결단력과 인내심으로 계획을 고수하고 추진해야 한다. 목표의 달성 여부는 오랫동안 포기하지 않는 데에 달려있다. 계획은 활동의 목록이요 우선순위라 할 수 있다. 계획의 현실성을 지속적으로 확인, 조정해 가며 실행해야 한다. 또한 자신이 바라는 목표를 마음속에 선명하게 그리면서 결과가 이미 이루어진 것처럼 상상하라는 것이다. 목표는 시각화 할수록 욕구와 확신이 강화된다.

목표달성 과정의 단계적 실천

제 1단계 핵심목표 하나를 선정하라.

- 영역(분야) : ______________________________
- 핵심목표 : ______________________________

제 2단계 강렬한 열망과 함께 질문하라.

- 나는 ______________________________을 간절하게 원한다.
- 지금 설정한 목표가 50/50의 성공 가능성이 있는 현실적인 것이다. 만약 아니라면 ______________________________으로 조정한다.
- 왜 이 목표가 달성되는지 그 이유는 아래와 같다.

____

____

____

____

____

제 3단계 목표를 종이에 글로 적어라.

※ 목표는 1인칭, 현재시제, 긍정문으로 명확하게 작성한다.

• 목표를 O, X로 평가하라.

확고한가? (　　)	분명한가? (　　)
구체적인가? (　　)	원색적인가? (　　)

▌제 4단계▐ 현재 나의 상태를 분석하라.

____

____

____

▌제 5단계▐ 기한을 정하라.

• 최종 달성기한은 언제인가?____________________

• 세부 목표별 중간 달성기한은 언제인가?

____

____

____

▌제 6단계▐ 장애물을 인식하라.

• 예상되는 장애물의 우선순위와 내용을 기록

(　　).____________________________________

(　　).____________________________________

(　　).____________________________________

(　　).____________________________________

▌제 7단계▐ 필요한 지식과 조력자를 구하라.

배워야 하는 지식	조력자 및 조력집단
1. 2. 3. 4.	1. 2. 3. 4.

▌제 8단계▐ 열정적으로 계획을 실행하며, 시각화 하라.

- 이 목표를 달성하기 위해 자신이 실행해야 하는 모든 것을 열거해 보자.

우선순위	실행할 내용	소요기간

2부

대인역량 계발

06 끌리는 첫인상

『사람이 무슨 일이든 성취하려면, 하늘의 때를 얻는 것 보다, 땅의 이(利)를 얻는 것 보다, 인화(人和)를 얻는 것이 가장 중요하다.』

- 맹자 -

첫인상의 효과

첫인상은 '첫눈에 느껴지는 인상'이며 인상은 '접촉한 사물에 대해 남는 느낌'이다. '첫인상은 마지막 인상이다.'라는 말이 있을 정도로 한 번 주거나 받은 첫인상은 여간해서 쉽게 바뀌지 않는다. 따라서 누군가를 처음 만나 자신을 드러내야 하는 경우에는 첫인상의 효과가 매우 위력적임을 명심하고 가야 한다. 심리학에서는 첫인상에 따른 효과를 분석하여 몇 가지 이론으로 분류하고 있다.

첫째, '초두효과 Primacy Effect'이다.

첫인상이 쉽게 바뀌지 않는 것은 사람의 인식과정에서 초기정보가 후기정보 보다 훨씬 중요하게 작용하여 나중의 인상 판단에 영향을 미치기 때문이라는 것이다. 예를 들어 첫인상이 좋은 사람이 머리가 좋다는 말을 들으면 우리는 그 사람을 현명하고 지혜로운 사람으로 판단하고, 반대의 경우에는 그 사람을 처세술이 좋거나 교활한 사람으로 평가한다. 이 효과로 인해서 첫인상이 좋았던 사람이 잘못된 일을 저지를 때 그 사람을 우호적으로 합리화하는 경향이 생기기도 한다.

둘째, '부정성 효과 Negativity Effect'이다.

부정적인 정보가 긍정적인 정보보다 인상 형성에 더 강력하게 작용한다는 것이다. 어떤 사람의 첫인상이 매우 좋았는데 그 사람이 가끔 사기를 친다는 얘기를 들었다면 그에 대한 긍정적인 인상은 단번에 부정적으로 바뀌어 지기 쉽다. 한편, 어떤 사람에 대한 첫인상을 매우 나태하게 봤는데, 알고 보니 근면하더라는 긍정적인 말을 누군가에게 들었다. 그럼에도 그러한 정보가 이미지를 긍정적으로 만드는데 쉽게 도움이 되지 않는다. 좋았던 첫인상은 부정적인 정보에 의하여 쉽게 나쁜 쪽으로 바뀔 수 있으나, 한 번 나쁘게 박힌 첫인상은 웬 만큼의 긍정적 정보로는 좋은 쪽으로 바뀌지 않는다는 것이다. '열 번을 잘하다가도 한 번을 잘못하면...'이란 말을 명심해야 한다.

셋째, '빈발효과 Frequncy Effect'이다.

첫인상의 이미지는 나빴지만 만날수록 좋은 내면이 우러나와 나중에 더 좋은 이미지로 변하는 효과를 말한다. 이러한 빈발효과 때문에 '첫인상으로 섣불리 사람을 판단하지 말라.'라는 조언을 받곤 한다. 하지만 일상생활이나 비즈니스 관계에서 빈발효과의 영향력은 초두효과에 비해 미미하다. 예를 들어 입사 면접이나 맞선의 경우에는 만날 때의 첫인상을 나중에 바꿀 수 있는 기회가 거의 없다고 봐야 한다. 특히 초두효과가 매우 부정적이라면 빈발효과를 기대할 기회는 더욱 생기지 않는다. 만약 불가피하게 나쁜 인상을 줄 수밖에 없었다면 몇 배의 좋은 행동을 보여주는 노력을 해야 할 것이다.

이러한 첫인상 효과들이 인간관계에 심대한 영향을 미친다는 것은 첫인상은 곧 상대에 대한 선입견으로 각인되기 때문이다. 선입견(先入見)은 '사물, 사항, 인물 등에 대해 미리 접한 정보나, 자신이 처음 접했을 때 가진 지식이 강력하게 작용하여 대상에 대해 형성되는 고정적이며 변화하기 어려운 평가나 견해를 말한다.' 사람들이 일단 선입견을 가지게 되면 이성적인 관점에서 파악하기보다 감정적인 관점에서 판단하려 한다. 그렇기 때문에 한 번 가졌던 선입견을 바꾸기란 쉽지 않으며, 특히 부정적인 선입견을 가지게 되었다면 상대를 포용하는 마음으로 대하기란 더욱 쉽지 않다. 그래서 만남에서의 첫인상이 중요하다는 것이다.

이렇게 중요한 첫인상을 결정하는 데는 시간이 얼마나 걸릴까? 이에 대한 견해는 학자마다 다르지만, 4초 또는 6초라는 설이 일반적이다. 하지만 최근 프린스턴 대학교 심리학 연구팀은 첫인상이 결정되는 시간이 0.1초라는 파격적인 실험결과를 내놓기도 했다. 결론적으로 짧게는 0.1초에서 길게는 6초까지, 어쨌거나 단 몇 초 만에 자신의 첫인상이 결정된다는 것은 분명하다.[1]

그렇다면 첫인상은 무엇을 근거로 형성될까? 첫눈에 들어오는 생김새나 표정, 옷차림, 말투나 몸짓 등 지극히 단순한 정보로 형성된다. 첫인상을 형성하는 데는 외모의 위력이 크다는 뜻이다. 미국의 철학자 지그 지글러 박사는 '외모를 단장하라, 그러면 자기에 대한 이미지가 한결 긍정적으로 될 것이며 자신의 외모가 이미지뿐만 아니라 업무수행 능력도 향상시킬 것이다.'라고 하였다. 외모는 첫 만남에서 자신의 내면을 외부로 표현하는 중요한 수단으로 자신의 이미지가 결정되는 중요한 요소이기 때문에 외모는 단순한 겉모습이 아닌 내면의 거울이라고도 할 수 있다.

외모

얼굴 표정과 미소

외모에서 중요하게 인식해야 할 것은 얼굴표정이 첫인상을 좌우하는 핵심 요소로 작용한다는 것이다. 사람의 외모를 처음 볼 때 대부분 가장 먼저 보는 것이 얼굴이다. 얼굴에서 그 사람의 내면 성숙도라 할 수 있는 성품이 가장 많이 드러나게 된다. 사람들이 자신의 얼굴을 보고 판단하는 성품의 대부분은 그 순간 자신이 짓고 있는 표정과 관련이 있다. 표정은 당시의 감정 상태와 밀접하게 연관되어 있기 때문이다. 우리가 잘 인식하지 못하는 것 중의 하나는 사람들이란 자신의 얼굴이 거의 자신의 감정 상태를 광고하고 다닌다는 사실이다. 평소와 다름없는 어느 날 동료가 "무슨 일 있어?"라고 물어서 당황스러웠던 기억이 있다면, 그 동료는 분명히 자신의 얼굴에서 자신도 인지하지 못한 어떤 감정을 느끼고 있었던 것이다. 이러한 현상은 첫 만남에서도 당연히 작용하게 된다.

얼굴 표정은 사람에게서 느껴지는 강인함과 따뜻함, 긍정성과 부정성 등 각각의 성격 특성을 판단하는 기준이 된다. 물론 실제의 인상이 험상궂게 생긴 사람들 중에 아주 따뜻한 마음씨를 지닌 사람도 많으며, 천사 같은 모습이지만 아주 냉정한 사람도 있다. 그럼에도 불구하고 얼굴 모습과 성격 특성 사이에 어떤 연관성이 존재하고 있음은 부정할 수 없다. 따라서 우리는 표정에 따라 상대방이 느끼는 보편성을 이해하여 각종 대면에서 좋은 표정을 지음으로써 자신의 호감도를 최대한 높일 수 있도록 능력을 계발해야 할 것이다.

전통적으로 강인함을 느끼게 하는 인상은 미간을 찡그리거나 이를 악물어서 턱 근육을 바깥쪽으로 밀어내거나 심지어 콧구멍을 벌름거리는 듯 하는 표정이다. 따뜻하거나 긍정적으로 보이는 인상은 눈을 크게 뜨고 입을 옆으로 벌려 볼이 넓어지는 표정이다. 사람들은 새끼 포유류를 보면 사랑스럽다고 생각한다. 새끼들은 대개 눈이 크고 코와 턱뼈는 자그마하다. 이런 얼굴 모습을 하고 있는 성인들을 베이비페이스를 가졌다고 하며 그들은 대체로 주변에 따뜻한 느낌을 줄 가능성이 높다. 반면 부정적이거나 화난 것 같은 느낌을 주는 인상은 아랫입술을 올려 입을 삐죽 내민 모양을 하면서 이마에 주름을 잡으며 눈썹 위치를 낮추는 표정이다.

경우에 따라 위의 모든 표정들이 각각의 상황에 맞게 필요할 때가 있겠지만, 따뜻하고 긍정적인 표정은 첫 만남에서 상대에게 좋은 느낌을 주고, 그럼으로 인해 사회관계에서의 상호작용 상승에도 기여한다. 긍정적 표정의 출발은 부드러운 미소다. 미소는 상대에게 '당신이 좋아요, 함께 있으면 즐거워요, 만나서 반가워요.'와 같은 따뜻한 메시지를 전달하기 때문이다. 그래서 사람은 자신에게 미소 짓는 사람을 좋아할 수밖에 없다.

'웃는 얼굴에 침 못 뱉는다.'는 속담이 있다. 웃음은 좋지 않은 분위기도 반전시키는 힘을 발휘한다는 의미다. 동료에게 어떤 귀찮은 일을 부탁할 때 한 사람은 무뚝뚝한 표정으로 "이것 좀 부탁합니다. 내가 지금 바빠서 그 일을 할 수가 없어요." 반면, 다른 사람은 환한 미소를 띠면서 "미안합니다만 이 일 좀 부탁해도 될까요? 지금 내가 너무 바빠 그 일을 할 수가 없네요."라고 하면 그 동료는 누구의 부탁을 먼저 들어 줄까?

이처럼 부드러운 웃음을 띠는 미소는 자신의 첫인상을 좋게 할 뿐 아니라 다른 사람에게도 영향을 미쳐 사회를 밝게 한다. 미소는 부메랑 같고, 세상은 언제나 우리 자신을 비춰주는 거울이다. 다른 사람에게 미소를 보내면 그들 역시 미소를 보내온다. 만약 인상을 찌푸린다면 그들 역시 인상을 쓴다. 사람들 간의 감정은 전염병처럼 퍼져나간다. 사람들 모두가 미소 띤 얼굴로 대면하고 상호간에 호감 가는 첫 인상을 가지게 된다면 세상에서의 삶을 더욱 수월해질 것이다.

이것은 ________ 입니다.

비용이 들지 않지만 많은 것을 준다.
주는 이가 가난하게 되지 않으면서도, 받는 이를 풍요롭게 한다.
잠깐이지만 그에 대한 기억은 때로 영원하다.
아무리 부자라도 이것이 필요 없는 사람은 없고,
아무리 가난해도 이걸 못할 만큼 가난한 사람은 없다.
가정엔 행복을 더하고, 사업엔 촉진제가 되고,
친구 간엔 우정을 돈독하게 만든다.
피곤한 자에겐 용기를 주며, 슬퍼하는 자와
번민하는 자에겐 해독제가 된다.
돈을 주고 살 수도 없으며, 빌릴 수도 없고 훔칠 수도 없다.

- 랍비 S.R. 허시 -

일상이나 비즈니스에서의 첫 만남에서 보다 좋은 느낌을 주기 위해서는 미소와 함께 항상 다음과 같은 좋은 표정을 지을 수 있도록 스스로를 계발해야 한다.

첫째, 밝고 화사한 표정이다.

피어나는 꽃과 같은 사람, 해맑게 푸른 하늘을 보는 느낌을 주는 사람은 많은 사람의 마음을 화사하게 만든다. 시들어가는 꽃을 보는 느낌이나 잔뜩 흐린 하늘을 보는 기분이 들게 하는 사람은 바라보기도 불편하고 다시 만나고 싶은 생각도 들지 않을 것이다. 쉬운 일은 아니지만 항상 웃음과 밝은 표정을 잃지 않는 사람의 주변에는 사람들이 모여들기 마련이다. 외모의 아름다움이 아닌 아름다운 미소를 바탕으로 한 밝고 화사한 표정이 사람의 마음을 움직인다. 결국 그 표정 덕분에 어려움을 해결하기도 한다.

둘째, 따뜻한 눈빛이다.

상대에게 전달되는 따뜻함이란 온화한 표정과 눈빛으로 전달될 수 있다. 연인 사이에서 사랑의 눈빛이 필요한 것처럼, 사회적 관계에서도 상대와의 만남이 기쁘고 반갑다는 진심을 보여줄 수 있는 따스한 눈빛을 보여줘야 한다. 상대를 바라보는 눈빛이 차가운 사람이 있다면 누구나 그의 시선을 피하려고 하지 마주치고 하진 않을 것이다.

셋째, 활력이 느껴지는 표정이다.

늘 에너지가 충만해 보이는 사람이 있는가 하면 기분이 좋아도 축 늘어져 있는 사람이 있다. 간혹 피곤할 때 충전을 해야겠다고 말하는 것은 활력을 불어넣겠다는 것을 의미한다. 밝고 생동감 있는 표정으로 대하는 사람은 밝은 에너지를 발산한다. 이런 사람은 상대에게도 긍정적인 에너지를 전해주게 되어 있다.

반면에 삼가야 할 표정은

- 아무 생각 없는 듯 멍한 표정
- 무표정하게 바라보는 표정
- 눈이 마주쳤을 때 피해버리는 표정
- 흘겨보거나 뚫어지게 쳐다보는 표정 등이다.

옷차림

외모에서 얼굴표정 못지않게 중요한 것은 옷차림이다. '옷이 날개'라는 말이 있다. 못난 사람도 옷을 잘 입으면 인물이 훨씬 돋보인다는 말이다. 또 '입은 거지는 얻어먹어도 벗은 거지는 못 얻어먹는다.'는 말도 있다. 자신이 받는 대접은 어떻게 차려입느냐에 달려있다는 말이다. 겉치레는 별로 중요하지 않다고 말하지만 실제로 우리는 겉모습을 통해 다른 사람을 판단한다. 교육수준, 가정환경, 신분, 심지어는 성격까지도 그 사람의 옷을 통해 판단하는 경우가 많다. 사실여부는 나중의 문제다. 한 인터넷 취업 회사에서 기업의 인사담당자 200여명 대상으로 설문조사한 결과, '면접에서 지원자의 외모나 옷차림이 당락에 영향을 준다.'는 답변이 무려 70%에 달했다. 옷차림을 통해서 면접에 임하는 자세뿐 아니라 그 사람의 태도까지도 판단하기 때문이란다.

누군가를 설득하려 할 때도 옷차림에 신경을 쓰는 것이 유리하다고 한다. 미국 텍사스 주에서 이루어졌던 한 실험은 옷만 제대로 갖춰 입으면 다른 사람들로 하여금 무단횡단이라는 불법행위 까지도 부추기는 것이 쉽다는 사실을 보여주었다. 블레이크 등 몇 명의 심리학자들은 정장 차림과 허름한 작업복 차림의 남자 실험 보조자에게 신호등을 무시하고 횡단보도를 건너게 했다. 조사 결과는 놀라웠다. 허름한 옷차림을 한 사람이 무단횡단을 했을 때는 불과 4퍼센트만이 그를 따랐다. 하지만 정장 차림의 실험보조자가 위반하고 건너가자 허름한 옷차림에 비해 부려 4배나 많은 사람들이 그를 따라 무단횡단을 했다.[2]

옷차림은 여러 가지 방식으로 자신의 인상을 형성한다. 만약 자신이 충분히 자신감 넘치게 행동하면 어떤 옷을 입어도 멋있게 보일 수 있다. 또한 자신이 상황에 적절한 옷을 입고 있으면 어떤 시련이 다가와도 그에 맞설 준비가 되어 있다는 느낌이 들 것이다. 한 연구는 사람들이 단지 하얀색 실험용 가운을 입는 것만으로도 철저히 과학적으로 생각하는 사람처럼 행동한다는 사실을 밝혀냈다. 그 뿐만 아니라 이 사람들은 지속적인 주의를 요하는 시험에서도 실수가 훨씬 적어졌다. 그러나 하얀색 가운을 입은 이유가 집에 페인트칠을 새로 하기 위해서라고 전해들은 경우에는 그 가운을 입고 있어도 시험성적이 전혀 향상되지 않았다. '옷이 날개'라는 말에 진리가 있음을 보여주는 사례이다.[3]

옷이란 아무렇게나 편하게 입는 것이 좋다고 생각하는 사람이 많다. 편한 대로 하고 다녀도 불리할 게 없는 사람이라면 괜찮다. 그것이 아니라면 신경을 써야 한다. 날마다 같은 스타일의 옷만 입고 다니면서 주변 사람들에게 매력적으로 보이기는 힘들다. 대하는 사람의 취향을 고려하지 않은 차림새로 가서 사람을 만나며, 허름한 옷차림으로 예식장에 간다든지, 요란한 액서서리를 착용하고 장례식장에 가는 사람은 원하는 것을 얻을 수 없다. 다른 사람에게 호감을 주는 사람은 'T P O (때와 장소, 상황)'에 맞게 옷차림을 할 줄 안다.

차림새의 기본, 'T P O'를 고려하라

1. Time(시간) : 시간대나 시기를 고려하라
2. Place(장소) : 장소와 만나는 상대를 고려하라
3. Occasion(상황) : 상황과 자신의 역할을 고려하라

어떤 사람을 겉만 잠시 보고 판단한다면 그것은 성숙한 모습이라 할 수 없다. 하지만 세상은 그런 미숙한 사람들로 가득 차 있는 곳이다. 만약 내면이 중요하고 겉모습은 그렇게 중요하지 않다고 주장하는 사람은 다음 말을 새겨야 한다. '신은 너의 내면을 보지만, 사람들은 너의 겉모습을 먼저 본다.'이다. 사람들을 신으로 착각해서는 안된다. 세상을 살아가는데 있어 사람은 내면이 물론 중요하지만 외모도 중요하다. 외모는 내면의 또 다른 표현이기 때문이다.

예쁜 꽃이나 나무로 장식된 집을 보면 걸음을 멈추고 감상하게 된다. 사람도 마찬가지다. 호감이 가는 사람은 내면을 잘 가꿀 뿐 아니라 외면에도 소홀히 하지 않는다. 하지만 상황이나 장소에 맞지 않게 오버한다는 느낌을 주는 옷차림이나 액세서리는 오히려 자신의 이미지를 떨어뜨리게 할 수 있다. 액세서리 하나까지도 어떻게 선택하느냐에 따라 상대에게 호감을 줄지 비호감을 줄지가 결정되므로 첫 만남에서 호감을 줄 수 있는 올바른 차림새에 대해 살펴보자.

첫째, 명품 족이라는 인상을 주지 않도록 유의해야 한다.

명품에 대한 이야기에 열을 올리거나 화려한 명품으로 자신의 몸을 디자인한 겉치장은 허세를 부린다는 인상을 줄 뿐만 아니라, 자신의 단점을 명품으로 감추려 한다는 느낌을 줄 수 있다. 이런 사람은 처음 만나는 사람에게 부담스러운 사람으로 남을 수 있다.

둘째, 비즈니스를 할 때에는 프로 비즈니스맨의 인상을 심어주자.

'눈으로 느낀다는 말이 있다.' 프로다운 옷차림을 연출하는 것은 자신의 능력을 포장하는 수단이기도 하다. 남성은 가능한 한 지나치게 화려한 컬러의 복장을 피해야 하고, 여성은 상대의 눈과 마음을 혼란시키는 노출의상을 피하는 것이 좋다.

셋째, 유행만 따라하는 이미지를 주는 것은 삼가자.

만나는 장소와 사람 등 주변 상황을 고려하는 것이 아니라, 유행하는 스타일만 민감하게 따라하는 인상을 주는 옷차림은 가능한 자제해야 한다. 이런 이미지는 타인에 대한 배려심이 없고 남과 쉽게 동화하지 못하는 것처럼 보여 개성 없는 사람으로 비춰질 수 있다.

넷째, 지나치게 화려한 액세서리 착용을 삼가야 한다.

최근 들어 남성도 액세서리 착용이 늘고 있다. 그러나 하얀 셔츠 사이로 비치는 금목걸이, 금팔찌, 화려한 카우스 버튼 등은 오히려 상대를 부담스럽게 한다. 복장에 어울리는 액세서리 한두 개로 포인트를 주는 것이 세련된 이미지를 전달한다. 여성의 경우, 잘 선택된 귀걸이 하나, 목걸이 하나가 스타일 있는 커리어우먼의 이미지를 부각시킨다.

자세

세련된 표정과 옷차림으로 첫 만남을 가졌지만 뭔가 2퍼센트 부족한 느낌, 조금만 더 채워졌으면 하는 느낌을 주는 사람이 간혹 있다. 이런 사람에게서는 외모에서의 단점이 발견되기도 하지만, 대체로 잘못된 자세가 몸에 배어 있는 경우가 의외로 많다. 대면관계에서의 올바른 자세에 대하여 살펴보겠다.

미국의 메사추세스 공과대학교와 코넬대학교 연구진들은 사람들에 대한 신뢰성을 떨어뜨리는 네 가지 자세를 찾아냈다. 몸을 뒤로 젖히는 자세, 팔짱을 끼는 자세, 양손을 서로 주무르고 비비거나 꽉 움켜잡는 행동, 그리고 얼굴이나 배, 또는 다른 신체 부위를 만지는 행동 등이다.[4] 거기다 상대방과의 만남에서 구부정한 자세로 시선을 아래로 떨어뜨린다던지 주변을 어수선하게 바라보는 모습, 다리를 꼬는 등 어딘가 불손해 보이는 자세들은 첫인상의 느낌을 나쁘게 하는 위험 신호라 할 수 있다. 특히 외모에서는 이미지가 좋았는데 자세가 그에 어울리지 않은 경우는 첫인상의 훼손이 더 커지기 될 것이다.

자신에게 불편한 자세는 타인의 눈과 마음에도 불편함을 주기 마련이다. 다른 부분에서 아무리 좋은 느낌을 준다고 하더라도 상대에게 직접적으로 보이는 자세가 호감에 결정적으로 영향력을 미친다는 것을 명심해야 한다. 사소한 2퍼센트의 아쉬움이 나머지 98퍼센트의 호감을 잠식할 수도 있다. 상대에게 나쁜 인상을 줄 수 있으므로 고쳐야 하는 대면 자세들을 살펴보면서 자신의 자세를 점검해 보자.

첫째, 몸을 흔들거나 다리를 떨지 말라.

습관적으로 몸을 흔들거나 다리를 떨거나 볼펜을 돌리거나 딸각거리는 소리를 내는 사람이 있다. 이런 사람은 정서가 불안해 보이기도 하고 상대방에게 무관심한 인상을 주어 불쾌감을 준다.

둘째, 손가락 하나로 사물이나 사람을 가리키지 말라.

어떤 사물이나 사람을 손가락 하나로 가리키며 말을 하는 사람은 겸손하지 못한 인상을 줄 수 있다. 사람을 손가락 하나로 가리키면 상대방은 불쾌감을 느끼게 된다. 손을 모두 모으고 손바닥으로 사물이나 사람을 가리키는 것이 예의바른 자세다.

셋째, 손이나 물건을 만지작거리지 말라.

자신의 손이나 물건을 만지작거리는 태도는 무언가 숨기고 있다는 인상을 주어 신뢰감을 떨어뜨릴 수 있다. 말 뿐만이 아니라 시선, 눈빛, 자세 등으로도 인사나 대화를 하고 있음을 알아야 한다.

넷째, 사람들의 귀를 불편하게 하는 걸음걸이를 고쳐라.

신발을 질질 끄는 걸음걸이, 슬리퍼 형 구두를 '탁탁' 소리 내며 계단을 오르내리는 걸음걸이, 세상의 고민을 가진 듯 터벅터벅 걷는 자세 등은 주변 사람들에게 비호감은 물론, 신뢰감을 떨어뜨리는 자세이다.

다섯째, 땅에 떨어진 돈을 찾은 듯한 걸음걸이를 고쳐라.

무언가 요행을 바라는 것처럼 정면을 바라보지 못하고 고개를 숙인 채 걷는 사람이 있다. 이렇게 걸을 때는 어깨가 더 축 처지지 때문에 자신감이 없어 보이기도 하고 상대방과의 만남을 귀찮아 한다는 인상을 줄 수 있다.

• 인사 매너

인사법

인사는 좋은 관계를 만드는 첫걸음이며, 상대에게 호의를 보여주는 능동적인 행동의 일환이다. 또한 인사는 상대방에게 경의를 표현하는 작은 의식이라고 할 수 있다. 따라서 내면의 존경심, 친절, 감사의 마음을 정중하고도 밝게 전달하면서 형식을 제대로 갖춰서 하는 것이 중요하다. 인사를 할 때 기본적인 인사말은 '안녕하세요? 감사합니다. 죄송합니다.'이다. 이 인사말을 상대방의 눈을 보며 힘차고 밝은 목소리로 함께 하는 것이 인사의 시작이다. 현대 사회로 올수록 인사는 위아래를 구분하지 않고 먼저 본 쪽이 먼저 인사를 하는 것이 옳다고 하는 경향이다. 상대방이 다른 쪽을 보고 있을 때는 타이밍을 놓쳐 서로가 어색한 상황이 벌어질 수도 있으므로 인사는 적극적으로 하는 것이 좋다. 또한 인사는 하는 사람과 받는 사람이 따로 있는 것이 아니므로 서로 주고받아야 한다. 러시아의 문호 톨스토이는 "어떠한 경우라고 인사하는 것은 부족하기보다 지나칠 정도로 하는 편이 좋다."라고 했다. 비즈니스 상황에서 첫 만남이 되는 경우는 인사를 하면서 악수와 함께 명함을 교환하는 것이 일상적이다. 따라서 인사의 자세와 함께 악수하는 법, 명함을 교환하는 매너 등에 대하여 살펴보도록 하겠다.

인사를 하는 자세는 남성은 손을 신체의 측면에 붙이고, 여성은 정면으로 손을 모아서 하는 것이 좋다. 반드시 정지된 상태로 해야 하며, 다리는 가지런히 하고 발끝은 30도 정도 벌려서 선다. 인사법의 종류는 일반적으로 〈표 6-1〉과 같은데, 종류에 따라 상체를 굽히는 각도를 15도, 30도, 45도, 90도 등으로 달리한다.

| 표 6-1 | 인사법의 종류

인사 구분	인 사 법
목례(目禮)	· 실내나 통로, 엘리베이터 안 같은 좁은 장소, 동료나 아는 사람, 그리고 손님을 재차 만났을 때 하는 인사 · 가볍게 고개를 숙이며 눈인사를 하며, 표정이 중요 · 앞으로 15도 정도로 굽히며, 2초 정도가 적당
경례(敬禮)	· '보통인사'라고도 하며, 일반적으로 만나고 헤어질 때, 면접을 할 때 등 상황에서 공손하게 하는 인사 · 앞으로 30도 정도로 굽히며, 3초 정도가 적당
정중례(鄭重禮)	· '정중한 인사'로서 특별한 손님에게 격식을 차려야 할 때, 크게 고맙거나 미안한 표현을 해야 할 때 하는 인사 · 45도 정도로 굽히며, 5초 정도가 적당
의식행사례(儀式行事禮)	· 종교의식이나 조사와 관련한 의식을 거행할 때 하는 인사 · 상체를 앞으로 90도 굽히며, 7초 정도가 적당

인사를 하면서도 표현을 잘 못하여 상대에게 불쾌감을 줄 수 있다. 잘못된 형태의 대표적인 사례는 다음과 같다.

- 고개만 끄떡이는 인사는 경망스러워 보인다.
- 동작 없이 말로만 하는 인사는 가벼워 보인다.
- 망설이다가 하는 인사는 아무런 의미가 없다.
- 표정이 없는 인사는 상대방을 기분 나쁘게 한다.
- 형식적인 인사는 안 하는 것만 못하다.
- 공손이 지나쳐 너무 등을 굽혀서 하는 인사는 옳지 못하다.

• '수고 하셨어요'는 상사가 부하 직원에게 쓰는 인사말이다.

악수법

다음은 악수(Shaking hand)하는 법에 관해서다. 악수는 인사와 함께 하면서 손을 마주 잡고 친애의 뜻을 나타내는 서양식 예법으로서 사교활동에서 매우 중요한 행위이다. 비즈니스와 관련된 상황에서 악수는 자신의 신체적 명함과도 같은 것이며, 가장 기본적이고 널리 쓰이는 접촉 형태이다. 또한 외모에서 알아차리지 못한 다른 특징들을 악수를 통해서 알 수 있다. 예를 들어 적극성, 감수성, 친근감, 체력 심지어는 사회 계층까지도 파악하게 한다. 따라서 악수를 할 때에는 인사를 하고 있는 따뜻하고 경건한 마음이 그대로 손의 동작에 전달이 되도록 해야 하며, 특히 상대방과 눈 맞춤을 함께 해야 함을 잊지말아야 한다. 악수를 하는 순서와 방법을 다음과 같이 살펴보겠다.

먼저, 악수하는 순서에 대한 올바른 기준은 다음과 같다.

• 손윗사람이 손아랫사람에게 청한다.
• 선배가 후배에게 청한다.
• 상사가 부하에게 청한다.
• 여성이 남성에게 청한다.
• 기혼자가 미혼자에게 청한다.

다음은 악수를 올바르게 하는 방법이다.

• 악수할 때 너무 세거나 약하지 않게 쥐는 것이 가장 좋다. 단, 남자들끼리는 서로 약간의 힘을 주는 것도 괜찮다.
• 손을 쥘 때 너무 느슨하게 쥐는 것은 냉담한 느낌을 줄 수 있고,

또한 스치듯 가볍게 쥐는 것은 상대방을 가볍게 본다는 느낌을 주게 된다.

- 상대방이 악수를 청할 때 남성은 일어서야 하지만, 여성은 앉은 채로 악수를 받아도 상관없다. 하지만 젊은 여성의 경우는 외관상 좋지 않으므로 일어나서 하는 것이 좋다.
- 남성은 악수할 때 장갑을 벗는 것이 예의지만, 여성은 실외에서 악수를 하는 경우에 장갑을 꼭 벗을 필요는 없다.

명함 교환

첫 만남에서 인사와 악수 다음에는 자기소개의 축소판인 명함을 교환하는 것으로 모든 일이 시작된다. 명함은 처음 만나는 상대에 대한 최소한의 자기소개서 이다. 비즈니스를 하는 사람이라면 항상 명함을 여유 있게 지니고 있어야 하며, 바르게 사용해야 한다. 서로 명함을 교환한 후, 받은 명함을 다루는 모습은 상대와 상대의 소속에 대해 기본적인 예의를 보여주는 행동이므로 소중히 다뤄야 한다.

사람을 만나서 인사하고 명함을 교환하는 그 짧은 시간이 첫인상의 느낌을 결정짓는 순간이 될 수 있으므로 다음 사항을 유념해야 한다.

- 명함을 전달할 때는 자리에서 일어난다.
- 아랫사람이 윗사람에게 내미는 것이 순서이다.
- 상대가 글씨를 잘 볼 수 있는 방향으로 명함을 전달한다.
- 명함은 정중하게 두 손으로 주고받는다.
- 명함과 함께 구두로 소속과 이름을 알린다.
- 명함을 받았으면 상대방의 이름을 복창하면서 관심을 표명한다.
- 명함이 없다면 양해 멘트는 필수이다.

• 관계의 진전

지금까지 첫 만남에서의 외형적인 자세와 매너에 대하여 알아보았다. 한 번의 만남만을 위해 첫인상에 신경을 썼을 리는 없다. 좋은 관계로 진전시켜 나가야 한다. 아무리 첫인상이 좋게 되어도 한 번 만난 이후로 소식을 뚝 끊어버리면 한 번 뿐인 만남으로 끝나버리게 될 것이다. 누군가에 대한 호감의 첫인상을 좋은 관계로 계속 발전시키고 싶다면 첫째, 되도록 자주 만나고, 둘째, 좋은 마음으로 다가가야 한다. 이 두 가지 측면에서 살펴보겠다.

첫째, 자주 보는 것이 무엇보다 효과가 있다.

이러한 노력이 관계의 진전에 얼마나 효과가 있겠는가에 대해 몇 가지 심리학적 실험 사례를 통해 알아보겠다.

'에펠탑 효과'로 불리는 단순 노출이 주는 효과의 지대함에 관한 논리이다. 1989년 3월 31일 프랑스 파리에서는 프랑스 대혁명 100주년을 맞이해 열린 만국박람회의 기념 조형물로 에펠탑이 세워졌다. 이 탑의 건립계획과 설계도가 발표되었을 때 수많은 시민들이 반대하고 나섰다. 높이 320.75미터의 철골 구조물이 고풍스러운 파리의 분위기를 망쳐 놓을 것이라고 생각했기 때문이다. 시민들의 반발이 너무 거세 프랑스 정부는 20년 후에 철거하기로 약속하고 건설을 강행했다. 그러나 철거 논의는 서서히 수그러졌다. 100년 이상이 지난 지금 에펠탑은 파리의 상징이 되었고 관광객들이 꼽는 제 1

의 명소로서 프랑스가 세계적인 관광대국이 되는 데 기여했다. 천박한 흉물로 치부되었던 에펠탑은 이제 프랑스 사람들 뿐 아니라 세계인 들이 가장 보고 싶어 하는 상징물로 정착된 지 오래다. 파리 시민들의 인식이 왜 이렇게 달라졌을까? 탑의 높이가 300미터가 넘기 때문에 그들은 좋든 싫든 눈만 뜨면 에펠탑을 봐야 했다. 그러면서 시민들은 그 탑에 차츰 정이 들어갔고, 친밀감이 생겼기 때문이다.

노출효과에 관한 또 다른 사례다. 선거 때 유권자들은 누구에게 표를 던질까? 특별한 이유가 없는 한 가장 친숙한 후보를 선택할 것이다. 선거 때만 되면 각 정당에서는 텔레비전 앵커나 아나운서들을 영입하려고 경쟁을 한다. 왜 그럴까? 그 들은 유권자들과 이미 친숙한 관계로 발전되어 있어 상대적으로 당선 가능성이 높다고 보기 때문이다. 또 다른 유사 사례가 있다. 어떤 사람은 마음에 드는 여성에게 의도적으로 자주 접근하여 연애에 성공했다. 그는 대학시절 한 여학생에게 반했다. 학기 초부터 강의 때마다 항상 그 여학생 부근에 자리를 잡았다. 특별히 말을 걸지도 않았다. 그저 눈인사를 나눌 뿐이었다. 그러다가 학기 말 즈음에 우연을 가장하여 의도적으로 마주칠 기회를 만들었고, 그 자리에서 데이트 신청을 했다. 물론 승낙을 받았다. 그 여학생은 자신도 모르는 사이에 생긴 친숙함으로 끌림이 생겼을 것이다. 만약 학기 초에 불쑥 충동적으로 데이트를 신청했더라면 십중팔구는 거절당했을 것이다.

하지만 자주 만난다고 해서 항상 좋은 관계로 발전하는 것만은 아니다. 이를테면 안부 전화 한 번 하지 않다가 도움이 필요할 때만 친한 척 연락하는 사람, 추천서나 소개가 필요할 때만 선물이나 이메일을 보내는 사람, 세상에 이런 사람을 좋아할 사람은 아무도 없다. 어떤 사람이 당신과의 관계를 얼마나 소중하게 생각하는지는 그가 주로 어떤 상태에서 당신을 찾는지, 그리고 아쉬울 게 없는 평상시에는 어떤 태도를 보이는지 살피면 된다. 다름 사람들 역시 동일한 방식으로 당신을 평가한다. 절실할 때만 찾고 뭔가 필요할 때만 친절하다면 어느 누구도 그 사람이 보여준 친절을 달가워하지 않을 것이다. 누군가와 좋은 관계를 유지하고 싶다면 평소에 잘 해야 한다. 상대방이 연락하기 전에 먼저 연락을 취하자, 필요할 때가 아니라 평소에 간간이 안부 인사를 전하자. 만나기가 힘들다면 간단한 안부 메일이라도 보내보자. 책이나 신문을 보다가 상대가 흥미를 느낄 만한 내용이 있으면 그러 것을 보내주자.

둘째, 관계의 진전을 위해서는 자신이 먼저 좋아하는 마음을 표현하며 다가가야 한다.

'호감의 상호성'이라는 심리적 현상이 있다. 사람은 자신을 좋아해 주는 사람에게 호감을 갖게 된다는 특성이다. 특별한 목적이 없는 한 자신을 싫어하는 사람과 관계를 유지하려는 사람은 드물다. 이는 '무엇이든지 남에게 대접받기를 원한다면 너희도 남을 대접하라.'는 성경 말씀에도 잘 나타나 있다.

직장에서도 상사들은 당연히 업무를 잘하는 부하들을 좋아할 것이다. 그런데 그 직원이 자신을 좋아하지 않는다는 사실을 알았을 때 어떻게 될까? 선생님들도 공부를 잘하는 학생들을 좋아한다. 하지만 그 학생이 자신을 비난하고 다닌다는 말을 들었다면 얘기가 달라진다. 사람들은 자신을 칭찬하며 좋아해 주는 사람을 친구로 선택하고, 그들에게는 적극적으로 도움을 주려고 하며, 또 좋아하는 영업사원으로부터 상품을 사려한다. 좋은 교사가 되려면 강의 준비에 앞서 학생을 좋아해야 하며, 좋은 의사는 진료보다 환자를 더 좋아해야 한다.

인간은 원초적으로 '좋아한다.'는 말을 듣고 싶어 하며, 이 부분에서는 늘 결핍증에 걸려 있다고 보면 된다. 왜냐하면 '좋아한다.'는 말이 사람들을 가장 기분 좋게 해 주기 때문이다. 순수한 마음에서의 관계를 발전하고 싶을 경우뿐만 아니라 교육, 영업, 리더십 발휘, 협상 등에서 성공적인 결실을 맺고자 한다면 반드시 거쳐야 할 단계가 있다. 상대방이 자신을 좋아하게 만드는 것이다. 그러기 위해서는 자신이 먼저 상대방을 좋아해야 한다. 자신을 진정으로 좋아하며 다가오는 사람을 물리치기란 결코 쉽지 않은 일이기 때문이다.

그리스 신화에 한 조각가의 이름을 딴 '피그말리온 효과(Pygmalion Effect)'라는 이야기가 있다. '키프러스의 조각가 피그말리온은 독신주의자였다. 한번은 상아로 여자를 조각하였는데 그 완벽한 아름다움에 빠져 그 작품과 사랑에 빠지고 말았다. 그는 살아있는 연인을 대하듯이 조각에 옷을 입히고 손가락에 보석 반지를 끼우는 등 자신이 할 수 있는 정성을 다 쏟았다. 어느 날 피그말리온이 집으로 돌아와 소파에 누인 조각을 보니 생기가 돌고 있는 것 같았다. 손을 가만히 만져보니 따뜻한 체온도 느껴졌고 입술을 갖다 대자 조각 여인은 수줍은 듯 얼굴을 붉혔다.'

이 이야기는 사람들은 자신이 어떻게 대접 받느냐에 따라 반응이 달라진다는 점을 잘 보여준다. 상대방과의 좋은 관계를 유지하기 바란다면 먼저 상대방을 칭찬하는 등 호감을 보여야 할 것이다. 대표적인 실천 방법이 있다. '카네기 인간관계론'을 국내에 설파하고 있는 최염순 소장이 창안하여 많은 조직에서 실천하고 있는 '미인대칭 비비불 운동'을 자신의 일상에 적용하는 것이다. '미소 지으면서 인사하라. 먼저 다가가서 대화하라. 또 칭찬해 줘라. 비난, 비판, 불평을 하지 말라.'이다.

관계 진전을 위한 속성법 : '코드' 맞추기

'어, 이 친구는 내 사람이야!'라는 느낌을 주게 된다면 그 관계는 최상이다. "아, 그러게 말입니다."라며 그저 맞장구만 잘 치는 것으로는 미움을 받지는 않겠지만 마음이 통하는 관계에 이르기엔 조금 미흡하다. '코드가 맞아야 일을 하지'라는 말이 돌도록 해서는 안 된다. 특히 사회생활의 경륜이 쌓이게 될수록 '척하면 삼천리' 격으로 조화로운 화음, 즉 '코드의 통합'은 더 중요한 기준이 된다.

국내 유명 정신과 전문의 하지현 박사는 저서 '소통의 기술'에서 코드의 통합을 위해 무엇을 해야 할 것인가? 에 대해 다음과 같이 설명하고 있다. '코드가 통한다는 것의 이상적인 형태는 너와 내가 하나가 되는 완전무결한 직렬연결의 순간이나, 아쉽게도 이런 형태의 코드의 연결은 현실에서는 실현 불가능한 일이다. 따라서 현실에서 가능한 코드의 통합을 위해서는 Code로서 서로 통하는 언어를 이해하고, Chord로서 조화로운 주고받음을 위해 노력하는 것, Cord로서 감성적으로 하나로 연결되고 통하는 마인드를 갖도록 노력하는 것이다.'

여기서 코드의 통합을 위한 첫 번째 코드인 Code는 '서로 통할 수 있는 말(언어)'들을 이해하고 만들자는 것이다. Code의 원래의 의미는 신호법, 암호, 규약 등으로 풀이 되는데, 이것이 통하는 사람들은 서로가 쓴 신호를 다른 사람들은 충분히 이해하지 못하고 있는데 반해, 이들 간에는 서로의 신호법을 잘 알고 있어서 정확하게 해석해 낸다고 할 수 있다. 뭔가 통하지 않는 듯 한 기분이 들 때 "저 사람은 나와 코드가 달라"라는 말을 흔히 한다. 기본적으로 생각하는 방식의 차이 때문에 같은 말과 몸짓을 하고 있지만 기대하는 것과 다른 방식으로 반응하는 경우이다. 이렇게 되면 관계의 진전은 기대하기 어렵고, 소통마저 포기하게 된다.

두 번째 코드인 Chord는 음악적으로 여러 개의 음표가 합쳐져 조화로운 소리를 내는 것과 연관이 있다. 즉 Chord가 통한다는 것은 서로 조화를 이룬다는 것이다. 서로 같은 말을 하고 그가 무슨 말을 하는지 알고는 있지만 왠지 모르게 불편하고 긴장됨을 느낀다면 잘 통하고 있지 않다고 보면 된다.

그런 의미에서 Chord는 서로간의 동등성을 기반으로 한 조화로운 상태로 볼 수 있다. 서로에게 맞추어 가고, 상대가 보낸 신호에 적절한 세기로 반응할 때 삐걱거림 대신 조화로운 선율을 뽑아낸다. 말 한마디 통하지 않는 외국인과 사랑에 빠질 수 있다는 것도 결국 Chord를 맞춰 줌에 의한 조화로움의 결과 때문이다.

세 번째 코드인 Cord는 일상생활에서 케이블을 지칭하는 연결선이다. 아무리 좋은 전자 또는 전기 기기라도 케이블이 연결되어 있지 않으면 소용이 없어진다. 사람 사이에도 연결선이 이어져야 한다. 현실적으로 사람과 사람 사이의 관계는 무선연결이다. 기기의 연결처럼 한번 연결되면 자동적으로 계속되는 것이 아니다. 첫 만남에서 연결이 된 후, 지속적인 연결 상태를 바란다면 눈과 귀, 그리고 마음을 열고 오고가는 신호를 잡으려 노력해야한다. 둘 사이에는 보이지 않는 Cord가 연결되어 있고 그 Cord가 최적의 상태를 유지한다면 그들은 좋은 관계로 발전되어 있는 것이다.

각종 대인관계에서 그리고 비즈니스 현장에서 관계를 유지 발전시키고 싶은 상대가 있다면, 위의 세 가지 코드를 어떻게 균형 되게 통하게 할 것인가에 집중하는 것이 중요하다.

07 경청

♣

『배운 게 없다고 탓하지 말라. 나는 내 이름도 쓸 줄 몰랐으나
남의 말에 귀를 기울이며 현명해지는 법을 배웠다.』

- 징기스칸 -

경청의 힘

경청을 그대로 풀이하면 '기울여서(傾) 듣는(聽) 것'이다. 경청을 잘하는 것은 상대가 말하는 것을 단순히 잘 듣는 것뿐만 아니라 상대의 생각까지 이해하면서 주의 깊게 듣는 것이다. 즉 경청은 바로 상대방을 인정한다는 적극적인 표현 행위라 할 수 있다. 따라서 경청을 잘해 주면 상대방은 마음을 열고, 더 깊은 속내까지 말하며, 경청해 주는 사람을 자신과 코드가 통하는 각별한 사이로 인정하게 된다.

27세에 억만장자가 되었으며 SMI(Success Motivation Institution) 회사를 설립하여 전 세계에 성공 목표달성 프로그램을 공급한 '폴 마이어(Faul Meyer)'의 이야기다. 청년시절 폴은 어느 날 길을 가다가 멋진 별장과 고급 스포츠카를 보고는 시청으로 가서 차 주인의 주소와 전화번호를 알아냈다. 그리고 차 주인에게 편지를 썼다. '그토록 멋진 차와 별장을 가진 분이라면 분명 성공의 비결을 아실 터이니 단 15분만 시간을 내어 그 지혜를 알려 주십시오.'라며 여러 차례 시도 끝에 드디어 차 주인과 만났다. 폴은 차 주인이 하는 말을 노트에 열심히 받아 적고, 공감을 표하고, 질문도 하면서 열심히 이야기를 들었다. 차 주인은 너무 신나서 두 시간이 넘게 자기 이야기를 했다. 그리고 폴이 떠나려고 하자, 주인은 마다하는 폴의 직업을 캐묻고는 엄청난 금액의 보험을 계약해 주었다. 경청의 힘은 바로 이런 것이다.

대화는 누가 주도하는 것일까? 사람들 대부분은 당연히 말하는 사람이 주도한다고 생각한다. 그런데 사실은 듣는 사람이 어떻게 들어주느 나에 따라서 말하는 수준, 대화의 질이 결정되는 경우가 훨씬 많다. 이와 관련된 흥미 있는 실험이 있다. 똑같은 주제를 가지고 정해진 시간 동안 한 사람은 이야기를 하고 상대방은 들어주는 게임이다. 결론을 먼저 말하자면, 경청하는 자세에 따라 결과는 많이 다르게 나타난다.

먼저, 듣는 사람이 의도적으로 산만한 행동을 하며 상대방의 말에 주의를 기울이지 않게 해보자. 잠시 후 어색한 현상이 나타난다. 말하는 사람은 하고자 하는 말의 초점을 상실하여 무슨 얘기를 하고 있는지 스스로도 헷갈린다. 이야기 자체도 이어지지 않고 끊어지며 짧은 시간도 무척이나 길게 느낀다. 그래서 하고자 했던 말들을 제대로 하지 않고 끝내면서 상대방에게 무시당했다고 느낌에 화가 나게 된다.

다음은 상대방을 바꿔서 듣는 사람이 주의를 집중하고 공감해 주면서 잘 들어주도록 하면 어떨까? 말하는 사람은 이야기 도중에 계속 새로운 생각을 해가며 훨씬 더 풍부하고 깊은 말들을 하게 된다. 시간이 왜 이리 빨리 지나가지 라고 느끼며 들어주는 사람에게 호감을 느끼게 된다. 이처럼 경청은 대화의 질과 수준을 결정할 만큼 중요하고도 능동적인 역할을 한다.

살다가 정말로 힘든 일이 생겨 누군가에게 이야기를 하고 싶어질 때 찾고 싶은 사람은 어떤 유형일까? 능력 있고 사리분별이 명확하여 삶의 지침을 줄 수 있는 사람인가? 아니면 능력과는 상관없이 자신의 이야기를 그저 편안하고, 따뜻하게 잘 들어줄 것 같은 사람을 찾게 될까? 대부분은 후자를 선택을 하게 된다. 물론 능력이 있고 사리가 분명한 사람과 이야기를 하다 보면 현재 자신이 가지고 있는 문제점을 객관적으로 잘 집어주기 때문에 좋기도 하지만, 막상 정말로 힘든 일을 겪고 있을 때는 다소 단호한 이성적 조언들만 가지고는 왠지 2% 부족하게 느껴지기 때문이다. 이것 또한 경청이 가져다주는 좋은 점이다.

무엇보다 경청은 모든 사람에게 사랑 받을 수 있게 만들어주는 비결이다. 말을 잘하는 사람은 좋아하는 사람도 싫어하는 사람도 있을 수 있지만, 자신의 말을 경청하는 사람은 누구나 좋아한다. 특히 자신의 말만 하는데 익숙해 있고, 자신의 말을 눈치 보지 않고 자기식대로 표현 할 수 있는 것이 당당함이고, 당연한 권리인 듯 여겨지는 것이 다반사인 현대사회에서 경청을 잘하는 것은 모든 사람들로부터 사랑받게 만드는 특별한 힘이 될 수 있다.

한국 최고의 기업가 이건희 삼성그룹 전 회장은 보통 열 마디를 듣고 한 마디를 한다고 해서 '듣기 형 리더'로 불렸다. 탱크처럼 밀어붙이는 '말하기 형 리더'들과는 대조적이다. 듣기에 몰입하는 것은 성격 탓도 있겠지만 부친 이병철 회장의 가르침이 큰 영향을 미쳤다. 1979년 2월의 일이다. 이건희가 그룹 부회장으로 승진, 본격 경영 수업이 시작됐다. 첫 출근을 하던 날 이병철 회장은 그를 자신의 방으로 부르고는 직접 붓을 들어 '경청'이라는 휘호를 써주었다. 남의 말을 잘 듣는 것이야말로 리더의 금과옥조임을 강조한 것이다.[5] 또한 경영의 달인이라는 일본 '마츠시다 고노스케'는 다음과 같이 말했다. "나는 초등학교도 제대로 나오지 못했다. 즉 배우지 못했다. 그래서 어떤 사람이 무슨 말을 하여도 경청했다. 덕분에 많은 정보와 아이디어를 얻을 수 있었고 경영을 하는데 잘 활용할 수 있었다. 이것은 내게는 하나의 행운이었다. 대학을 나오고 지식이 풍부한 많은 사람들이 그들의 지식을 자랑하면서 남의 이야기를 경청하지 않는 것은 놀라운 일이었다."

위 두 사람은 경영계에서 입지전적인 인물들이다. 어디 리더뿐 이랴? 모든 사람의 인간관계 전반에서 경청은 가장 큰 힘을 발휘한다. '이청득심(以聽得心 : 귀 기울여 경청하는 일은 사람의 마음을 얻는 최고의 지혜)'은 삶을 살아가는데 지녀야 할 최선의 덕목이다.

듣는 수준과 유형별 네 가지 단계

소통의 형태는 여러 가지가 있다. 대표적으로 읽고, 쓰고, 말하고, 듣는 것이다. 이것을 소통의 네 가지 유형이라고 한다. 우리는 일상 속에서 이 네 가지 중 하나를 항상 하고 있다. 따라서 소통능력은 삶을 풍요롭게 살아가는데 매우 중요한 요소가 된다. 그런 만큼 소통의 기술을 향상시키기 위한 노력도 많이 해왔다. 한번 생각해 보자. 그동안 살아오며 읽고 쓰는 방법을 배우는데 상당한 시간과 노력을 투자했다. 말하는 능력을 익히는 노력도 많이 했다. 하지만 듣는 능력을 향상시키기 위한 노력은 한 기억이 없다. 대부분 '대화에서 잘 들어야 한다.' 라는 지적만 받았지, 경청 능력을 향상시키기 위한 교육훈련을 정상적으로 받은 적은 거의 없을 것이다.

경청 능력을 최적의 수준까지 향상시키기 위해 먼저 현재 자신의 수준과 도달해야 할 수준을 알아봐야 한다. 기준을 제시하기 위해 상대방을 이해하는 수준이나 듣는 기법에 따라 네 가지 듣기 유형으로 나누어 특성을 비교해 보겠다.

첫 번째, '흘려듣기' 유형이다.

대화의 예를 들어보자. '어느 날 저녁, 신문을 보던 남편이 아내를 불렀다. "여보, 이것 좀 봐. 여자들이 남자보다 2배나 말을 많이 한다는 통계가 실렸네. 남자는 하루 평균 1만 5천 단어를 말하는데, 여자들은 3만 단어를 말한다는 거야." 이 말을 들은 아내가 말했다. "남자들은 늘 여자가 똑같은 말을 두 번씩 하게 만들잖아요. 그러니까 두 배지!" 약 3초 후에 남편이 아내를 향해 물었다. "뭐라고?"

이 부부의 대화 사례에서 보듯이 아내가 말할 때 남편이 신문을 보거나 TV를 보면서 건성으로 듣는 것, 심지어 "아, 좀 조용히 해봐!, 이따가 말해!" 하는 식으로 말을 가로막기까지 하는 것은 주변에서 흔히 볼 수 있다.[6] 가장 낮은 수준의 듣기에 '부부의 대화'를 사례로 한 것을 보면 우리가 편안한 관계에 있는 사람들의 말을 얼마나 대충 듣고 있는지 반성하게 한다. 이 단계의 특성은 건성으로 듣는 시늉만 낼 뿐 관심을 기울이며 듣지 않는 것이다. 말을 하고 있는 상대방은 주제에 집중하지 못하고 산만해지며, 말하면서 새로운 내용을 창조해내는 단계로 나아가기가 어렵다. 흘려듣기 수준은 상대에게 보이지 않도록 매우 조심해야 하며 고쳐야 할 유형이다.

두 번째, '수동적 듣기' 유형이다.

가장 기본적인 수준의 듣기이다. 상대로부터 말을 듣지만 자신의 생각과 경험을 기준으로 듣고 싶은 말만 취하는 식이다. 이를테면 "나는 저런 타입의 사람이 좋아." 라는 친구의 말에 자신은 "오, 나도 그래!", "아니, 나는 좀 더 활발한 사람을 좋아해!" 라고 대답할 수 있다. 때로는 귀찮은 듯 반응을 보이지 않을 수도 있다. 의식적이든 무의식적이든 자신은 자기만의 선호도와 견해를 바탕으로 대응 방식을 결정하는 것이다.

대다수 사람들은 보통 이 정도 수준의 듣기에 만족한다. 쉽고 편하기 때문이다. 때로는 유대를 형성하고 호감을 높이는 일에 절대적으로 필요한 공통점을 찾아내는 데 효과적이기도 하다. 수동적 듣기는 들은 내용을 자신의 관점에서 받아들여 대응 방식을 결정하며 대화를 이어나갈 수는 있다. 하지만 대화의 깊이나 수준에 따라서 말하는 사람에게 별로 주의도 기울이지 않고 공감도 없이 그저 말하도록 내버려 두기도 하므로 대화를 원활하게 이어가기에 부족할 수도 있다. 수동적 듣기는 단순히 들어주는 정도이므로 대화를 통해 소중한 기회를 찾는 등의 성과를 이루어 내기는 어려운 수준이다.

세 번째, '능동적 듣기' 유형이다.

수동적 듣기 보다는 나은 수준으로서 말하는 사람에게 주의를 기울이고 자신이 알고 있는 내용을 접목하면서 듣는 수준이다. 이를테면 친구가 어떤 타입의 사람이 좋다고 얘기 했을 때 "오, 그래. 그 사람은 너와 잘 어울려. 그런데 어떻게 그 사람을 좋아하게 되었니?"와 같은 반응을 내 놓는다. 그리고 상대에게 맞장구 쳐주며 고개를 끄덕이며 "저런! 그래서 어떻게 되었는데요? 좀 더 자세히 말해줘."라는 추임새를 넣어준다. 이렇게 능동적으로 들어주면 말하는 사람은 자신이 존중받고 있다는 느낌을 받으면서 더 많은 아이디어를 얘기하게 된다. 듣는 수준이 이 정도에 이르면 상대방과 늘 공감대를 형성하면서 대화의 폭을 넓혀 원활한 정보교환을 하게 된다.

네 번째, '맥락적 경청' 유형이다.

능동적 듣기보다 더 깊이 있게 듣는 것이다. 상대방이 말한 1차적 의미를 이해하는데 그치지 않고 그 말이 어떤 맥락에서 나온 것인가, 즉 말하는 사람이 그 말을 하게 된 의도, 배경까지 헤아리면서 듣는 것을 말한다. 맥락적 듣기가 필요한 이유는 같은 말을 하더라도 그 말에 담긴 진짜 메시지는 그때그때 아주 다를 수 있기 때문이다. 이를테면 아내가 부부 동반 모임에 파란 옷을 입을까, 빨간 옷을 입을까 망설이다가 남편에게 묻는다. 배우자 경청 수준의 남편이라면 "바쁜데 쓸데없이 그런 걸 왜 물어?"라고 할 것이다. 소극적 경청은 "둘 다 좋네" 하고 만다. 적극적 경청은 "당신은 빨간 옷을 입는 게 좋아"라고 한다. 그럼 맥락적 경청을 하는 남편은 어떻게 말할까? "당신, 오랜만에 나가는 모임이라서 신경 쓰이나 보네. 내 생각엔 새로 산 빨간 옷이 잘 어울릴 것 같아." 사실 아내는 이번 모임에 가기 위해 며칠 전에 빨간 옷을 사뒀다. 다만 오랜만에 모임에 나가는 것이라 그 옷이 어울릴까, 왠지 신경이 쓰였던 것이다.[7] 아내가 원한 것은 남편의 판단이 아니라, 남편의 격려였다. 다시 말해 공감과 이해를 원하는 것이다.

맥락적 듣기에 익숙해진 수준에 이르면 의사소통에서의 미묘한 차이와 어간에 숨어있는 메시지도 인지할 수 있다. 또 대화가 깊어질수록 자신의 말을 진심으로 경청한다는 믿음을 갖게 하여 듣는 사람과 깊은 유대감을 느끼게 한다.

듣기 유형의 최고 수준인 맥락적 듣기는 말하는 상대에 대해 몰입이 필요하다. 상대의 말 모두를 몰입하며 들을 수는 없다. 맥락적 듣기 효과를 높이기 위해서 적절한 비법이 필요하다. 먼저 상대방에게 집중하는 시점을 잘 판단하는 것이 중요하다. 둘째는 미리 판단하지 말고 끝까지 들어봐야 한다. 셋째, 맥락을 짚어야 할 대목은 제대로 이해했는지 간단하게 정리, 확인이 필요하다. 마지막으로 주요한 대목에서는 적절히 질문을 하며 듣는 것이 좋다.

위와 같이 듣기 수준의 네 가지 유형에 대해 알아보았다. 모든 대화에서 4단계 맥락적 듣기가 항상 좋다고 볼 수는 없다. 이를테면 굳이 잘 알아야 할 필요가 없는 초면의 대상에게 이러한 듣기를 적용하면 상대는 오히려 부담을 가질 수 있기 때문이다. 어떤 시점에 어떤 수준의 듣기를 적용해야 서로에게 유익할까를 생각하여 상황에 맞는 듣기 방법을 사용하는 것도 중요하다.

여기서 보다 강조되어야 할 것이 있다. 상대방과의 진정한 소통을 원한다면 잘 듣는 기법만으로는 부족하다. 위 네 가지 듣기 유형을 넘어서는 경청 수준, 즉 자신의 내적 진정성에 바탕으로 상대방의 마음과 교감을 창출하며 경청하는 수준이 요구된다. 그것은 바로 '공감적 경청'으로서 가장 고차원적 경청 수준이 되겠다.

공감적 경청

공감적 경청이란 상대방이 말하는 것을 기준으로 대응하는 일반적인 듣기 수준과는 차원이 다르다. 앞에서 제기한 듣기의 유형이 주로 듣는 테크닉에 바탕을 둔 것이라면 공감적 경청은 내가 먼저 상대방을 이해하려는 의도를 가지고 그 사람의 내면으로 들어가서 듣는 것이다. 즉 말하는 사람의 관점에서 대화의 내용을 공감하며 이해하고자 하는 것이다.

공감이란 또한 상대의 말에 동감하는 것과도 의미가 다르다. 동감은 합의 또는 판단의 한 형태이다. 그리고 이것은 때때로 분위기에 맞춰 표현된 감정과 반응이다. 사람들은 곧잘 동감에 의지하게 되는데 이는 사람들을 서로 종속적으로 만든다. 공감적 경청의 본질은 누군가에게 동의하는 것을 의미하는 것이 아니라, 그 사람을 감정적으로는 물론 지적으로도 완전하고 깊게 이해하는 것을 말한다.

공감적 경청은 말하는 내용을 마음속에 새기고 반응하고 이해하는 것보다 훨씬 많은 것을 포함하고 있다. 또한 공감적 경청을 하는 경우 우리는 귀로 말을 들을 뿐만 아니라 동시에 더욱 중요한 눈과 가슴으로 듣는다. 이때 우리는 감정과 의미, 행동까지도 경청한다. 이것은 오른쪽 뇌는 물론 왼쪽 뇌 까지도 사용한 것이다. 말하자면 감지하고 직관하고 느끼는 것이다. 또한 공감적 경청은 자기 자신의 자전적 경험을 바탕으로 한 생각과 느낌, 해석 등을 말하는 것이 아니라 상대방의 머리와 가슴 내부에 어떤 실체가 들어 있는지를 이해

하는 것이다.[8]

심리학자 카알 로저스(C. Rogers)는 교감하는 통교(Communication lane)를 표현하기 위해 'Empathy(공감)'란 단어를 쓰면서 대담자 간의 관계를 설명한다. 서로가 대화하며 상대방을 이해하는 과정에서 그 이해도의 전체를 100 이라고 가정하면 그 중 10% 미만은 언어적 방법을 통해서이고, 90% 이상은 비언어적 방법을 통해 이루어진다는 것이다. 언어적 방법이 입을 통한 언어구사에 의한 것이라면, 비언어적 방법이란 얼굴 표정, 눈의 모습, 억양, 몸의 동작 등을 포함하여 언어 이면에 담겨있는 상대방의 심층을 더 잘 파악하고자 하는 소통이다. 이 두 방법을 합쳐 이해하고자 하는 자세를 일컬어 'Empathy(공감)'라고 하는 것이다.

이 시대에 사는 우리는 듣는 일에 매우 익숙해져 있다. 다양한 매체를 통한 끊임없는 새로운 정보들 그리고 풍요로운 화제 거리 속에서 하루를 시작하고 또 일과를 마무리한다. 그러다 보니 많은 것을 듣고 있지만 말하는 사람의 감정이나 의견을 들어주는 데는 인색하게 된다. 이러한 현상의 계속은 발전하는 표현 기술만큼이나 대화의 진정성을 뒷걸음질 치게 한다. 진정한 대화의 요건은 말 잘하는 재치나 임기응변술에 있지 않고 상호 존중하며 말을 주의 깊게 경청하는 인내에 있다. 즉 역지사지의 자세로 듣는 공감적 경청의 자세이다. 그러기 위해서는 단순한 언어적 기법 이상의 통교를 설정해야 한다. 그것은 가까이에서 상대방의 내면을 읽고 들으려는 관심의 눈을 뜨고 마음의 귀를 여는 것이다.

스티븐 코비(Steven R. Covey) 박사는 경청의 기술 측면에서 공감적 경청으로 발전되는 과정을 부자간의 대화를 예를 들면서 다음과 같이 네 가지 발달 단계로 설명하고 있다.

첫 번째 단계는 '상대가 말하는 내용을 흉내 내는 것'이다.

이것은 수동적 듣기 방식과 가까우며 공감적 효과 측면에서는 가장 약한 수준이다. 그저 상대방이 하는 말을 듣고 반복만 하며, 거의 머리를 쓰지 않는 수준이기 때문이다. 하지만 대화자들 간에 말하는 것이 최소한 무슨 얘기인지 듣게 해주기 때문에 초기 단계의 기술에 해당된다. 만약 성품이나 인간관계의 바탕이 없다면 이 기법 사용으로 인해 마음의 문을 닫게 하는 원인이 될 수도 있다.

"아빠, 난 지쳤어요. 이제 학교는 지루하고 따분해요." "너, 지쳤다고? 학교가 지루하고 따분하다고 생각하는구나." 이 대화에서는 적어도 아들이 말하는 내용에 귀를 기울이고 있다는 사실을 보여주었으나 상대방을 이해하기 위해서는 그 이상의 것을 해야 한다.

두 번째 단계는 '내용을 재구성하는 것'이다.

이 단계는 물론 약간은 더 효과적이지만 그래도 여전히 언어적 소통 수준에 머문다.

"아빠, 난 지쳤어요. 이제 학교는 지루하고 따분해요." "더 이상 학교에 가고 싶지 않은 모양이구나." 이번에는 아들이 하는 말의 의미를 자신의 말로 바꾸어 말했다. 이 대화에서 아빠는 주로 좌뇌의 기능인 이성적이고 논리적인 사고를 이용하여 아들이 말하고 있는 내용을 생각해 보고 있는 것이다.

세 번째 단계는 '감정을 나타내는 것', 우뇌를 작동하는 것이다.

"아빠, 난 지쳤어요. 이제 학교는 지루하고 따분해요." "너는 정말 좌절감을 느끼고 있는 모양이구나."

이때 아빠는 아들이 느끼고 있는 것에 대해 주의를 기울이지만 말하고 있는 내용에 대해서는 많은 주의를 기울이지 않는 수준이다.

이제 네 번째 단계인 '공감적 경청 기술을 사용하는 것'이다.

이를 통해 아빠가 아들에게 진정으로 경청하고 이해하고 싶은 욕구를 가지고 있다는 사실에 대한 믿음을 갖게 되면 아들의 마음속에 있는 생각과 아빠에게 이야기하는 내용 사이의 장벽은 사라지게 된다. 이것은 아빠와 아들간의 마음의 교류에 물꼬를 터주는 것이다. 아들은 더 이상 자신의 진심과 거리가 있는 엉뚱한 말을 하지 않는다. 아들은 내면 깊숙이 있는 민감한 감정가 사고력으로 아빠를 신뢰하기 시작한다.

"아빠, 난 지쳤어요. 이제 학교는 지루하고 따분해요." (아들의 생각 : 난 아빠에게 이야기하고 싶고 아빠의 관심을 끌고 싶어요.)

"너는 정말 학교에 대해 좌절감을 느끼고 있는 모양이구나." (아들의 생각 : 됐어요! 그게 바로 내가 느끼는 거예요.)

"확실히 그렇게 생각해요. 학교는 도대체 실용적이지 않다고요. 난 거기서 얻는 것이 하나도 없어요."

"너는 학교가 아무 도움이 되지 않는다고 느끼고 있구나."라는 형태의 대화가 계속되다가 아들은 자신의 속내를 털어놓게 된다.

"전 정말 큰 걱정이 있어요. 엄마에게 얘기 안 하시는 거죠?"

"엄마에게는 비밀로 하고 싶은 얘기구나."

"전 오늘 시험을 봤는데, 낙제를 할 판이에요. 낙제를 할 바에야 학교를 차라리 그만두고 싶어요. 그렇지만 사실 학교를 그만두고 싶지는 않거든요."

"너 괴로워하고 있구나. 넌 지금 곤경에 처해 있어."

"아빠는 제가 어떻게 해야 한다고 생각해요?"[9]

이 사례에서 보듯이 아빠는 먼저 이해하려고 애씀으로써 대화의 기회를 변화의 기회로 바꾸어 놓았다. 사람들이 상처받고 있을 때 그를 진정으로 이해하려는 순수한 욕구에서 진실로 경청해 주면 이들이 얼마나 마음을 빨리 여는지 놀라게 될 것이다.

하지만 공감적 경청은 시간을 필요로 하는 방법이다. 비효과적이라고 비판하는 사람도 있을 수 있다. 물론 처음에는 많은 시간이 걸릴지 모른다. 그러나 얼마 후면 많은 시간을 절약할 수 있다. 자신이 의사로서 현명한 처방을 내리길 원한다면 우선 정확한 진단부터 해야 한다. 의사가 이렇게 말할 수는 없지 않은가? "난 지금 너무 바빠요. 진단할 시간이 없으니 이 처방이나 받아 가시오."

공감적 경청을 위한 바른 자세

직장인들은 어떤 상사를 좋아하는가에 대한 설문조사 결과가 있다. 설문 내용은 다양한 업종에 종사하는 회사원들에게 '상사를 좋아하십니까?'라는 질문을 던지는 것이었다. 이 질문에 좋아한다고 대답한 사람들이 꼽은 첫 번째 이유가 '상사는 내 이야기를 잘 들어준다.'였다고 한다. 반면 좋아하지 않는다는 대답의 주된 이유는 '상사가 내 이야기를 들으려 하지 않는다.'였다고 한다. 회사원들의 설문의 답 속에는 듣는 그 자체보다 상사의 경청자세를 문제 삼았을 가능성이 많다. 자신이 뭔가를 이야기하고자 했을 때 그들이 취했던 닫힌 자세, 바로 그것이 회사원들의 마음에 상처를 줬을 것이다. 직장뿐만 아니라 모든 대화의 상황에서도 사람들이 느끼는 마음은 동일하다. 듣기에는 먼저 잘 들어주겠다는 자세가 중요하다. 다음에 소개하는 '4L'이 잘 듣기 위한 올바른 자세이다.

Look. 상대를 바라보라.

사람들이 어떤 일을 하면서 동시에 상대의 말을 집중하여 듣기는 어렵다. 하던 일을 중단해야 상대의 말을 잘 들을 수 있다. 컴퓨터 작업이나 글을 쓰고 있을 때 어떤 상대가 말을 걸어 왔다면 일단 작업에서 손을 놓아야 한다. 이런 몸짓은 '현재 하는 일보다 당신이 더 소중하다'라는 마음을 나타내는 것이며, 자신에게도 상대를 성의

껏 대하는 것이 중요하다는 점을 일깨워 주는 반응이다. 특히 직장에서 바쁘게 일하는 중에 직장동료나 부하 직원에게 흔히 하는 실수가 있다. 자신에게 방문한 사람을 무의식중에 방해꾼 취급하는 실수를 하지 않도록 유의해야 한다. 하던 일에서 억지로 시선을 떼고 다그치듯 '왜요?'라고 묻는 것이다. 어서 빨리 할 말을 하고 내가 일을 계속하게 해달라는 몸짓 요청과 다를 바 없다. 당연히 방문자는 마음에 상처를 입고 할 말을 제대로 못하게 된다.

Lift. 눈썹을 올려서 눈을 맞춰라.

얼굴 표정을 풍부하게 하라. 상대의 얼굴에 초점을 맞추고 눈썹을 치켜 올리면 호기심도 함께 발동할 것이다. 멍한 표정은 무관심의 표현이다. 시선이 오락가락 하면 마음 또한 오락가락 한다. 주의 산만한 모습은 상대에게 관심이 없는 것으로 해석된다. 그럴 경우 상대는 '지금 말해봐야 아무 소용없어'라고 체념하며 대화를 포기하고 만다.

Low. 자세를 낮춰 상대의 눈높이에 맞춰라.

누군가를 높이고 싶다면 자신을 낮춰야 한다는 말이 있다. 경청의 자세를 얘기할 때 특히 알맞은 말이다. 자신은 서있고 대화의 상대는 앉아 있다면 '나는 감독하는 사람'이라는 메시지가 은연중에 전달된다. 상대를 아래로 내려 보고 서 있는 자체가 지배를 상징하기 때문이다. 대화를 독려하고 싶다면 함께 앉아 상대와 눈높이를 맞춰야 한다. 높이가 같아지게 되면 사람들은 훨씬 더 편안하게 자기 의견을 이야기 한다. 학교 교실에서 선생님과 학생들 간에 흔히 일어나는 현상이 있다. 서서 강의하면서 질문을 유도할 때 학생들은 대체로 어려워한다. 하지만 자습이나 쉬는 시간에 옆에 가서 몸을 구부려 평등한 눈높이에서 상대하면 훨씬 자연스럽게 속내를 털어 놓는다. 대화나 인터뷰에서도 마찬가지다.

Lean. 상대방 앞으로 당겨 앉으라.

가급적 의자의 끝 쪽에 앉는 것이 좋다. 상대에게 조금 더 다가가는 것이다. 이 자세는 '나는 지금 당신을 위해 여기에 있다.'는 의사표현이다. 그렇게 다가선 자신에게 상대는 더 공손하게 적극적으로 말을 하게 될 것이다. 만약 상대가 화가 나서 뭔가를 따지러 왔을 경우 이렇게 대하는 자신에게 고함을 지르지는 않을 것이다. 상대에게 더 다가감으로써 까다롭게 나오지 못하게 하는 셈이다.

듣는 자세에 관한 유명한 일화가 있다. 중국의 현대화를 이끈 작은 키의 정치인 덩샤오핑에 관해서다. 미국의 키신저가 닉슨 정부의 밀사로 중국을 방문했을 때의 일이다. 키신저는 미국인 치고도 큰 편이어서, 둘이 나란히 서면 덩샤오핑은 키신저의 가슴팍에 와 닿는 정도였다. 그런데 덩샤오핑은 그의 얼굴을 올려다보며 말을 하지 않고 가슴만 보며 이야기 했다. 닉슨 대통령을 만났을 때도 그는 같은 방식으로 이야기 했다. 닉슨이 이상하게 묻자 그는 이렇게 대답했다고 한다. "당신은 왜 나를 쳐다보지 않는가?" 몸집의 차이에서 오는 일화이지만 이 이야기는 많은 의미를 담고 있다. 사람들은 서로 같은 눈높이에서 만나야 한다는 것을 말해주는 것이다.[10]

특히 첫 만남에서는 내려다보는 실수를 하지 않도록 유의해야 한다. 상대가 말을 할 때 깔보는 듯 내려다보거나 코웃음 치는 표정을 짓지 않는지 경계해야 할 것이다. 누구나 자신도 모르게 이런 자세를 취할 수 있다. 상대와 대화할 때면 늘 '4L'을 기억하여 상대를 중요한 존재로 생각하면서 잡념을 차단해야 한다. 최소 5분간 상대에게 집중한다면 상대가 스스로의 가치를 느끼며 기분 좋게 이야기 할 것이다.

공감적 경청을 위한 마음가짐

사람의 말에 귀를 기울여서 공감하며 듣는 경청 태도는 말하는 사람을 즐겁게 한다. 인내심을 갖고 들어줌으로써 상대방으로 하여금 '나는 당신이 관심을 갖는 소중한 사람, 나는 주목받는 사람'이라고 느끼게 하여 자존감을 높게 한다. 반대로 상대방의 말을 무성의하게 흘려듣는 태도는 상대방의 자아를 위축시켜 말문을 막고 서로의 관계를 좋지 않게 만든다. 상대방이 무슨 의도로 말하는가를 그의 입장에서 공감하면서 듣고 이해해 준다면 서로의 관계는 좋아질 수밖에 없다.

대체로 성공적으로 사는 사람은 상대방이 이야기를 하도록 유도한 뒤 자신은 그 이야기를 경청하는데 비해, 그렇지 않은 사람은 상대방의 이야기는 듣지도 않고 자신의 논리만 펴며 이야기를 늘어놓는 경향이 있음을 삶 속에서 흔히 볼 수 있다. 이 간단한 원칙을 알고는 있지만 정작 실천에 옮기며 살기가 쉽지는 않다. 다른 사람이 하는 이야기를 공감하며 효과적으로 듣는 마음가짐에는 어떤 것들이 있는지 살펴보겠다.

첫째, '말하기보다, 듣고 맞장구치는 데 많은 시간 할애하기'이다.

사람들은 대부분 들으려 하지 않고 그저 자기가 말할 기회만을 노린다. 가끔은 말을 못해 초조해 하기도 한다. 이런 습관이 들어있다고 느낄 경우 '입은 하나인데 귀는 왜 두 개일까?'라고 생각하며 자신을 자극해야 한다. 말하는 것 보다 더 많이 듣고, 맞장구 쳐 주는 것이 쉽지 않다. 그래서 나름대로의 법칙을 정해 실천할 필요가 있다.

하나는 '대화의 법칙 2 : 8'을 자신의 기준으로 정하는 것이다. 2 : 8의 법칙은 전문용어로 '파레토의 법칙'('전체의 결과가 전체 원인의 20%에서 일어나는 현상'을 가리킨다. 이탈리아 인구의 20%가 이탈리아 전체 부의 80%를 가지고 있다고 주장한 이탈리아의 경제학자 '빌프레노 파레토'의 이름에서 유래했다.) 이라고 한다. 대화를 나눌 때 이 법칙을 적용하여 내가 20% 정도 말을 하고, 상대방이 80% 정도 말하도록 균형을 유지하여 듣는 시간을 늘리고자 노력하는 것이다.

또 다른 방법은 '1 · 2 · 3의 법칙'을 기준으로 정하는 것이다. 1분을 말했으면, 그 두 배인 2분 동안은 듣고, 그 분 동안에 최소한 3번 이상 맞장구를 치는 것이다. 그 중에서 중요한 것은 맞장구와 함께 들은 말에 대한 적절한 질문으로 반응하는 것이다. '어허, 그랬군요!', '정말?' '그게 그런 뜻인가요?' 라는 반응은 대화의 윤활유가 되며 상대의 말하는 시간과 자신이 듣는 시간을 늘여주는 효과를 가져다준다.

둘째, '겸손한 마음으로 상대의 말에 집중하기'이다.

듣기에 집중하려면 우선 상대를 이해하려는 마음가짐이 있어야 한다. 영어에서 이해한다는 말 understand가 있다. 이를 직역하면 상대방의 아래에 선다는 뜻이다. 이해하기 위해선 상대방 앞에서 자신을 낮추는 겸손의 자세가 요구된다는 교훈이 담겨져 있다. 대화를 나누면서 '이 세상 사람은 모두가 소중한 존재이다.' '저분은 대단한 사람이다.'라며 낮은 자세로 다가가야 한다는 것이다.

듣는 동안 집중을 지속하기 쉽지 않은 이유가 있다. 그 중의 대표적인 것은 듣는 동안에 딴 생각이 많이 나는 것이다. 듣는 중에 한 번 산만해 지면 정신을 차렸다가도 또 다른 산만함이 생겨나는 경향이 있다. 상대방의 말에 집중력을 유지하려면 듣는 내내 방심하지 않고 귀를 기울여야 한다. 대화 도중에 화제와 관계없는 생각과 바로 다음에 해야 할 일에 관한 사항들이 느닷없이 떠오르는 것은 누구나 경험하는 일이다. 물론 스스로 억제하고 집중되도록 노력해야 한다. 하지만 여러 가지 생각들이 멈추지 않는 경우도 많다. 이럴 경우에는 솔직하게 말로 양해를 구하고 잠시 생각을 정리하거나 처리할 시간을 가진 후 다시 대화를 나누는 것이 좋다. 상대방 말을 계속 들을 수 없을 정도로 시간적 여유가 부족할 때는 차라리 '나중에 다시 이야기 하자'라며 대화 자체를 미루는 것이 나을 수도 있다. 또한 회의나 강연장 등에서 어떤 사람의 말을 일방적으로 듣는 경우에는 메모를 곁들이는 것이 집중력을 높이는 효과적인 방법이다. 이러한 반응들은 대화중에 산만함을 드러내는 표정이나 몸짓언어로 인한 결례를 최소화 할 수 있으며, 자신이 여전히 상대의 말에 관심이 있다는 인상을 주는 효과도 생긴다.

셋째, '자신의 판단을 미루고 끝까지 들어주기'이다.

흔히 현대사회를 각자의 개성과 아이디어가 존중받는 다양성의 시대라고 말한다. 개인적 성향이 강한 시대이다 보니 소통의 측면에서는 서로 자신의 주장만을 관철시키느라 상대방의 입장을 고려하지 않는 사회적 분위기가 만연하다. 서로 자신의 주장이 옳다는 것을 입증하려고만 함으로써 갈등을 유발한다. 각자의 다양성을 존중하면서도 화합과 상생을 추구하는 밝은 사회로 나아가기 위해서는 구성원 각자는 대화를 할 때 자신이 선입관이나 편견을 갖고 있지는 않은지 생각하며, 역지사지의 자세로 듣고자 노력해야 한다.

선부르게 판단과 예단을 하면서 듣다보면 너무나 쉽게 인내심을 잃게 된다. '내 생각은 이런데!', '저 사람은 나와는 관점이 다른 사람이야!'라는 편견을 내려놓아야 한다. 그렇지 못할 경우에는 듣는 도중에 거의 자동적으로 '그래 맞아, 됐어', '아니야' 혹은 '이렇게 하면 될 텐데' 하는 생각이 떠올라 중간에 말을 끊고 자기 생각을 불쑥 말하게 된다. 끝까지 듣고 자신의 생각을 말해도 늦지 않다. 상대의 이야기를 자신의 선입관으로 인해 왜곡되지 않도록 유의하면서 있는 그대로 들을 수 있도록 열린 마음을 갖도록 하자.

넷째, '침묵도 최선의 대화 수단임을 기억하기'이다.

silent(침묵)와 listen(듣다)은 같은 철자로 이루어져 있다. 대화에서 의도적인 침묵은 중요한 듣기 수단임을 강조하면서 기억할 수 있는 소재이다. 선박이나 항공기들 간에는 주로 무선통신으로 대화를 나눈다. 무선통신을 하면서 서로 간에 동시에 메시지를 주고받기란 불가능하다. 만약 그런 상황이 있는 경우에는 통신마비가 발생한다. 한 쪽에서 송신을 할 때, 청취하는 쪽에서는 오버 신호가 올 때까지 반드시 침묵 상태로 듣고 있어야 한다. 무선 통신 상황을 우리의 일상적인 대화에 응용한다면 대화의 좋은 본보기가 될 것이다.

여러 종류의 대화중에 보다 돋보이거나, 관심을 받고 싶은 나머지 서로 주도적으로 말에 끼어들고자 하는 분위기가 형성되기도 한다. 특히 여러 사람들 간의 집단 대화 때 그런 현상이 나타난다. 바로 이 때 대화에서 침묵이 얼마나 가치가 있는가를 기억해야 한다. 집단 대화가 끝나고 나면 오히려 침묵하는 것이 훨씬 덕이 되었을 텐데 하고 후회한 경험이 많을 것이다. 누군가 주장을 했으나 기억이 나지 않는 경우가 많다. 의식적인 침묵을 통해 많이 들을 수 있으며, 무슨 주장을 하려고 생각하느라 잘 듣지 못하는 우를 막아주기도 한다.

자신의 듣는 자세와 태도를 아래 표를 확인하면서 점검해 보자.[11]

좋은 자세와 태도	나쁜 자세와 태도
계속 눈을 맞춘다.	중간에 말을 끊는다.
말수를 줄인다.	지겹다는 내색을 한다.
화자에게 초점을 맞춘다.	마음속으로 판단하거나 주장 한다.
질문을 한다.	대화 도중 여러 가지 일을 한다.
당신의 감정을 조절 한다.	당신의 아이디어를 강조 한다.
눈과 귀로 듣는다.	다음에 할 말을 생각 한다.
들으며 아이디어와 기회를 모색 한다.	미리 예상하거나 선입견을 갖는다.
마음을 열고 계속 대화 한다.	방어적으로 변하거나 공격받았다고 생각한다.
이해했는지 확인하고 부연 설명 한다.	생색을 내거나, 공격적인 태도를 보이거나, 폐쇄적인 몸짓언어를 활용 한다.
고개를 끄덕이거나 미소를 짓는 등 듣고 있다는 무언의 메시지를 보낸다.	선입견을 갖고 듣거나 새로운 아이디어를 거부 한다.
산만함을 극복 한다.	서둘러 결론을 내거나 상대방의 말을 자른다.

08 효과적 화법

♣

『부드러운 미소와 따뜻한 말투로 말을 한다면 상대방은 사랑한다는 의미로 받아들일 수 있다.』

\- 메라비언 -

화법의 과정과 요건

경영학의 대부로 일컬어지는 피터 드러커 박사는 '자신이 알고 있는 경험과 노하우를 쉽게 표현하고 효과적으로 전달할 수 있는 능력이야 말로 21세기 지식근로자가 필수적으로 갖춰야 할 진정한 의미의 전문성이다.'라며 화법의 중요성을 강조하였다. 화법은 '어떻게 전달하고 설득할 것인가, 이를 통해 상대로 하여금 어떤 움직임을 이끌어 낼 것인가?'에 대한 것이다. 화법을 하나의 과정으로 정리하면 '전달하는 내용을 상대가 알게 하고, 그것에 대한 이해를 바탕으로 공감하게 만들어 원하는 방향으로 움직임을 이끌어내는 것'이다. 말의 효과를 높이는 요건은 '상대의 마음을 열게 하는 정중한 마음가짐과 말의 내용 구성, 그리고 말을 뒷받침하는 표현인 음성과 몸짓' 등이 기본이 된다.

상대의 마음을 열게 하는 정중한 마음가짐

듣는 사람이 마음을 닫고 있으면 말의 내용과 음성이 아무리 좋더라고 잘 먹혀들지 않는다. 그래서 화법에서는 듣는 사람을 대하는 마음가짐이 그 어떤 화술보다도 중요하다. 상대의 마음을 열게 하는 마음가짐에는 대표적으로 다음과 같은 것이 있다.

첫째, 말을 하면서 상대를 가르치려 들지 말아야 한다.

이런 사례는 주로 사회 지도층이나 교육자들에게서 많이 나타난다. 상대가 들을 마음이 되어있지 않은 상태에서 가르치려 하는 것은 마음의 문을 닫게 하는 시도일 뿐이다. 사람은 본능적으로 누군가에게 가르침 받는 걸 싫어하기 때문이다. '시계를 꺼내어 자랑하듯 학식을 꺼내 보이지 말라. 대신 누군가 시간을 물어보면 조용히 시간만 알려주어라.' 라는 셰익스피어의 조언이 교훈을 준다.

둘째, 긍정적인 말을 해야 한다.

긍정적인 면, 부정적인 면 중에 듣는 사람의 마음을 열게 하는 말은 상대방의 좋은 면, 그리고 세상의 좋은 모습을 표현하는 것이다. 탈무드에서는 거짓말 두 가지 정도는 허용하고 있다. '이미 사서 바꿀 수 없는 물건은 잘 샀다고 해주어라.', '이미 결혼해서 살고 있는 친구의 부인은 예쁘다고 말해주어라.'이다. 나쁜 모습을 있는 그대로 표현하는 것이 반드시 좋은 화법은 아니다. 존중과 배려가 전제되어야 할 것이다.

셋째, 상대적으로 불행한 사람 앞에서 자신의 행복을 말하는 것을 삼가야 한다.

행복한 사람은 불행한 사람의 입장을 헤아리지 못하는 경우가 많다. 대표적인 경우가 바로 상대적으로 불행한 사람에게 나의 행복을 말하는 것이다. 상대는 당연히 공감하지 않고 마음의 문을 닫을 것이다.

말하는 내용의 구성

첫째, 우선적으로 전달해야할 핵심 메시지를 분명하게 설정을 하고, 이야기의 목적에 맞게 순서를 정해야 한다.

말하는 목적은 주제 발표, 행사 연설, 취임사, 개업 인사, 강의, 설득 대화 등 여러 가지이다. 말하는 순서는 대체로 '첫인사 - 자기

소개 - 주제 언급 - 본론 내용 - 당부 또는 기원 - 마무리' 등으로 자연스런 흐름이 되어야 하고, 본론의 내용은 '첫째, 둘째, 셋째 또는 문제, 원인, 해결책' 등으로 정리하여 말하면 효과적이다.

둘째, 말을 시작할 때 강력한 '시선끌기'를 해야 한다.

'영화가 보여줄 수 있는 모든 재미와 감동은 대개 첫 장면에서 결정된다.'는 말이 있듯이, 처음 시작할 때의 몇 마디가 그 뒤에 이어지는 모든 이야기를 짐작하게 한다. 미국 최고의 대중 연설가로 뽑혔던 엘머 휠러는 '스테이크가 아닌 지글지글을 팔아라! (Don't sell the steak, sell the sizzle.)'라고 말하며 이를 뒷받침했다. 즉, 스테이크를 팔려면 고기 굽는 소리로 구미를 자극하듯, 인상적인 첫마디로 확실한 시선끌기를 하면 상대는 듣는 내내 효과적으로 집중하게 된다는 것이다. 시선을 끌기위한 첫 마디는 어떻게 준비할까? 우선 듣는 상대의 절실한 관심사를 몇 가지 찾아내고, 가장 어필할 만한 소재를 선별한 다음, 그것을 간결하고 분명하게 가다듬어 이야기의 맨 앞에 배치하는 것이다. 말을 시작하자마자 청중에게 어필이 되도록 들려주는 것이 '시선끌기'의 핵심이다. 내가 전하려는 내용에 귀를 기울이게 하려면 어떤 말로 시작해야 할지에 생각을 집중하여 자신만의 '시선끌기' 방법을 찾아내어 들려준다면 상대의 마음을 끌어당길 수 있다.

셋째, 본론을 이야기 할 때는 쉽게 이해하도록 말해야 한다.

'어렵게 말하기는 쉽고, 쉽게 말하기는 어렵다.'는 말이 있다. 쉽고 분명하게 말하는 사람을 화법이 뛰어난 사람이라고 한다. 그들은 대체로 단문형으로 말한다. 문장의 길이는 호흡과도 같다. 길고 짧은 것은 대봐야 알겠지만, 긴 문장이 짧은 문장보다 쉬운 경우는 별로 없다. 그리고 특정 대상들의 관심사를 그들이 사용하는 어휘로 표현하려고 한다. 가령 세대 차이가 큰 상대라 할지라도 그들이 흔히 사용하는 언어를 간간히 섞어 말한다면 그들은 쉽게 공감하고 열광할 것이다. 또한 그들은 적절한 예화나 사례를 활용하여 듣는 사람이 상상할 수 있도록 말한다. 어려운 과학 이야기를 재미있게 전달하는 데 사명감을 갖고 일한다는 '춤추는 과학강사' 장하나는 교감하는 화법의 대가이다. "한 여학생이 연예인 이승기와 유재석을 함께 만났다고 합시다. 그 여학생이 두 사람 사이에서 팔짱을 끼고 있다고 했을 때 그 팔짱을 놓고 싶겠습니까? 절대 안 놓죠? 분자간의 인력이 단단해서 떨어지지 않는 것, 그것이 바로 고체입니다." 이렇듯 메시지 전달을 위한 예화 찾기는 교감과 설득의 필수 과정이다.[12]

말을 뒷받침하는 비 음성적 표현

말을 뒷받침하는 표현은 어떻게 들리게 하고, 어떻게 보이게 하는가? 즉, 음성과 몸짓언어에 관한 것이다. 심리학자 앨버트 메라비언(Mehrabian) 박사는 대면상황에서 상대방으로부터 받는 느낌을 광범위하게 연구했다. 저서 「침묵의 메시지」에서 그는 '총 호감도'를 구성하는 공식을 이렇게 소개한다. 『언어적 호감 7% + 음성적 호감 38% + 시각적 호감 55%』 다시 말해 음성과 몸짓이 뒷받침해주지 않으면 어떤 말을 해도 별 소용이 없다는 뜻이다. 팔짱을 낀 채 먼데를 바라보며 "괜찮아요!"라고 말하는 10대를 상상해 보자. 이 무언의 메시지 속에는 "괜찮지 않아요!"라는 확고한 뜻이 담겨 있다. 누군가를 처음 만나 "만나서 정말 반갑습니다." 라고 말할 때 자신의 목소리와 몸짓에 정감이 가득하여 상대방도 이를 곧바로 느끼는가? 아니면 부끄러워 다른 곳을 쳐다보거나 시간이 없다는 듯 무뚝뚝하게 한마디 툭 던지는 식인가? 자신의 음성과 몸짓이 말의 내용이 갖고 있는 메시지를 뒷받침하는가? 음성과 몸짓언어는 자신의 무관심을 드러내기고 하고, 반대로 관심과 자신감을 표현하기도 한다.

먼저, 매력적인 음성으로 말한다면 같은 내용을 전달하더라도 더욱 설득력을 높이게 된다. 매력적인 음성은 다른 사람에게 끌리는 목소리로서 '자신감 있는 음성', '발음이 정확한 음성', '변화가 있는 음성' 등이 조건이 될 것이다. 이 조건을 갖추기 위해서는 자신의 목소리를 잘 알고, 인정하여 받아들이고, 그것을 사랑하고 가꾸어 나가야 한다.

다음은 몸짓언어의 중요성에 관한 예화이다. 몸짓언어에 관한 한 가지 게임이 있다. 대중을 상대로 시도하면 확인하기가 좋다. 주관자가 먼저 엄지손가락과 집게손가락으로 원을 만들고 그 손을 쭉 내밀면서 "모두 손으로 오케이 표시를 해보세요."라고 말한다. 그리고 "이제 그 손을 턱에 갖다 대세요."라고 말하면서 주관자는 얼굴 쪽으로 천천히 손을 올려 오른쪽 뺨에 갖다 댄다. 방 안에 있던 사람들 대부분은 그렇게 따라한다. 잠시 후 사람들은 주관자가 '턱'이라고 말했는데 자신들이 뺨에 손을 댄 점을 깨닫고, 난리가 난다. 어떤 사람들은 웃음을 터뜨리고, 어떤 사람들은 아무도 못 봤기를 바라면서 재빨리 손을 턱으로 옮긴다. 한편 무슨 일이 벌어졌는지 눈치 채지 못한 몇 사람은 어리둥절해하며 방 안을 둘러본다.[13]

간단하기만 한 이 게임은 사람이 시각적인 동물이라는 메시지를 강하게 준다. 사람이 몸짓언어라고 표현되는 시각적인 요소에 얼마나 잘 반응하고 있는지를 알려주고 있다.

음성을 매력적으로, 몸짓언어를 바르게 하는 방법에 대해서는 다음 절에서 깊이 있게 알아보겠다.

끌리는 음성과 올바른 몸짓언어 방법

끌리게 하는 음성 만들기

끌리게 하는 매력적인 음성은 기본적으로 자신감에서 나오며, 그것을 바탕으로 기능적인 개발을 해야 한다. 자신감 있는 목소리를 내려면 어깨와 목에 힘을 빼고 자연스럽게 호흡함으로써 발성 기관들이 무리 없이 작동하게 하는 것이 핵심인데, 그러기 위해서는 신체 발성 기관의 구조와 움직임을 이해해야 한다. 발성 기관의 구조적 특성은 〈표 8-1〉과 같으며, 그 중의 어느 한 곳에만 문제가 있어도 목소리가 거북해질 수 있음을 인식해야 한다.

| 표 8-1 | 발성 기관의 구조적 특성

구 조	위 치	특 성
발생기	허파	소리의 크기를 좌우
진동기	후두, 성대	음성을 만들어 냄
공명기	입 뒤쪽 공간	음색과 음질을 결정
발음기	입술, 혀, 볼, 치아, 입천장	소리를 말로 만드는 작용

발성 기관의 구조적 특성을 인식한 다음 건강하게 유지하는 것이 중요하다. 그렇다면 어떻게 하면 끌리게 하는 음성을 낼 수 있는가에 대해 알아보겠다.

첫째, 음색과 음질을 좋게 만들어야 한다.

음성을 좋게 가꾸기 위해서는 발성 기관의 공명기를 개발해야 하는데, 다음 항목에 하나라도 해당되는 사람이라면 공명 훈련이 필요하다.

- 목소리가 작고 입안에서 웅얼거리는가?
- 목소리가 떨리는 게 의식되는가?
- 다시 한 번 말해달라는 주문을 자주 받는가?
- 목소리에 비음이 섞여 나오는가?
- 말할 때 목소리가 기어 들어가는 불편함을 겪는가?

공명 훈련 방법은 다음 〈표 8-2〉의 두 가지 기본적인 방법으로 한다면 공명을 개선하는 효과가 있다.

| 표 8-2 | 공명훈련 방법

공명훈련 1	· 두 손을 아랫배에 갖다 대고 셋 이상 천천히 숨을 들이 마신다. · 이때 '음~' 소리를 폐활량이 허락하는 한 길게 낸다. (입술 안쪽이 간지러워지는 것이 핵심) · 숨을 깊이 들이마신 후 이번에는 '음~마' 소리를 낸다. · 자연스러워지면 아래와 같이 소리의 형태를 바꿔 가며 연습한다. (음~메이, 음~미, 음~마이, 음~메이, 음~모, 음~마우, 음~무)
공명훈련 2	· 평소의 목소리 톤으로 '안녕하십니까. 저는 ○○○입니다.' · 이어 산에서 '야호' 할 때처럼 두 손을 입가에 대고 다시 말해 본다. (목소리가 커졌음을 느낄 테고, 그 원인은 말할 때 아랫배에 힘을 주는 정도임을 알 수 있다.) · 다음에는 두 손을 입가에 대지 않고도, 두 손을 메가폰처럼 활용했던 상태를 의식하며 말을 한다. (아랫배에 힘을 주려면 숨을 깊이 들이마셔야 한다.

목소리 가꾸기는 소리 훈련을 통해 자아를 찾는 과정이다. 목소리의 40%는 타고 나지만, 나머지는 노력으로 조정이 가능하다. 하루에 조금씩만 시간을 내서 훈련 한다면 자기 개발의 다양한 효과가 있을 것이다.[14]

둘째, 발음을 정확하게 해야 한다.

말을 할 때 내용뿐만 아니라 발음까지도 좋다면 세련되고 지적인 이미지와 함께 신뢰감도 전달할 수 있다. 내용이 좋은 글이라도 맞춤법이 엉망이면 격이 떨어지듯이, 말을 할 때 발음이 정확하지 못하면 마찬가지 결과를 초래하게 된다. 발음의 정확성에 영향을 미치는 요소는 입술과 혀, 턱의 유연한 움직임, 그리고 말의 속도와 장단음의 구분 등 다섯 가지이다. 이 점을 유의해서 〈표 8-3〉과 같이 유의해서 발음해야 할 단어나 문장의 예를 활용하여 정확하게 발음하는 훈련을 지속한다면 효과가 있을 것이다.

| 표 8-3 | 발음훈련 내용

구 분	훈련 내용
자음과 모음	· 자음 : ㅅ(바닷가), ㄴ(대한민국, 전국적으로), ㄹ(우리나라) · 모음 : ㅔ(세차), ㅐ(새차), ㅚ(괴로워서), ㅙ(왜불러)
구절	· 담임선생님께서 : ㅁ, ㅂ, ㅍ 받침에서는 입술을 닫는다. · 준비를 철저히 하자 : 준, 철, 히, 하 발음에 유의한다. · 충실했기 때문이다 : '했기'를 '핵기'로 발음하지 않도록 한다. · 되찾고 : '대착고'로 발음하지 않도록 한다. · 의회 민주주의의 의의 : '의'가 사투리 '으'가 되지 않도록 유의 한다. * '의'는 문장의 위치에 따라 세 가지로 발음된다. - 첫 글자로 올 때는 '으이'로 발음 : 의심→으이심, 의미→으이미 - 중간이나 끝에 올 때는 '이'로 발음 : 민주주의→민주주이, 의의→으이

문장	· 간장 공장 공장장은 장 공장장이고, 된장 공장 공장장은 강 공장장이다. · 서울특별시 특허허가과 허가과장 허과장이다. · 경찰청 철창살은 외철창살이냐? 쌍철창살이냐? · 저기 저 뜀틀이 내가 뛸 뜀틀인가? 내가 안 뛸 뜀틀인가? · 옆집 팥죽은 붉은 팥죽이고 뒷집 콩죽은 검은 콩죽이다. · 네가 그린 기린 그림은 못 그린 기린 그림이고, 내가 그린 기린 그림은 잘 그린 기린 그림이다.

이외에도 발음의 정확성 정도는 상대방이 한 번에 알아들을 수 있는가가 척도이다. 발음을 정확히 하게 하려면 천천히 입을 크게 벌려서 음성을 내어야 한다. '아주 기분이 좋습니다. 과연 당신입니다.' 등의 문장에서는 첫 글자를 장음으로 하는 것이 효과적이다. 또한 띄어 말하기, 강세의 조절을 적절히 해야 하며, 말하기 속도의 경우 상대방이 어리거나 연로한 경우는 천천히, 지식인들에게는 조금 빠르게 해야 한다. 이러한 유의사항을 준수하는 것은 말에 감정이 실리게 함으로써 청중들에게 매력적인 음성으로 들리게 하기 위함이다.

셋째, 음성에 변화를 줘야 한다.

변화 있는 음성은 목소리의 톤과 억양, 말의 속도와 끊기에 관한 사항이 핵심이 되며 청취자의 관심과 집중을 이끄는 효과를 낸다. 먼저, 목소리 톤과 억양의 경우를 알아보겠다. 전화 안내를 하는 안내원은 상대방에게 상쾌한 느낌을 주기 위해 소리를 약간 높여 '미'나 '파' 음을 낸다. '솔'에 가까운 음은 다소 부담스러울 수가 있다. 보통 설득을 할 때는 낮은 목소리로 부드럽게 하는 것이 기본이다. 하지만 구매를 유도하는 설득은 다르다. 쇼 호스트들은 시청자들을 자극하여 구매욕을 끌어내기 위해 주파수가 매우 높은 목소리로 톤을 다양하게 변화시키면서 말을 빨리한다. 모 아나운서는 '오락 프로그램에서는 본래 목소리대로 편안하게 말하고, 뉴스를 진행할 때는 톤을 낮추고 힘을 실으며, 청중이 많은 음악회를 진행할 때는 소리를 더 크게 내면서 소개하는 음악에 따라 톤과 속도를 바꾼다.'라고 말했다.

그리고 적절한 톤에다 다양한 억양으로 변화를 줄 때 목소리 끌림의 효과는 배가된다. 억양은 문장에 얹히는 높이 곡선으로 말의 뜻과 말하는 사람의 감정을 잘 전달하기 위한 도구이다. 고저(높게 또는 낮게), 강약(세게 또는 약하게), 장단음 등을 적절히 구사하는 것이다. 억양의 개발을 위해 다음과 유사한 문장을 활용하여 일곱 가지 기본적인 억양 기법을 익혀서 응용하여 사용한다면 다양한 억양으로 표현할 수 있을 것이다.

'선거란, 씨앗을 심는 것이라고 합니다.'

- '선거란'을 굴리면서 강조해 본다.
- '도레미파솔라시도'로 표현한다. 이른바 선동형 억양이다.
- 일정한 크기로 끝까지 소리 낸다.
- 음의 높낮이로 산을 만드는 억양이다.
- 선거란(강), 씨앗을 심는 것이라고 합니다(약).
- 선거란(약), 씨앗을 심는 것이라고 합니다(강).
- 한 글자씩 강조한다. 낱말의 첫 글자에 악센트를 주는 것이 포인트다.

다음은 말의 속도에 관해서다. 교통사고가 과속이 원인이듯이 언어 소통에서 장애가 발생하는 원인 또한 말의 속도 때문이다. 한글을 기준으로 1분 동안 말할 수 있는 단어의 개수는 150개 이내이지만 생각할 수 있는 단어는 그 4배인 600개 이상이라고 한다. 당연히 생각과 표현 사이에 병목 현상이 생겨 말이 빨라지고 더듬거리게 된다. 이때는 한 글자 한글자 발음을 분명히 하도록 노력해야하고, 문장과 문장 사이, 또는 중요한 말 앞에서는 의도적으로 침묵하는 시간을 갖는 것이 좋다. 때론 적절한 침묵이 효과적일 때도 있다. 버락 오바마 미국 대통령의 '51초 침묵 연설'이 세계적인 화제가 된 적이 있다. 오바마 대통령이 미국 애리조나 주 총기난사 사건 지역을 찾아가 추모 연설을 했다. 연설 말미에 최연소 희생자인 크리스티나 그린(9세)을 거론한 오바마는 "나는 우리 민주주의가 크리스티나가 상상한 것과 같이 좋았으면 한다."고 언급한 뒤 51초간 침묵했다. 그러고 나서 왼쪽, 오른쪽, 가운데 부분으로 시선을 천천히 옮겨가며 울컥하는 마음을 억누르더니 어금니를 깨물고는 연설을 이어갔다. "우리를 분열시키는 힘은 우리를 단결시키는 힘보다. 강하지 않다."고 역설한 대목이 연설의 하이라이트였다. 이 연설은 취임 이후 최고의 명연설로 평가를 받았으며, 보수와 진보 가릴 것 없이 찬사가 쏟아졌다. 아마추어와 프로 연사는 말의 속도 조절과 적절한 사이 두기를 활용하는 능력으로 판별된다. 그런 의미에서 '말이 빠르다, 더듬는다, 긴장한다.'는 모두 동의어인 셈이다.[15]

대중 스피치에서 몸짓언어 바르게 하기

사람들이 의사소통을 할 때의 호감이나 영향력은 '말의 내용 70%, 음성 38%, 바디랭귀지 55%' 순이라고 했다. 이를 대중 앞에서의 스피치에 적용하면 음성 언어는 라디오, 몸짓 언어는 TV로 비유된다. 음성 언어만으로는 무미건조하기 십상이므로, 바디랭

귀지를 더하면 전달력이 훨씬 강해진다는 얘기다. 따라서 '무엇을 말할까?' 보다 '어떻게 말할까?'에 초점을 맞추어야 한다. 크게 단상에서의 행동 매너와 제스처로 구분하여 살펴보겠다.

첫째, 단상에서의 매너이다.

가장 먼저 인사를 바르게 해야 한다. 인사를 잘한다는 것은 다른 사람의 존재를 긍정한다는 것이다. 인사를 할 때 머리는 지나치지 않는 범위 내에서 가급적 많이 숙이는 것이 좋다. 중요한 점은 고개를 숙였다가 들 때 앞을 바라보는 것이 인사의 마무리임을 잊지 말아야 한다. 그리고 마이크를 잡게 된다면 연사는 자신의 입이 보이도록 아랫입술보다 약간 밑에 오도록 조절해야 한다. 마이크는 하나의 도구에 불과하므로 마이크 위치나 성능을 조절해야지 마이크에 다가가려고 자세가 구부리는 것은 좋지 않다. 단상에서는 당당하고 자신 있는 모습으로 비춰질 수 있도록 등과 무릎을 꼿꼿하게 세우는 것이 중요하다. 인사를 잘하고 마이크와 무대를 적절히 활용하는 모습에서 연사의 수준이 나타난다.

둘째, 제스처에 관해서다.

자신감이 넘치는 사람은 손의 움직임이 당차고 자연스럽다. 손의 움직임은 크고 분명하면서 청중의 규모나 분위기에 따라서 다이나믹하게 해야 한다. 즉 살아있는 제스처가 되어야 한다는 것이다. 또한 동작이 말보다 0.5초 정도 빠르게, 완성 동작에서는 약간 머물러 있도록 한다. 제스처가 말보다 느리면 어색하다. 그리고 제스처는 말의 내용과 일치되도록 하는 것이다. "말씀드리겠습니다. 여러분의 생각은 어떠십니까?" 라며 제안할 때는 손바닥을 펴서 듣는 사람을 향하도록 하고, "약속합시다. 할 수 있습니다. 단결합시다."하며 다짐이나 결심을 촉구할 때는 주먹을 쥔 형태로 표현한다. '조용, 진압, 정숙'을 요구할 때는 두 손바닥이 아래로 향하게, '거부'는 손바닥을 앞으로, '일어서'라는 의사 표현을 할 때는 손바닥을 위로 향하게 한다. 이외에도 창의적으로 다양한 제스처를 시선과 연동이 되도록 하면서 자연스럽게 사용하면 한층 더 매력적으로 표현할 수 있다.

대화 시에 몸짓언어 바르게 하기

대화를 잘 진행하는데 도움이 되는 몸짓언어의 사용 기술은 다음과 같다.

첫째, 관심과 자신감을 표현하기 위해서는 상대방과 지속적으로 눈 맞춤을 하는 것이 중요하다.

거울 속의 당신을 중요한 의뢰인이나 상사로 간주하고 두 눈을 똑바로 바라보는 연습을 하자. 눈을 맞추되 자연스러워야 한다. 눈 맞춤은 노려보기가 아니라 집중을 뜻한다. 눈 맞춤으로 긍정적인 효과를 거두기 위해서는 보통 2초에서 5초 정도 시선을 떼었다가 다시 바라보는 것이 좋다. 특히 중요한 말을 할 때 시선을 마주치면 그 내용이 강조되어 전달된다.

둘째, 끊기도 효과적이다.

잠깐의 침묵으로 신중함과 자신감을 표현하고 편안한 분위기를 조성할 수 있다. 말을 끊었다가 다시 대화를 시작할 때는 상대방이 했던 말을 다시 언급하거나 그 내용을 재확인하는 등의 표현을 사용하면 자연스럽다. 이를테면 "그런 생각은 한 번도 못했네요." 또는 "그 말씀을 제가 제대로 이해했다면 ~라는 뜻이겠네요."와 같은 식이다.

셋째, 자세를 똑바로 해야 한다.

그리고 대화를 할 때는 편안하게 약간 앞으로 구부린 자세가 좋다. 그렇다고 지나치게 구부정하거나 편안한 자세는 자칫 자신에 대한 확신이 부족하거나 상대방에게 무관심한 것처럼 비칠 수 있다. 고개를 뒤로한 고압적인 자세는 상대방에게 위압감을 주어 따뜻한 대화 분위기를 해친다.

넷째, 상대에게 자신감 있게 들리도록 음성신호를 가다듬어야 한다.

웅얼거리거나 과장되게 말해서도 안 된다. '흠!'이나 '아아!' 같은 과한 감탄사를 쓰지 말아야 하며, 미심쩍은 음성으로 말을 끝내어서도 안 된다. 억지로 활달하거나 열정적인 척하다가는 역효과를 낼 수 있다. 위선적이고 기만적인 인상을 풍기기도 한다.

다섯째, 목적에 합당한 거리를 유지하는 것이 좋다.

만약 대화를 한다면 가능한 가까이에서, 대중연설을 한다면 적당한 거리를 두어야 한다. 미국 노스웨스턴 대학의 인류학 교수인 '에드워드 홀'은 공간에 따른 대화 매너에 연구에서 상대방과의 적절한 거리 기준을 다음 〈표 8-4〉와 같이 제시하고 있다.

| 표 8-4 | 말을 할 때 상대방과의 적절한 거리 기준

구 분	거리 기준	내 용
친밀한 거리 (intimate distance)	50cm 이내	정서적으로 가까운 사람들과의 친밀한 개인적 상호작용 거리
개인적 거리 (personal distance)	50cm~1.2m	가족이나 친구, 일반 직장 동료와의 대화 거리
사회적 거리 (social distance)	1.2m~3.6m	공적인 업무의 사회적 거리
공공적 거리 (public distance)	3.6m 이상	연설하는 거리, 큰소리로 말하는 거리, 강의실 공간에서의 거리

대중 앞에서의 즉석 화법

어떤 자리에서 진행자로부터 한 말씀 하라는 요청을 받고 쩔쩔매고 난 다음 '한 마디 해야 한다고 미리 알려 줬으면 준비를 해서 잘했을 텐데 난데없이 시키면 어떡합니까?' 라며 불평하는 사람들이 많다. 이런 인물이 중요한 지위에 있는 경우라면 더 낭패가 된다. 오늘날 각종 집단에서 영향을 미치는 결정은 대개 여러 사람이 모인 회의석상에서 만들어지기 때문이다. 어떤 자리에서나 즉석 발언을 해야 하는 경우가 많이 생기는데 자신에게 주어진 발언권을 잘 살리는 것은 자신을 위해서나 집단의 의사결정을 위해서 매우 중요하다. 따라서 자신의 생각을 간추려 즉석에서 이야기할 수 있는 능력은 어떤 측면에서는 오랜 시간 공들여 준비한 뒤에 이야기 하는 능력보다 중요하다 할 수 있다. 즉석에서 자연스럽게 이야기하는 것이 쉽지는 않다. 즉석 화법의 기준을 숙지하여 훈련하고, 어떤 자리에 참석할 때는 늘 마음의 준비를 해야 한다. 지금부터 즉석연설의 대표적인 유형에서의 화법에 대하여 살펴보겠다.

자기 소개법

어떤 모임에 처음 참석하거나 낯선 사람들과의 만남에서는 어김없이 자기소개 기회가 생기게 되며, 즉석에서 해야 하는 경우도 허다하다. 이것은 모임에서 자신을 소개하는 처음이자 마지막 기회이며, 함께하는 사람들과 교제를 나누는 출발점이 된다. 따라서 상대방으로 하여금 자신의 특징과 우호적인 모습을 명확하게 기억되도록 하는 것이 중요하다. 자기소개를 잘하기 위한 방법으로는 다음과 같이 3단계 절차에 맞춰서 하는 것이 효과적이다.

자신을 소개할 때에는 '안녕 하십니까'라고 인사를 한 다음에 '제 이름은 ○○○입니다'라고 또박 또박 말한다. 특히 이름은 듣는 사람의 기억에 남도록 인상적인 방법으로 표현하는 것이 필요하다. 두 번째로는 '저에 대해 소개하고 싶은 것은' 하고 자신의 특징이나 직업, 취미 등 알리고 싶은 사항을 말한다. 마지막으로 '이것을 하게 된 동기, 여기에 온 이유, 당부하고 싶은 말이나 하고 싶은 이야기' 등을 약 1분 전후로 지겹지 않도록 말하는 것이 좋다.

1단계 : 제 이름은
2단계 : 저에 대하여 소개하고 싶은 것은
(특징이나 직업, 취미 등 알리고 싶은 사항)
3단계 : 이것을 하게 된 동기, 여기에 있는 이유,

짧지만 효과적으로 말하기

일상을 지내다 보면 1분 또는 3분 정도의 짧은 시간 내에 말을 해야 하는 때가 많다. 두서없이 얼버무리는 사람과 효과적으로 말을 하는 사람은 확연히 차이가 난다. 짧은 시간임에도 모든 사람에게 공감을 주는 사람은 대체로 즉석 화법의 모델, 즉 공식을 응용한다. 핵심적인 주제 또는 화제의 결론을 먼저 제시하면서 간략한 이유를 대고, 구체적인 사례를 소개한 다음, 마무리를 한다. 필요에 따라 서두에 청중의 시선을 집중시키는 멘트나 행동을 취하면 금상첨화이다. 논리는 머리를, 사례는 가슴을 움직인다는 점을 명심하고 나름대로의 틀에 따라 이야기를 한다면 아무리 짧은 시간이라도 명확하게 내용을 전달하여 청중의 마음을 움직이게 할 수 있다.

즉석화법의 공식을 제시하겠다. 그것은 아래 〈표 8-5〉의 '시-주-사-마'이다.

| 표 8-5 | 즉석화법의 공식 모델

단계	공식	방 법
1	시선 끌기	시선을 끄는 멘트나 제스처를 유효적절하게 실행하여 청중의 시선을 집중시킨다.
2	주제	이야기의 주제를 핵심적으로 말한 다음, 주제에 대한 이유를 간략하게 언급한다.(짧고, 긍정적 내용으로 구성된 문장)
3	사례	주제를 예를 들어 뒷받침한다.(공감, 신뢰할 수 있도록 증명) - 체험사례, 다른 지식/통계 수치 등을 인용 ※ 좀 길게 말해도 될 때는 사례를 첫째, 둘째, 셋째로 확장하여 소개하면 된다.
4	마무리	주제를 반복하여 재강조 하되, 청중의 마음에 강력한 메시지를 남긴다.

이야기가 전개되는 과정은 위의 공식을 적용하되, 내용은 '서론, 본론, 결론'과 같은 논리성을 기준으로 준비되어야 한다. 그래야만 이야기를 군더더기 없이 진행할 수 있다.

이야기를 준비하는 첫 번째 단계는 주제를 정하는 것이다. 주제는 이야기의 초점과 방향을 제공한다. 주제는 짧고, 긍정적으로 요구하는 형태의 한 문장으로 구성하는 것이 좋다. 이를테면 '아침 일찍 일어나는 습관을 가집시다.'와 '늦잠을 자지 않아야 건강해 집니다.'

를 비교해 보면, 두 주제가 의도는 같으나 더 강렬하게 와 닿는 것은 전자가 된다. 긍정형의 문장이 부정적인 문장 보다 더 좋다.

두 번째 단계는 사례에 대해 준비하는 것이다. 사례는 본론에 해당되는 것으로 주제를 입증하고 뒷받침할 수 있는 것을 구해야 한다. 육하원칙인 '언제, 어디서, 누가, 무엇을, 왜, 어떻게' 라는 질문에 답을 구하는 차원으로 사례를 구하면 빈틈이 없다.

마지막으로 시선끌기와 마무리를 생각하는 것이다. 내용적으로 독립적이지는 않지만 시작할 때 어떤 방법으로 청중을 집중시킬 것인가?, 말을 끝내면서 내용을 어떻게 각인시키며 감동을 이끌어낼 것인가? 는 대단히 중요하다.

• 쌍방 대화의 준비와 진행

자신이 대화를 얼마나 잘하고 있는가를 확인할 수 있는 간단한 방법이 있다. 「성공적인 대화술」의 저자인 미국의 크레익 해리슨은 다음과 같이 5개 항의 설문을 제시하고 있다. ① 남과 잡담을 하는가? ② 남의 궁금한 점을 묻는가? ③ 남에게 자신의 이야기를 하는가? ④ 두 낯선 사람을 서로 소개 시키는가? ⑤ 최근에 일어난 일을 자신 있게 토론하는가?[16] 이다. 이 5개 항목에 자신을 대입해 보면 '나는 지금 대화를 통해 남과 얼마나 잘 사귀고 있는가?'를 대충 평가할 수 있다. 물론 많은 사람들이 자신의 대화 수준에 만족하지 못할 것이다.

자신의 대화 수준에 만족하지 못한다면 먼저 그 원인이 무엇인지에 대해 살펴보는 것이 필요하다. 평소의 대화에서 '무조건 자신의 관점과 결정이 옳다고 주장하며, 상대방이 반대 없이 들어 주기만 바라는 독선적 아집은 없는지? 내가 하는 말을 상대가 어떻게 받아들일까 라는 불안감이나, 상대방은 당연히 그렇게 말할 것이라는 선입견을 갖고 대화에 나서는 것은 아닌지? 자신에게 대화의 기술상 문제는 없는지?' 등에 대하여 자기 성찰과 훈련의 시간을 가져야 한다.

또한 대화에는 반드시 목표가 있음을 상기해야 한다. 만약 이해 당사자와의 대화라면 대체로 다음 두 가지가 된다. 첫 번째는 지금 서로가 무엇을 원하거나 기대하고 있는지를 확인하는 것이고, 두 번째는 필요하다면 현재 기대하는 바를 바꿔서 새롭게 기대를 충족시킬 방법을 찾는 것이다. 이렇게 목표를 갖고 대화를 하다보면 상대와의 관계를 폭 넓고 깊게 바라보면서 서로의 기대와 공통 이익을 발견하게 되며, 함께 어떤 변화를 시도해야 하는가에 관한 이야기도 나누게 된다. 결국 대화는 각자의 인식과 원하는 바를 현실적으로 알고, 서로에게 영향을 미치기 위한 하나의 과정으로 볼 수 있다.

대화의 목표를 달성하기 위해서는 준비가 필요하다. 대하는 사람마다 대화 내용이 다르므로 어떻게 진행되면 좋겠는지를 따로 생각하는 것이 좋다. 보편적으로 준비해야 할 사항은 다음과 같은 내용이다. 어떤 화제에 초점을 맞추고 싶은가? 피하고 싶은 주제는 무엇인가? 상대방에 대해 알고 싶은 것은 무엇인가? 공식적으로, 아니면 비공식적으로 논의할 것인가? 여러 가지 주제를 어떤 순서로 풀어나갈 것인가? 또한 대화하는 자리가 상대에게 자연스럽고 편안한 환경인가? 등이다. 이러한 것들을 조금씩이라도 준비하는 습관을 들이면 대화를 할 때 마다 원하는 결과를 얻을 가능성이 높다.

대화에 나서게 되면 언어의 사용에 유의해야 한다. 사용하는 말은 자신의 생각과 진면목을 드러내는 수단이므로 그 한 마디 한 마디는 곧 자신을 나타내는 표상이 된다. 정제되고 우아하며 화제에 적합한 말을 골라서 쓰고자 노력하다 보면 자신의 이미지는 단정하고 합리적인 사람으로 남게 될 것이다. 일상적인 대화에서도 자신이 전하고자 하는 것을 그대로 전달하기 위해서는 가급적 잘 알고, 필요한 말만 하는 것이 좋다. 타인의 기억에는 모두가 녹음되지 않고 인상적인 부분만 편집되어 남게 되기 때문이다.

또한 많은 말에는 반드시 득과 실이 병존한다는 사실이다. 아무리 표현이 자유로운 환경이라 해도 말에는 질서가 있고 설득의 힘이 깃

들어 있어야 한다. 생각보다 먼저 말이 나가면 반드시 실언을 하게 되어 있다. 언어의 순발력은 속도가 아니라 효용성이므로 생각이 언어로 바뀌어 입으로 나가기 전에 다시 한 번 걸러주는 과정이 꼭 필요하다. 어떤 말을 입 밖에 낼 때는 두 번은 생각해야 한다. 이 과정을 답답해 할 필요는 없다. 누군가가 말을 많이 쏟아내면서 좌중을 압도하고 있다면 그는 그 자리의 좌장이기 보다는 모든 이에게 공격의 대상이 되는 경우가 많기 때문이다. 따라서 대화를 잘하기 위한 방법은 내가 평소에 많이 생각하는 부분에 대해서만 말하고, 그렇지 못한 부분에서는 주로 듣기만 하다가 생각이 정리된 부분에서만 의견을 피력하는 것이다.

마지막으로 대화가 진행되는 단계에 대해서 살펴보자. 미국 퍼듀 대학교 앨런(Alan H.) 교수는 대화는 다음과 같은 5가지 단계로 이루어진다고 한다. ① attention step(주의 환기 단계) ② need step (필요사항 제시 단계) ③ satisfaction step(만족 여부 또는 해결책의 제시 단계) ④ visualization step(구체화 및 결과 강조 단계) ⑤ action step(행동 유도 또는 결심 촉구 단계)

쌍방 대화의 기술

대화를 이끄는 Small talk(잡담)

일본의 커뮤니케이션 전문가 '사이토 다카시' 박사는 '고작 30초 정도 이내에 잠깐 스치듯 나누는 Small talk은 사람들의 사회성을 평가 받는데 결정적인 역할을 하며, 이를 통해 대화가 계속되고 관계가 진전되어 기회를 잡을 수 있는 중요한 커뮤니케이션 수단'이라고 강조한다. Small talk은 우리식으로 표현하자면 일종의 잡담, 또는 가벼운 수다로 이해하면 되겠다.

대화에서 잡담은 의미도 없이 시간만 낭비하는 불필요한 것으로 보는 사람이 많다. 대화의 본제와 상관없는 '오늘 날씨가...', '우리집 강아지가 아침에...' 등을 이야기할 만큼 지금이 그렇게 한가한 세상인가? 라며 부정적으로 보는 것이다. 하지만 잡담은 익숙하지 않은 사람들과의 마주침에서 간단한 인사 후의 어색한 침묵을 원만하게 해소하면서 관계를 좋게 하는데 효과를 발휘한다. 특히 계획된 대화나 면접 등을 시작하기 직전에 상대와의 거리를 좁혀 분위기를 띄우는 대화의 촉진제로서의 강점이 있다. 상대방과 대화를 시작하면서 갑자기 '본론으로 들어갑시다.'라는 신호를 주면 상대의 머릿속을 즉각 임전 태세로 전환하라는 명령어를 내리는 분위기가 된다. 분위기가 얼마나 삭막해지고 로봇처럼 융통성 없는 사람으로 보이겠는가? 자동차 출발 때 시동을 켜자마자 기어를 전진상태로 전환하는 것과 같을 것이다. 윤활유가 순환도 되기 전에 급출발하는 것이 자동차에 부담을 줄 수 있듯이 대화에서도 분위기를 조성하는 잡담이 없다면 뇌에 큰 피로감을 안겨 원활한 대화를 이끌어 가는데 제한을 받을 수 있다. 대화를 원활하게 진행하기 위해서 적당한 잡담은 매우 효과적일 수 있다는 말이다.

'Small talk - 잡담'은 지금의 대화가 어떻게 풀릴 것인가를 예측하는 '바로미터'로 비유할 수 있다. 상대와의 어색함을 없애고 분위기를 좋게 만들어 서로간의 거리를 좁히는 잡담, 단 30초 정도의 Small talk에 이처럼 큰 의의가 있다. 이러한 기술을 익히면 인간관계도 일도 술술 풀리므로 오늘날처럼 복잡한 대인관계 속에서 살아가야 하는 우리들에게 잡담능력은 꼭 필요한 것이다. 대화를 원활하게 이끌기 위해 효과적인 잡담에는 다음의 특성들이 있음을 이해해야 한다.

첫째, 잡담의 대부분은 실없는 이야기라는 것이다.

그렇다고 잡담을 필요 없는 것으로 오해해서는 안 된다. 기계가 원활하게 동작하기 위해서는 윤활유가 필요하다. 잡담은 바로 윤활유와 같은 것으로 함께하는 사람들과 분위기를 공유하며 대화를 잘 풀어가기 위해 존재하는 대화의 중요한 요소이다.

둘째, 잡담은 인사에 이어지는 가벼운 대화이다.

다른 사람과 마주쳤을 때 인사만 하고 뻘쭘히 서있는 경우가 많다. 잡담력의 부족을 실감할 수밖에 없는 난감한 현상이다. 5초 남짓의 인사 후에 주고받는 10~20여초 정도의 아주 사소한 대화로 사람의 감정은 크게 달라진다. 그냥 얼굴만 알고 지내던 사람이 안도감과 신뢰감마저 느껴지는 존재로 느껴질 수 있다.

셋째, 잡담은 결론이 필요 없는 것이다.

잡담을 하는 중에 논리적인 성향의 누군가가 '그렇기 때문에 이러하다.'라며 결론을 내 버리면 화제는 거기서 끝나게 된다. 만약 다른 사람이 반론을 제기하면 그때부터는 잡담이 아닌 토론이 되어 버린다. 그냥 주변을 맴돌 듯이 두루뭉술하게 이야기를 흘리는 편이 좋다. 일반적인 결론 없이 이야기를 계속 끌어가고, 갑작스레 화제를 확 바꿔도 되는 것이 특징이다. 또한 잡담을 하다가 시간이 되었던지 상황이 바뀌게 되면 '다음에 또', 또는 '이제 본론으로 들어갈까요?'라는 말과 함께 깔끔하게 끊어도 되는 장점이 있다.

넷째, 잡담은 유창하게 말하는 화술이 아니다.

조금만 훈련을 하면 누구나 능숙해진다. 대화라기보다는 '사람 사귐'에 가깝다. 필요한 것은 자신의 인간성이나 개성을 말로 표현하여 상대와 잘 통하게 하는 능력이다. 잡담에 능한 사람이란 화술이 뛰어나기 보다는 '시간을 잘 때우는 사람'이나 '이야기가 듣고 싶어지는 사람'이다. 유창하다고는 할 수 없는 다소 서툰 말솜씨라도 깊은 맛이 느껴지는 사람, 또한 자신은 거의 말하지 않고 맞장구만 치면서 잡담을 무르익게 하는 사람도 있다.

잡담을 잘 활용하기 위해서는 평소부터 30초 정도에 말할 수 있는 사소한 소재를 다양하게 준비해 둬야 한다. 특히 계획된 대화에 나설 때에는 사전에 상대가 호감을 가질 수 있는 잡담을 몇 가지 준비하여 대화 전이나 도중에 적절히 사용한다면 대화의 성과는 배가 될 것이다. 또한 언제라도 활용할 수 있는 잡담 소재를 준비해 두면 어느 누구와 갑작스레 마주친 상황에서도 친근한 인상을 남길 수 있다. 잡담의 소재로는 다음과 같은 것이 적절하다. 날씨 등 일상의 관심사나 공통적인 궁금증, 상대와의 구체적인 공통점, 상대에게 맞는 소재나 상대가 흥미로워하는 소재, 최근에 화제가 되고 있는 이슈, 일상에서의 남에게 들은 이야기 등이다. 그리고 주변에 눈에 띄는 도구를 활용하는 것도 효과가 좋다.

하지 않아야 할 말, 하면 좋은 말

대부분의 인간 활동은 규칙에 따라 이루어지지만 놀랍게도 대화에는 그런 것이 없다. 나름대로의 도덕적인 기준은 있지만 어떤 말은 사용해도 되고, 어떤 말은 안 되는지에 대하여 합의된 규칙이 없는 것이다. 모두에게 화를 일으킬 수 있음에도 타인의 말에 끼어드는가 하면, 누군가에게 치명적인 공격을 가하기도 한다. 사소한 말 한마디가 분노와 감정을 폭발하게도 하고, 오해와 불신을 일으킨다. 절친했던 누군가가 자신이 모르는 상황에서 갑자기 서먹하게 대하는 수가 있다. 백 번 잘 해도 말 한 마디에 사람이 등을 돌릴 수 있는 탓이다. 대화에서 절대 삼가 해야 할 말, 그리고 관계에 도움이 되는 좋은 말들을 정리해 보겠다.

첫째, '하지만' 대신 '그리고'가 좋다.

'하지만'은 상대에게 반론을 제기하고 싶을 때 하는 말이다. '하지만'을 잘못 사용하면 대화를 말싸움으로 바꾸는 무기와 같아지는 반면, '그리고'는 대화를 논쟁으로 빠지지 않게 한다.

이를테면 "보고서를 잘 작성했네. 하지만..." 혹은 "제가 그 시간까지 하기로 말씀드렸습니다. 하지만..."이라고 말을 한다면 듣는 사람 입장에서는 반감이 생겨 대화가 입씨름으로 변할 가능성이 높아진다. 대신에 "보고서를 잘 작성했네. 그리고 여기 이 표현을 추가하면 더 좋아지겠는데!" 혹은 "제가 그 시간까지 하기로 말씀드렸습니다. 그리고 시간을 넘겨서 죄송합니다. 곧 컴퓨터를 고치게 되면..."이라고 말을 한다면 대화는 무리 없이 매듭지어질 것이다.

'하지만'은 갈등을 깊게 하고, '그리고'는 갈등을 예방한다. '하지만'은 반감을 낳고, '그리고'는 공감을 낳는다. '하지만, 그렇지만' 등의 말은 상황을 봐 가면서 신중하게 사용하는 것이 좋다.

둘째, '이렇게 했어야지' 대신 '이제 부터는'이 좋다.

'이렇게 했어야지'는 사후약방문 격의 불필요한 말이며, 잘못을 이미 저지른 아이에게 주먹으로 또 겁을 주는 행동이나 다름이 없다. 누군가가 자신에게 다음과 같이 말하고 있다고 상상해 보자. "이 내용의 보고서는 먼저 작성했어야지.", "미리 준비를 했어야 되지 않습니까." 어떤 기분이 들까? 겉으로 죄송하다는 표현을 하더라고 속으로는 반감을 갖게 될 것이다. 그런데 이미 지난 행동을 심판하는 말 대신, 앞으로는 실수를 반복하지 말아야 하는 것에 초점을 맞춘다면 말을 듣는 사람은 진심으로 수긍할 것이다. 다음 표현들이 좋은 예가 되겠다. "이제 부터는 이 내용의 보고서를 가장 먼저 작성하게나.", "앞으로는 반드시 사전에 준비를 해야 합니다."

셋째, '명령조의 말' 대신 '부탁 하는듯한 말'이 좋다.

사람이 움직이는 이유는 단순하다. 해야만 하는 일이 있든지, 아님 하고 싶은 일이 있든지 둘 중의 하나이다. 해야만 하는 일은 억지로 하는 수가 많고, 하고 싶은 일은 시키지 않아도 자발적으로 한다. 명령조 보다 부탁하는 듯 하는 말이 좋은 이유는 여기에 있다. 명령해도 되는 일도 제안이나 권유의 형태로 하면 사람들을 의무감이라는 구속의 굴레에서 벗어나 자발적인 마음으로 접근하게 된다.

자신이 직장 상사일 경우 아래 사람에게 시도 때도 없이 "아무개 전화번호가 몇 번이야?" "보고서를 가져 오세요"등의 명령을 해 왔다면 그 사람은 상당히 지쳐 있을 것이다. 명령조 대신 "아무개 전화 번호 알고 있나?" "보고서 좀 갖다 줄래요"라며 부드럽게 지시한다면 머지않아 그 사람은 즐겁게 일하는 직원으로 변해져 있을 것이다.

이외에도 대화에 찬물을 끼얹어 관계를 망치게 되는 말들이 많다. 대체로 극단적인 표현, 부정적인 표현들이다. 누가 실수를 저질렀을 때 즉각적으로 "내가 그럴 줄 알았어!", "도대체 왜 그랬어?", "그것도 못해? 그것도 모른단 말이야?" 등이다. 칭찬하려는 의도지만 상대방 기분을 상하게 하는 표현이 있다. "네가 웬일이야, 이런 걸 다 하고?" 등이다.

명심보감에 다음과 같은 글이 있다. '사람을 이롭게 하는 말은 솜처럼 따뜻하지만 사람을 상하게 하는 말은 가시처럼 날카롭다. 한 마디 말이 잘 쓰이면 천금과 같고, 한 마디 말이 사람을 해치면 칼로 베이는 것처럼 아프다.' 사람의 마음을 얻으려면 늘 따뜻하고 긍정적인 표현을 사용해야 함을 일깨워주는 말이다.

설득 대화법

자신이 원하는 방향으로 상대를 설득하기 위한 화법에는 어떤 것들이 있는지 알아보겠다. 여기서 중요한 것은 대화중에 식별되는 상대의 동작이나 표정으로 심리상태를 읽으면서 상황에 맞는 말로 마음을 사로잡는 것이다.

첫째, 부탁은 간단한 것부터 순서대로 해야 한다.

누구든 갑자기 어떤 부탁을 받으면 거절하는 경우가 많다. 마음의 준비가 안 된 상태에서 갑자기 '이 문제를 좀 풀어주십시오'라는 말을 들으면 바로 움직여지지 않는 것이 사람 마음이다. 심리학에서 말하는 '선행의뢰'라는 방법이 있다. 상대가 수락하기 쉬운 간단한 용건을 우선 받아들이게 한 뒤, 그 다음에 본건을 부탁하는 단계적 의뢰법이라 불리는 설득법이다. 즉 단계적으로 승낙하게 만드는 것이다.

둘째, '잠깐 괜찮으세요?'라는 말로 돌아보게 한다.

이것은 부탁할 때 사용하면 효과적이다. 약간 저자세를 취해 자신이 바라는 것을 전하기 좋게 만든다. '잠깐', '좀'은 상대가 마음의 준비를 하도록 하는 배려의 말이다. 자신이 상대보다 높은 위치에 있더라도 배려의 말을 사용하는 것이 필요하다. "잠깐 실례 할게요", "좀 부탁해도 될까요?" 등의 말이 있다. 상대와 다른 의견을 말할 때도 좋다. "그건 아니고요"라고 단정적으로 말하는 것보다 "그 의견 말입니다만, 저와는 좀 다른 것 같은데요"로 표현하면 상대의 마음을 바꿀 수 있다.

셋째, '잘 아시는 바와 같이'라는 말로 자신의 페이스로 끌어당긴다.

상대가 감을 못 잡고 있는 사이에 상대의 기선을 제압해 그 뒤를 자신에게 유리하게 하는데 효과적이다. 구체적인 사례로는 "전에 말씀드려 이미 잘 아시는 바와 같이..."라고 말해, 상대방이 이미 납득하고 있다는 전제를 깔아버리는 것이다. 그렇게 하면 상대의 반론을 미리 차단하여 의도대로 대화를 전개해 갈 수 있다.

넷째, 'Yes or No' 보다 'A or B'로 묻는 것이 선택을 유도하는 데 더 좋은 방법이다.

상품 판매 상황을 연상해 보자. 자신이 소개하는 대로 고객이 늘 "Yes"로만 응한다면 얼마나 좋겠는가? 현실은 그렇지 못하다. 'A or B'로 묻는다면 상대가 조금이라도 선택할 의도가 있을 때 효력이 나타난다. 상품을 소개하면서 "이것은 어떻습니까?" 라고 하면 거절의 확률이 높아진다. 반면에 "A와 B중 어떤 것이 마음에 드십니까?"로 하면 듣는 고객이 거절하기가 쉽지 않은 게 사실이다. 흥정으로 이어질 가능성이 높다. 양자택일로 한정된 선택지가 제시되면 결국 둘 중 하나를 고르는 게 사람 심리의 속성이다.

질문 대화법

대화는 말의 주고받기, 즉 질문과 답의 교환을 통해 서로 반응하고 교감하는 것이다. 상대에 대한 진지한 호기심과 관심이 녹아있는 질문과 자발적으로 반응하는 대답이 자연스럽게 이어지는 상태가 바람직한 대화라 할 수 있다.

상대방이 단답형으로 답할 수밖에 없는 질문이 있다. "여기까지 오시는 동안 별 일 없으셨죠?"라고 물으면 상대방은 "예" 또는 "아니오"라는 대답과 함께 초기의 대화는 종결된다. 앞에서 소개한 small talk이 너무 짧게 되어 만남의 어색함을 연장할 수 있다. 반면에 "여기로 오시는 동안 주변은 어떠셨습니까?"라고 물으면 조금 더 구체적인 답변을 유도하면서 초기 대화를 자연스럽게 이어가는데 도움이 된다. 이처럼 단답형 질문을 조금만 수정하면 대화에 활력이 생긴다. 상담학에서는 이러한 질문의 유형을 '열린 질문' 또는 '개방형 질문(open-ended question)'으로 분류한다.

'열린 질문'은 말 그대로 듣는 사람이 마음을 열고 대화의 장으로 나오도록 하는 질문이다. 일반적으로 '열린 질문'은 '어떻게, 왜, 무엇 때문에' 등의 말로 시작한다. " ~ 입니까?", " ~ 하시겠습니까?"와 같은 질문을 "어떻게 ~ 하셨습니까?", " ~ 하시면 어떻겠습니까?"라는 내용으로 바꾸게 되면 상대를 대화의 장으로 유도하는 '열린 질문'이 된다. 예컨대 "시골 전원주택에서 생활하는 것이 좋습니까?"를 "시골 전원주택에서 생활하면 어떤 점에서 좋습니까?"로 바꾸면 '열린 질문'이 된다.

대화를 시작할 때나 대화가 막바지에 다다랐을 때는 정답이 정해지지 않은 개방형 질문이 바람직하다. "안녕하십니까? 저는 아무개입니다."라고 인사한 뒤 '열린 질문'을 던져보자. 여러 대화 상황에서 이 기법을 적절히 실천한다면 상대와의 관계는 더 진솔해질 것이다. 또 만나는 사람이나 대화의 목적과 관련되어 몇 가지 화제를 미리 준비해 둔다면 조금 더 깊이 있는 대화가 가능할 것이다. 질문 화법에서 각별히 유의해야 할 사항이 있다. 진심어린 관심을 보이지 않고 마치 심문하듯 단순한 질문한다든지, 궁금증을 참지 못해 속사포처럼 질문을 쏟아내는 것은 금물이다. 좋은 열린 질문의 예는 다음 〈표 8-6〉과 같다.

| 표 8-6 | '열린 질문' 종류별 사례

종 류	사 례
개인적인 질문	· 어느 분야에 계세요? · 자녀는 어떻게 되세요? · 이런 ~한 날씨에는 무슨 생각을 하세요?
상대방의 생각을 묻는 질문	· 저 분이 한 말을 어떻게 생각하세요? · 최근에 발표한 복지정책을 어떻게 생각하세요?
가정상황을 활용한 질문	· 당신이 책임자였다면 어떻게 결심 했을까요? · 당신 그런 상황에 처했다면 어떻게 대처 했겠어요?
조언을 구하는 질문	· ~ 로 가는 방법을 가르쳐 주시겠어요? · 이것들 중에 하나를 추천해 주시겠습니까?
이슈 중심의 질문	· 오늘 그 사건을 어떻게 생각하세요? · 이런 황당한 일을 경험한 기분이 어떠세요?
캐묻는 질문	· 제가 말씀드린 의도를 제대로 이해하셨나요? · 어떻게 해서 그렇게 되었죠?

'골든타임'이 중요한 의사표현의 유형

골든타임(Golden time)이란 긴박한 사건이나 사고가 일어났을 때 인명을 구조하기 위한 초반의 금쪽같은 시간을 지칭한다. 이를테면 응급처치를 위한 심폐소생술은 상황 발생 후 최대 10분 내에 시행돼야 하고, 항공기 사고의 경우 90초 내에 승객들을 비상 탈출시켜야 하는 등의 기준이다. 골든타임은 의사표현에서도 존재한다. 의사표현에서의 골든타임은 원래의 의미처럼 즉각적이어야 하지만, 한 템포 지난 다음의 시간대가 좋을 수도 있다. 다시 말해 의사를 표현함에 있어서의 골든타임이란 상대방의 감정에 제대로 공감하고 내가 원하는 바를 제대로 전달할 수 있는 절묘한 타이밍이다. 사람과의 관계에서 발생하는 갖가지 사안들이 있다. 아래에서 제시하는 대로 각 사안에 알맞은 골든타임에 적절하게 의사를 전달해 준다면 상대와의 관계는 더 좋아지게 될 것이다.

첫째, 안부 - 바로 지금 연락을 해라

친했던 친구와 소원해져서 짧게는 몇 달간, 길게는 몇 년간 연락이 두절되는 경우도 다반사다. 지금은 당시의 기분이 누그러졌고, 상대가 그리워졌다면 언제 연락을 해야 할까? 그냥 지금 메시지를 툭 보내면 된다. 잘 지내니? 그 다음에 할 말은 상대의 반응을 본 후 생각해도 늦지 않다. 이는 생활하면서 따로 만날 일이 없어서 연락이 자연스레 끊겼던 지인에게도 통한다. 아무렇지도 않은 듯 보내는 메시지 하나가 끊겼던 인연을 자연스럽게 다시 연결해 준다.

둘째, 칭찬과 위로 - 바로 지금이 그 순간이다.

지금 그 상황이 지나간 후에는 말하기 애매해지는 내용이기 때문이다. 예의 바르고 딱딱한 말보다는 당신이 하고 싶은 말을 하는 것이 가장 좋다. 무슨 말을 해야 할지 모르겠다면 아무 말 없이 눈을 바라보고 고개를 끄덕이는 것만으로도 충분하다. 스킨십이 가능한 사이라면 손을 꼭 잡거나 어깨를 토닥여 준다. 칭찬을 받으면 고맙다는 말부터 하는 외국인들과는 달리 한국 사람들은 어색해 하고 낯간지러움을 느낀다. 그래서 민망한 마음에 괜히 퉁명스럽게 행동하기도 한다. 중요한 건 상대가 어떻게 반응했든 자신을 칭찬해준 당신의 이미지를 좋게 기억할 것이라는 사실이다.

셋째, 감사 표시 - 두 번째가 골든타임이다.

고맙다는 인사는 언제 해야 할까? 이것 역시 상대가 나에게 뭔가를 베푼 직후 하는 것이 가장 좋다. 그러나 포인트는 두 번째다. 선물이든 선행이든 교육이든 시간이 지난 후 일주일 안에 문자나 SNS 등으로 두 번째 감사 표시를 한다. "먹어봤더니 정말 맛있더라.", "넥타이가 잘 어울리더라." 등등의 문구는 그때그때 상황에 맞게 보낸다. 특히 상대는 혼자이고 이쪽은 다수일 경우, 상대가 당신을 기억하지 못할 수도 있다. 시간이 살짝 지난 후의 언급은 좋은 기억을 되살리고 상대를 으쓱하게 만들어 준다. 새로운 인맥을 쌓을 수 있는 기회로 충분히 작용할 수 있다.

넷째, 생일 축하 - 메시지는 아침 또는 자정 직전이 골든타임이다.

상대의 생일이 내일 이라면 오늘밤 12시에 축하 메시지를 보내라. 12시5분 전도 좋다. 밤 12시 정각은 다른 사람의 축하 문자와 함께 갈수도 있고 왠지 예약 발송 같기 때문. 이때는 누구보다 첫 번째로 축하해 주는 사람이 되고 싶어서 미리 보낸다는 멘트를 잊지 말 것. 물론 12시 5분전도 예약 발송이 가능하다. 아침이라면 8시 반에서 9시경이 좋다. 8시 이전은 라이프스타일에 따라 출근 준비로 정신이 없거나 잠에서 아직 깨지 않았을 수 있다. 9시 경은 대체로 축하를 받는 당사자가 기분 좋게 아침을 시작하도록 해준다.

다섯째, SNS - 호응 시간대가 따로 있다.

SNS로 중요한 공지를 올리거나 질문에 대한 답을 받고 싶다면 골든타임에 글을 올려야 한다. 직장인들은 출근하는 오전 7시 반에서 8시 반, 점심 식사를 마친 오후 1시에서 3시, 퇴근 전후인 오후 5시에서 7시, 그리고 밤 11시에서 12시에 많이 접속한다. 이때 글을 올리면 댓글이나 '좋아요' 등의 피드백을 많이 받을 수 있다. 전업 주부의 경우는 아침 집안일을 웬만큼 끝낸 늦은 오전부터 SNS에 접속할 수 있는 상황이 된다. 인맥관리를 하겠다고 한밤중이나 이른 아침에 '좋아요'를 줄줄이 누르거나 카톡 단체창에 메시지를 남기지 무례는 말자. 모두가 알림 설정을 꺼 두지는 않는다. 타인의 라이프스타일을 감안하지 않는 관리는 역효과를 낳는다.

여섯째, 낯선 환경 - 새로운 집단에 들어간 직후가 골든타임이다.

이사를 가거나 이직했을 때 새로운 사람들 사이에 들어가 적응해야 한다. 이사 왔다고 떡이나 음식을 돌리는 문화는 사라지고 있지만, 그래도 여전히 이사하자마자 음료수 한 박스라도 준비해서 인사를 하는 게 좋다. 어영부영 시간이 흘러가면 어색함을 회복하기 어렵기 때문이다. 또 엘리베이트나 복도에서 마주치는 경우에도 빠른 시간 내에 인사를 나누고, 시선을 피하지 않도록 한다. 이직했을 경우도 마찬가지다. 원래 있던 사람들이 새로 들어온 나를 챙겨주지 않는다고 서운해 하는 경우가 많은데, 언젠가는 자연스럽게 친해지겠지 라고 생각하면 오산이다. 언젠가는 오지 않는다.

일곱째, 사과 - 문제의 심각성에 따라 골든타임이 다르다.

대중교통에서 옆 사람의 발을 밟았을 때는 어떻게 해야 할까? 당연히 그 즉시 사과하는 것이 정상이다. 이처럼 일상적으로 일어나면서 심각하지 않은 문제에 대해서는 일이 일어난 직후 바로 사과하면 된다. 그러나 상대에게 마음의 상처를 줄 만한 큰 잘못을 했다면? 당한 사람의 감정 상태는 아예 사과를 받지 못했을 때도 풀리지 않지만, 사과를 너무 일찍 받았을 때도 좋지 않다. 즉 상대가 화낼 기회를 충분히 주어야 하는 것이다. 자신이 왜 화가 났으며 얼마나 화났는지 표현하고 나서야 사과를 받아들일 마음가짐이 된다. 단순히 사과의 타이밍을 미루라는 뜻은 아니다. 적어도 당신이 상대방의 상처에 대해 인식하고 있다는 것을 보여줄 필요는 있다. 타이밍을 잘못 맞추면 상대방과 더 멀어질 수 있다.

* 출처 : 『인간관계, 골든타임을 잡아라』, 리빙센스,
2014년 9월호에서 관련내용 발췌

09 신뢰의 축적

♣

『사람들 사이의 평화적인 협력은 기본적으로 상호 신뢰에 바탕을 두고 있다. 법과 경찰 같은 제도는 2차적인 수단일 뿐이다.』

- 앨버트 아인슈타인 -

신뢰의 본질

개인, 조직, 사회 어디든 공통으로 작용하는 한 가지 핵심적인 역량이 있다. 마치 지구상의 산소와도 같이 그것이 사라지면 국가 조직, 경제·사회 조직, 가족, 우정과 사랑의 관계 등 모두가 무너지고 만다. 반면 그것을 축적해 나가고, 그 영향력을 이용한다면 모든 것이 성공하고 번영할 수 있는 힘을 얻게 될 것이다. 하지만 모두가 잘 알고 있는 그것은 사회 발전과 반비례 하면서 갈수록 주목받지 못하여 과소평가되는 경향이 있다. 그것이 무엇인가? 바로 신뢰이다.

한국의 신뢰 수준에 대하여 알아보자. 2005~2008년 세계가치관 조사에 따르면 우리나라의 불특정 다수에 대한 일반 신뢰수준은 30.5%로 OECD 평균(34.5%)에도 미치지 못한다. 또한 우리나라는 10명 중 3명만이 다른 사람을 신뢰하는 것으로 나타났다. 정부에 대한 신뢰도를 포함한 우리나라의 신뢰수준은 OECD 국가 안에서는 낮은 편이며, 세계 전체적으로 보면 중간쯤으로 선진국에 비하면 신뢰수준이 부족한 편이다. 높은 신뢰국가로 분류되는 노르웨이, 스웨덴, 핀란드, 덴마크 등 북유럽 국가의 경우 일반 신뢰수준이 60% 이상이다.[17]

하지만 한국 현대사에서 신뢰의 본질을 일깨워준 훌륭한 사례들도 많다. 그 중의 한 가지 사례이다. '광복 직후 미 군정 때의 일이다. 미군에게 물품을 실어다 주는 조그만 운수업을 하는 청년사업가가 있었다. 어느 날 트럭회사에서 빌린 차량의 운전기사가 미군에게 전달해야 할 겨울파카 1300벌을 남대문시장에 팔아넘기는 사고가 발생한다. 트럭기사가 청년사업가의 회사 소속이 아니고 서류상으로도 미군에게 인수된 것으로 처리돼 있어 청년이 법적 책임을 질 사안은 아니었다. 하지만 청년은 남대문시장을 돌아다니며 빼돌려진 파카를 이문(利文)까지 보태 회수한 뒤 미군에게 고스란히 갖다 주었다. 청년은 당장 큰 손해를 봤다. 하지만 더 큰 이문을 챙겼다. 바로 '신뢰'였다. 이후 미군의 평판을 바탕으로 청년의 사업은 승승장구하게 된다.' 그는 바로 한진그룹과 대한항공의 창업주인 조중훈 회장(2002년 작고)이었다.[18]

낮은 신뢰도는 불만과 불안을 낳게 되어 세상에서 일어나는 모든 의사결정과 소통의 관계를 지체시킨다. 반면 신뢰도가 높으면 모든 것이 빨라진다. 인간관계에서는 행복이, 사업관계에서는 성과의 창출이 확장된다. 신뢰란 무엇인가?에 대해서는 많은 전문가들이 정의를 내리고 중요성을 역설하고 있지만 그 본질을 비슷하다. 대표적으로 「신뢰의 속도」 저자인 스티븐 코비(Steven M R. Covey)는 신뢰는 성품과 역량이라는 2가지 요소를 기초로 하는데 성품에는 성실성, 동기, 의도가 포함되고, 역량에는 능력, 기술, 성과, 실정이 포함된다고 한다. 또 윤리이론은 신뢰를 올바른 일을 하는 것과 올바른 일을 해 냄으로서 생기는 것으로 설명하고 있다.

이렇듯 개인적, 사회적 핵심 역량이 되는 신뢰는 어떤 특성이 기반이 되고 있는지 살펴보겠다. 만약 자신이 어떤 사람을 중요한 자리에 추천하기 위하여 평가 요원들에게 그의 신뢰성을 입증하는 위치에 섰다고 가정해 보자. 그의 어떤 특성을 기준으로 "이 사람은 신뢰할 수 있는 사람이오."라며 증명할 수 있겠는가?

첫째, 그 사람은 정직하고 진실한 사람이라는 것.

늘 말과 행동이 일치하고, 거짓말을 하지 않아 조직에 해악을 끼칠 일은 없을 것이라는 점.

둘째, 그 사람은 주변 사람과 좋은 관계를 형성하고 있다는 것.

과업을 수행할 때 수평적 협력을 중시하여 힘든 여건에서도 좋은 분위기 유지의 중심 역할을 한다는 점.

셋째, 그 사람은 맡게 될 분야에 유용성이 높다는 것.

주어진 과업에 대한 전문지식과 경력을 갖춘 것은 물론이고, 적응력도 뛰어나 조직의 다양한 분야에 쓰임새가 높을 것이라는 점.

넷째, 그 사람은 적시에 성과를 내는 역량을 갖추었다는 것.

그간 여러 분야에서 자신의 역량을 발휘하였으며, 상황과 시대적 요구에 맞도록 하여 시너지를 창출한 경험이 많다는 점 등을 강조하며 그 자리에 매우 적합한 인물임을 입증하려 할 것이다.

신뢰의 요소

앞에서 살펴본 신뢰의 본질적 특성들을 분석해보니 신뢰를 뜻하는 영어단어 **TRUST**가 의미심장하다. 신뢰의 영어 단어 **TRUST의** 머리글자를 따서 만든 단어에 신뢰의 핵심적인 요소가 잘 나타나 있다.

TRUST(신뢰)

= Truth(진실성) + Relationship(관계성) + Usefulness(유용성) + Success(성과성) + Timing(적시성)

■ Truth(진실성)

진정한 진실보다 더 중요한 특성은 없다. 진실성은 정직성과 동일시하며 진실함을 통해 자신의 성실성이 입증될 수 있다. 이 요소는 사람이 언행의 일관성을 보이는 것으로 가치관과 말과 행동이 일치하는 것이다. 앨버트 아인슈타인은 '작은 문제에서 진실성이 부주의한 사람은 중요한 문제에서 신뢰받을 수 없다.'고 했다. 성공하는 사람들은 사소한 일에서부터 늘 진실하게 행동하고, 진실을 바탕으로 관계를 형성하고 있는 것을 보여준다.

'2005년 로마에서 열린 이탈리아 마스터스 대회 3라운드에서 테니스 챔피언 앤디 로딕(Roddick)은 스페인 출신의 페르난도 베르다스코(Verdasco)와 만났다. 경기가 한창 진행되고 있을 때 로딕에게 유리한 매치포인트 상황에서 베르다스코가 두 번째 서브를 한 순간, 선심은 아웃을 선언했다. 관중은 로딕에게 환호를 보냈고 베르다스코는 경기가 끝났다고 생각해 악수를 하기 위해 네트로 다가갔다. 하지만 로딕은 그 점수를 받아들이지 않았다. 그는 공이 선 안에 들어왔다고 말하고, 주심이 볼 수 있도록 코트 위의 희미한 자국을 가리켰다. 놀란 주심은 로딕의 이의를 받아들여 판정을 번복했고 포인트는 베르다스코에게 주어졌다. 그 자리에 있던 모든 사람이 깜짝 놀랐다.'[19] 여기서 로딕은 자신에게 불리한 이의 신청을 했고, 경기에서는 져버렸다. 비록 게임에서는 졌지만 로딕은 그보다 더 큰 것을 얻었을 것이다. 그것은 바로 진실성을 바탕으로 한 신뢰이다.

또 하나 우리사회에서 흔히 볼 수 있는 사례이다. '어여쁜 아이가 엄마와 함께 전철에 탄 걸 보고 한 아주머니가 물었다. "얘야, 아주 예쁘구나, 몇 살이니?" 그러자 아이는 눈을 동그랗게 뜨고 엄마를 향해 물었다. "엄마, 내 진짜 나이를 말해야 해요? 아니면 전철용 나이를 말해야 해요?" 유아일 경우 무임승차가 가능하기 때문에 엄마는 아이에게 실제 나이보다 어리게 말하라고 한 것이었다.'

위의 사례는 앤디 로딕이 대가를 치러야 함에도 진실성으로 신뢰를 얻었고, 지하철 아이의 엄마는 거짓으로 인해 조그만 경제적 이익을 얻었으나 신뢰를 상실하였음을 보여준다. 특히 자녀에 대한 정직성 교육은 사회의 신뢰 수준을 높이기 위해 매우 중요한 과업이다. 자기이익 수단으로서의 거짓말부터 배운 아이들이 나중에 '진실하게 살라'는 말을 쉽게 받아들일 수 있을지 깊이 인식해야 한다. 만약 성인이 의도적으로 거짓말을 하여 들통이 날 경우에는 더 심각해진다. 어렵게 쌓아왔던 인간관계, 재산, 사회적 명성 등을 일시에 잃을 수 있고, 심지어 삶 자체를 잃을 수도 있다.

■ Relationship(관계성)

인간은 사회적 동물이다. 인간은 좋아하는 사람과 관계를 맺고, 함께 하고 싶어 한다. 즉 인간이란 좋은 관계를 갖고 싶은 사람에게 신뢰를 준다는 것과 같은 의미다. 세상에는 서로의 관심을 얻고자 경쟁하는 사람들과 조직들, 대중매체들 까지도 넘쳐난다. 이런 사회 풍토 속에서 중요하게 여겨야 할 과제는 신뢰를 얻는 능력인데, 그것은 바로 관계성으로부터 나온다.

데일 카네기의 「인간관계론」이란 책이 있다. 1936년에 발간되어 이후 10년 동안 성경 다음의 베스트셀러 자리를 지켰고, 지금까지 전 세계 60여개 언어로 번역되어 1,600만부 이상 팔렸다. 「인간관계론」의 판매실적만으로도 삶에서 인간관계를 얼마나 중요시 하는지, 또 배우고 싶어 하는지를 알 수 있다.

미국 조지타운대 '로히트 바르가바(Rohit)' 교수는 그의 저서 「호감이 전략을 이긴다」에서 '가장 중요한 세계통화는 종이로 만들어지지 않는다. 그것은 관계로 이루어진다.'고 주장한다. 우리가 내리는 대부분의 결정에 영향을 미치는 것은 전략이나 논리인 것 같지만 사실은 확실한 믿음과 호감에 의한 신뢰 관계라는 것을 강조한 말이다. 이는 세계경제가 얼핏 전략과 산술적 계산에 의해 돌아가는 것 같지만 사실은 좋은 관계로 인한 신뢰가 거래를 촉진한다는 단순한 원리를 깨우쳐 주고 있다.

'맬컴 글래드웰'의 저서 「블링크」에서는 의료분쟁에서 나타나는 현상을 사례로 관계의 중요성을 강조하고 있다. '의사가 의료 과실로 소송을 당할 가능성은 얼마나 많은 실수를 했느냐 와는 거의 관계가 없다. 부적절한 치료로 인해 의사로부터 상처를 받았다고 해서 모든 환자가 소송을 제기하는 것은 아니다. 사람들은 자신이 좋아하고 관계가 좋은 의사를 상대로 소송을 제기하지는 않는다.'고 한다. 환자들이 좋아하는 의사들은 그렇지 않은 의사들 보다 환자들에게 더 많은 시간을 할애하고, 더 많이 웃어주고, 그들의 말을 경청하여 진료에 반영하고 있을 것이다.

좋아하는 것과 믿을 만한 것은 전혀 다른 차원 임에도 사람들은 좋아하는 관계에 있는 대상을 신뢰한다는 점을 위 몇 가지 사례들을 통해 이해할 수 있었다. 하지만 우리의 삶에서 좋은 인간관계를 유지하는 것이 순풍에 돛단 듯 쉬운 것은 아니다. 관계를 가로막는 걸림돌이 되는 여러 가지 변수들이 잠재해 있다가 불쑥 나타나기 일쑤이기 때문이다. 예컨대 인간관계가 뒷전에 밀릴 수 있는 절박한 상황에 처해지는 경우, 자신이 불평불만에 사로잡혀 있거나 어떤 스트레스로 인해 투덜거리는 습관이 들어 있는 경우, 자신이 상대하는 사람에게 불편해 보이는 경우 등이다. 이런 경우들 외에도 인간관계는 곧 잘 붕괴되곤 하는데, 관계 유지가 쉽지 않은 경우에 처했을 때 사람들은 개인적 희생을 꺼려하거나 자신을 돌아보려는 마음이 부족해서라고 보면 된다.

관계성을 높이기 위해서는 먼저 타인에게 호감 가는 사람으로 변모해야 한다. 호감은 소통과 배려의 결과물이요 좋은 관계의 근본인 것이다. 얼마나 이타적인가, 공감능력이 뛰어난가, 남의 말을 잘 들어주고 배려하는 마음이 깊은가 등에 대하여 자신에게 질문을 던지면서 부족한 점을 개선해 나가야 할 것이다.

■ Usefulness(유용성)

유용성이란 쓸모가 있고 이용할 수 있는 특성으로 풀이된다. 어떤 전문분야의 능력으로 인해 유용성을 인정받는 사람은 일단 신뢰의 핵심적인 요소를 갖춘 사람이라 할 수 있다. 신뢰의 중요한 요소인 진실성과 관계성을 갖췄다고 하더라고 현재진행 중이거나 닥쳐진 현실에서 유용성을 인정받지 못한다면 신뢰를 얻기 어렵다. 고도로 복잡한 현대사회에서 유용성이란 해당분야에 필요한 재능과 지식 그리고 기술이 바탕이 된다. 재능은 타고난 자질이고, 지식은 이해력, 통찰력, 의식수준 등을 나타내며, 기술은 매우 숙련되어 잘 할 수 있는 것을 말한다.

재능과 전문지식으로 인해 유용성이 뛰어난 사례로는 민족의 수호자 충무공 이순신을 들지 않을 수 없다. 많은 사람들은 이순신이 파직과 백의종군을 거듭하며 미관말직을 전전하다 어느 날 갑자기 지인 관계에 있던 유성룡의 천거에 의하여 정읍현감(종6품)에서 전라좌수사(정3품)로 발탁된 것으로 알고 있다. 그러나 이것은 사실과 다르다. 이순신은 준비된 무인으로서 실력 있는 장수로 인정받아 두드러진 행보를 보였다. 이순신은 임진왜란 이전부터 북쪽 오랑캐와 벌인 모든 전투에 참여하여 공을 세운 역전의 장수였다. 당시의 기록을 보면 각종 전투 결과를 둘러싼 분분한 논의의 중심에 언제나 이순신이 있었다. 어느덧 조정 안팎에서 꽤 유명한 장수가 되어 있었다. 임진왜란 1년 전 충무공 이순신을 정3품인 전라좌수사로 7계급 특진시키는 인사에 대하여 당시 사관원에서는 인사의 기강이 무너진다는 이유로 극심한 반대를 하였다. 이러한 건의에 대해 선조는 다음과 같이 대답하였다.

"이순신의 일이 그러한 것은 나도 안다. 다만 지금은 일상적인 규범에 구애받을 수 없다. 인재가 모자라 그렇게 하지 않을 수 없었다. 그 사람(이순신)이면 충분히 감당할 터이니 관직의 높고 낮음을 따질 필요가 없다. 다시 논하여 그의 마음을 동요시키지 말라."[20]

위의 어록에서 보이는 것처럼 임금은 이순신의 재능과 능력에 따른 유용성을 인정하고 그에 대한 깊은 신뢰감을 갖고 있음으로써 여러 신하들의 반대에도 불구하고 막중한 직책을 부여하고 있다. 조선의 병사들 또한 이순신과 함께 하는 해전이라면 물불을 가리지 않았다. 오합지졸로 일컬어지던 병사들 까지도 정예 병사처럼 전투력을 발휘하였다. 그 이유 중 하나는 이순신의 군사 전문지식, 즉 실력과 재능에 대한 신뢰 때문이었으며, 결국 상하간의 신뢰를 바탕으로 왜적과의 전투에서 해전 사상 유래 없는 승리를 거두게 된다. 충무공 이순신은 감히 범접할 수 없는 성웅이지만 그 분을 통해 사람의 유용성은 구성원들에게 깊은 신뢰와 확신을 주며, 그것이 바로 신뢰의 기본이라는 점을 깨달을 수 있다.

사회와 조직에서 유용성, 즉 쓰임새를 높이기 위해서는 필요한 분야에 대한 능력의 계발이 매우 중요하다. 그 조직의 성과와 공헌은 결국 각 구성원들의 능력으로부터 나오기 때문이다.

■ Success(성과성)

성과성은 어떤 일을 수행한 결과로서 실적을 올렸거나, 바르게 일을 해낸 상태로 설명할 수 있다. 대다수가 기대하는 목표를 달성하게 되면 긍정적인 평판과 함께 신뢰성을 쌓게 되고, 목표를 자주 달성하지 못한다면 신뢰성은 떨어지며 부정적인 평판을 받게 된다. 신뢰성을 높이는 데는 올바른 실적, 즉 성과가 최고다. 성과는 다른 사람과의 신뢰를 구축하고 유지하는데 큰 영향을 미치는

데 성경에 이에 관한 교훈적인 구절이 있다.

'어떤 사람이 타국에 갈 때 종들을 불러 자기 소유를 맡겼는데 한 사람에게는 금 다섯 달란트를, 한 사람에게는 금 두 달란트를, 한 사람에게는 한 달란트를 주고 떠났더니, 다섯 달란트를 받은 자는 바로 가서 그것으로 장사하여 또 다섯 달란트를 남기고, 두 달란트를 받은 자도 그같이 하여 또 두 달란트를 남겼으되, 한 달란트를 받은 자는 가서 땅을 파고 그 주인의 돈을 감추어 두었더니 오랜 후에 그 종들이 돌아와 그들과 결산할 새, 다섯 달란트를 받았던 자는 다섯 달란트를 더 가지고 와서 이르되 '주인이여 내게 다섯 달란트를 주셨는데 보소서 내가 또 다섯 달란트를 남겼나이다.' 그 주인이 이르되 "잘 하였도다 착하고 충성된 종아 네가 적은 일에 충성하였으매 내가 많은 것을 네게 맡기리니 네 주인의 즐거움에 참여할 지어다." 하고, 두 달란트를 받았던 자도 와서 이르되 "주인이여 내게 두 달란트를 주셨는데 보소서 내가 또 두 달란트를 남겼나이다." 그 주인이 이르되 "잘 하였도다 착하고 충성된 종아 네가 적은 일에 충성하였으매 내가 많은 것을 네게 맡기리니 네 주인의 즐거움에 참여할 지어다." 하고, 한 달란트를 받은 자는 와서 이르되 "주인이여 당신은 굳은 사람이라 심지 않은 데서 거두고 헤치지 않은 데서 모으는 줄을 내가 알았으므로 두려워하여 나가서 당신의 달란트를 땅에 감추어 두었나이다. 보소서 당신의 것을 가지셨나이다." 그 주인이 대답하여 이르되 "악하고 게으른 종아 나는 심지 않은데서 거두고, 헤치지 않은 데서 모으는 줄로 네가 알았느냐 그러면 네가 마땅히 내 돈을 취리하는 자들에게 맡겼다가 내가 돌아와서 내 원금과 이자를 받게 하였을 것이니라." 하고 '그에게서 그 한 달란트를 빼앗아 열 달란트 가진 자에게 주라. 무릇 있는 자는 받아 풍족하게 되고 없는 자는 그 있는 것까지 빼앗기리라 이 무익한 종을 바깥 어두운 데로 내쫓으라 거기서 슬피 울며 이를 갈리라.' 하니라."[21]

이 성경 구절의 내용을 통해 삶을 살아가면서 '이 사람은 늘 성과를 내는 사람이다.'라고 인정받는 것이 매우 중요하고, 성과와 공헌도를 기준으로 그 다음의 중요한 책임을 믿고 맡긴다는 점은 동서고금의 진리라는 것을 깨달을 수 있다. 사람들은 일을 해내지 못하는 사람을 신뢰하지 않는다. 여러 가지 변명거리가 있을 수 있지만 업무에 관해서 만큼은 성과 없이 신뢰를 기대할 수 없다. "최선을 다하고 있다고 말해봐야 소용없다. 중요한 것은 일을 성공적으로 해내는 것이다."라고 한 윈스턴 처칠의 말도 사람은 무엇보다 성과를 통해 신뢰받는다는 점을 알려주고 있다.

성과는 올바른 결과라야만 하며, 그러할 지라도 성과만이 신뢰의 유일한 조건이라는 것은 아니다. 신뢰의 핵심요소들인 진실성, 관계성, 유용성이 함께 하는 성과가 바로 올바른 것이며, 신뢰의 결실을 맺게 해 주는 것이다.

■ Timing(적시성)

'줄탁동시(啐啄同時)'란 사자성어가 있다. 계란이 어미닭의 품속에서 부화를 시작한 후 약 21일 쯤 되면 계란 속의 병아리는 껍질 밖으로 나가기 위해 안쪽에서 계란껍질을 톡톡 쫀다. 알은 단단하기만 하고 부리는 연약하니 쉬운 일이 아니다. 나름대로 공략부위를 정해 부리로 쪼기 시작하지만 힘이 부친다. 이 때 그 기별을 안 어미닭은 그 부위를 밖에서 쪼아 준다. 알 속에서 사투를 벌이던 병아리는 비로소 세상 밖으로 나오게 된다. 이처럼 병아리가 안에서 쪼는 것을 '줄(啐)'이라 하고, 밖에서 어미닭이 그 소리를 듣고 화답

하는 것을 '탁(啄)'이라 한다. '줄과 탁'의 행위는 대단히 미묘한 것이어서 타이밍이 조금이라도 어긋나면 생명이 부화되지 못한다. '줄탁동시(啐啄同時)'는 알의 껍질을 경계로 두 존재의 뜻과 힘이 적시에 하나로 모아졌을 때 비로소 생명이 탄생되고 새로운 세상이 만들어진다는 것을 묘사한 말로서 어떤 일을 성취해 가는 과정에서 적시성이 중요하다는 점을 일깨워 주고 있다.

적시성은 성과에 생명력을 불어넣어 준다. 철저한 준비와 노력으로 어떤 일을 완성하였다 하더라도 상대가 원하는 시간에 맞춰 제공하지 못하면 가치가 반감되고 만다. 연인, 부부, 부모와 자식, 상사와 부하, 기업과 고객, 정부와 국민, 국가 간의 관계, 스포츠, 언론 등에 이르기 까지 모든 개체들은 상호 기대를 바탕으로 관계가 유지되고 있다. 적시성은 상대가 기대하는 바를 깊이 헤아려 행동할 준비가 되어 있거나, 스스로 간절한 마음으로 준비하고 있을 때 결과로 나타나게 되며 그것은 곧 신뢰로 연결이 된다. 정확한 예측력과 요구에 대한 깊은 헤아림을 바탕으로 준비하는 사람은 언제나 적절한 시기에 기회를 잡고, 바라는 대로 성취할 수 있다.

적시성은 기업 활동에서도 특별히 중요하다. 'Timing is Everything'이라는 말이 있을 정도이다. 고객이 원하는 시점에 제품을 공급하는 것은 기업의 성패와 직결되는 중요한 문제이다. 스웨덴의 의류 공급업체인 'H&M사'는 빠르게 변화하는 고객들의 수요를 적절한 타이밍에 대처하는 시스템을 만들어 성공한 회사이다. '기획, 조직, 판매는 자사에서 담당하지만 자사 소유의 공장은 보유하지 않고 전 세계 20여 곳에 생산 사무소를 설치해 약 700개사의 공급자로부터 구입하고 있다. 이를 통해 디자인에 착수한지 3주 만에 상품을 진열대에 올릴 수 있는 시스템을 구축함으로써 소비자들이 원하는 시점에 공

급할 수 있게 되었고, 회사의 신뢰도까지 올리게 되어 놀라운 매출 증가율을 기록하였다.'

스포츠에서도 타이밍이 성패를 좌우한다. 야구에서 뛰어난 투수들은 다양한 볼 배합으로 타이밍을 뺏는다. 축구의 경우 문전에서 골 처리를 잘 못한다고 비난 받는 것은 슛을 해야 할 타이밍을 번번이 놓치기 때문이다. 그 외에도 언론의 기사, 군사적 동향 등 정보를 다루는 곳은 적시성이 바로 존재 이유이며 생명과도 같다고 얘기한다. 아무리 알찬 성과나 정보라도 필요할 때 제공하지 못하면 죽은 것이 되기 때문이며, 이것이 바로 신뢰와 직결된다.

늘 타이밍을 잘 맞추는 신뢰 가는 사람이라는 평판을 얻기 위해서는 먼저, 망설이는 행동을 줄여야 한다. 노벨 문학상까지 수상하며 94세 까지 치열하게 산 것으로 유명한 영국 극작가 '버나드 쇼'는 생전에 자신의 묘비명을 미리 써 놓았는데 '우물쭈물 하다가 이렇게 끝날 줄 알았지'이다. 이는 많은 사람들이 인생을 살면서 우물쭈물 하다가 놓쳐 버리는 것을 대변해 주는 말이다. 사람들이 우물쭈물 하는 데는 이유가 있다. 닥쳐진 일에 대한 준비가 되어 있지 않아서다. 그래서 불안감에 사로 잡혀 있어 목표에 집중하지 못하고 우물쭈물 시간만 보내곤 한다. 자신의 정체성이 확고하고, 상대가 무엇을 원하는 지에 대한 깊은 헤아림으로 준비를 잘하고 있으면 불안감은 사라지고, 그 자리는 자신감과 확신으로 메워진다.

사회적 이익을 높이는 신뢰

먼저, 신뢰는 조직의 생산성을 높여준다.

당장의 과제 해결이 급하고, 눈앞의 실적을 중요시 되는 현대조직에서 신뢰성이 정말 중요할까? 신뢰가 얼마나 큰 의미가 있을까? 라고 의문을 가지는 사람들이 많을 것이다.

'스티븐 MR. 코비'는 조직에서 신뢰가 미치는 영향에 대하여 '조직의 숨겨진 세금과 높은 신뢰에서 나오는 특별한 배당'이라는 논리로 잘 설명하고 있는데 다음 〈표 9-1〉과 같이 정리하였다.

| 표 9-1 | 신뢰의 영향에 의한 조직의 7가지 세금과 배당

신뢰가 낮은 조직의 7가지 세금	신뢰가 높은 조직의 7가지 배당
불필요한 중복	가치의 증대
복잡한 관료주의	성장의 가속화
갈등의 유발하는 문화	혁신의 활성화
만연한 태만	협업 증대
잦은 이직	파트너십 강화
이해당사자의 이탈	실행력 향상
속임수와 부정	충성심 증대

이 논리는 조직과 구성원들의 신뢰수준이 생산성과 구성원들의 자세에 얼마나 중대한 영향을 미치는가? 라는 사실을 뒷받침해 준다. 높은 신뢰를 가질 때 구성원들은 '강한 공동체 의식과 소속감으

로 조직에 헌신하려는 의지와 자긍심을 가지고 되며, 반면, 신뢰수준이 낮다고 느낄 때는 자발성 보다는 감시아래서 일을 하는 느낌으로 구성원 간에 돈 받은 만큼만 일한다는 피동적 분위기가 팽배해지고, 사적인 자리에서는 조직을 곧 잘 비판하는 분위기가 형성될 것이다.

둘째, 신뢰는 경제적으로 거래 비용을 줄여준다.

신뢰 수준이 내려가면 속도는 내려가고 비용은 올라간다. 반면, 신뢰 수준이 올라가면 속도는 올라가고 비용은 내려간다. '스티븐 MR. 코비'는 "신뢰가 실질적인 경제동력이라는 것을 계량적으로 설명할 수 있습니까?"라는 냉소주의자의 질문에 대해 아래의 공식과 함께 "신뢰는 정량화할 수 있는 유형적인 필수 요소이며, 항상 속도와 비용에 영향을 미친다."라고 답하고 있다.

신뢰 ↓ = 속도 ↓ , 비용 ↑
신뢰 ↑ = 속도 ↑ , 비용 ↓

이 공식은 간단하면서도 실제적으로 예측이 가능하다. 다음 사례를 통해 신뢰와 비용과의 관계를 살펴보겠다.

뉴욕 맨하탄 가의 규모가 아주 작은 사업체에서 영업사례이다. 조그마한 간이점을 운영하는 젊은이는 오피스 건물에 드나드는 사람들에게 도넛과 커피를 팔았다. 그런데 아침과 점심시간에 고객이 몰려들면서 많은 고객이 줄을 서서 기다리다가 짜증을 내고 다른 곳으로 간다는 것을 알게 되었다. 게다가 혼자서 장사를 했기 때문에 거스름돈을 내주는데 많은 시간이 걸린다는 것도 깨달았다. 고민하던 그는 판매대 옆에 지폐와 동전이 가득한 바구니를 비치했다. 고객이 알아서 거스름돈을 가져가게 한 것이다. 고객이 실수로 거스름돈을 잘못 계산하거나 고의로 바구니에서 거스름돈 이상의 동전을 가져갈 것이라고 생각할 수도 있지만, 실제로는 그 반대의 현상이 나타났다. 대부분의 고객이 믿음에 대한 보답으로 평소보다 많은 팁을 남기고 갔던 것이다. 그는 거스름돈을 내주는 시간을 절약해 고객을 두 배나 빨리 맞아들일 수 있었다. 고객 역시 신뢰받는 것을 좋아하며 계속해서 그의 상점을 이용했다. 그는 이런 식으로 신뢰를 보냄으로써 추가비용을 들이지 않고 수입을 두 배로 늘릴 수 있었다.[22]

셋째, 신뢰는 사회적 이익을 가져온다.

세계은행에서 경제대국을 포함한 40여 개국에 대해 신뢰의 영향에 관한 의미 있는 조사를 했다. 국민들의 사회적 신뢰도를 설문조사하고, 투자 비율이나 경제 성장률 등의 경제 요소들과 비교한 것이다. '조건이 동일한 상태에서 국가 신뢰지수가 10% 높아지면 경제 성장률이 0.8% 상승한다.'는 결론을 발표해 세계적으로 큰 반향을 일으켰다. 또한 1990년대에는 로버트 포트만 하버드대 교수가 이탈리아 남부 지역과 북부 지역을 비교해 사회적 신뢰가 축적된 지역일수록 경제적 발전이 빠르고 그 수준 또한 높다는 연구 결과를 발표한 적이 있다.[23]

위 연구 결과처럼 신뢰로 인해 사회적 이익이 돌아오는 이유는 '불필요한 거래 비용의 절감, 사회적 갈등과 각종 부정부패의 감소' 현상 때문일 것이다.

신뢰 유지를 위한 선진국의 사회적 합의 준수 사례

핀란드의 '일수 벌금제' 준수

핀란드는 국가 경쟁력, 청렴도, 교육 경쟁력 등에서 부동의 세계 1위 국가이다. 또한 소득에 따른 높은 세율로도 유명하다. 이른바 '일수 벌금제'다. 1일 소득에 비례해 벌금을 정하는 교통범칙금 제도가 일례이다. 제한 속도가 시속 60km일 경우 70km가 넘으면 교통위반 벌금, 80km가 넘으면 소득과 연관되어 계산되는 1일 벌금이 부과된다. 범칙으로 단속받게 되면 경찰은 컴퓨터로 국세청 정보를 받아 1일 소득액수 자료를 확인하여 범칙자의 소득과 위반의 정도에 따라 계산하여 벌금액을 정한다.

핀란드 핀리틸라 그룹의 창업자인 야리바르 회장의 과속 벌금 부과에 대한 일화다. 신문에 대서특필된 헤드카피 내용은 "백만장자에게 거대 벌금형, 2km 적은 속도였다면 115유로 벌금으로 끝났을 백만장자의 벌금형.", "연간 소득 9백만 유로인 야리바르 씨. 60km 구간에서 82km 달려 벌금 11만유로(한화 약 1억7천만 원)."이다.

야리바르 회장은 2km만 속도를 줄였더라면 벌금 115유로로 해결됐을 것이다. 그러나 2km의 속도 차이는 그 100배에 가까운 벌금으로 되돌아 왔다. 여러 불만을 뒤로 하고 회장은 이렇게 말했다. "다른 방도는 없다. 단지 용인할 수밖에. 나라에는 이러한 법칙이 있으니 지키는 수밖에 없다. 온라인 은행을 통해 처리한 것으로 지불은 끝났으니 됐다."

이 규범은 이해 당사자에 따라 큰 불만이 있을 수 있는 성격이다. 하지만 여기서 보여주는 것은 '규범은 일종의 합의이며, 합의된 약속을 지키고자 하는 사회 구성원의 노력.'이라는 것이다. 사회적 규범에서 벗어난 행동에 대하여 그 사회의 구성원들은 물론 범칙 당사자까지도 법은 누구에게나 엄격히 적용되어야 함을 인정하고 있다. 상대가 정치인이거나 재벌이라고 해서 예외는 없으며, 사회 구성원 대부분이 그것을 지키고자 노력함으로써 사회적 신뢰가 유지되고 있다.

스웨덴의 '옴부즈만 제도'에 대한 신뢰

스웨덴은 세계에서 가장 신뢰지수가 높은 곳으로 꼽히는 나라이다. 거기에는 옴부즈만 제도가 한 몫을 한다. 이 제도는 1809년 스웨덴 헌법에 등장, 이후 세계로 퍼져나갔으며 국민들의 자발적 참여활동을 기반으로 하는 행정제도이다. 옴부즈만은 '대리인'이라는 의미로 국가권력 기구인 행정부와 사법부를 감시하고, 견제하면서 스웨덴을 공직 청렴도와 기관 신뢰도에서 세계 최고의 수준을 만드는데 기여하였다.

옴부즈만의 주 업무는 시민의 항의를 처리하는 것이지만, 권력기관의 심판 실태를 감시하여 심판하는 지휘 기관으로서의 역할도 한다. 부정 공무원이나 사법 요원들을 기소할 수 있고, 또한 징계 절차를 개시할 수도 있다. 행정부에 문제가 생겼는데 아무도 항의하지 않아 덮어질 수 있는 문제를 옴부즈만이 나서서 개입할 수 있는 것이다. 옴부즈만에는 일반적으로 1년에 7천여 건의 민원이 접수된다. 대부분의 민원은 경찰관, 사회복지 공무원 등 상대적으로 큰 권력을 가진 공무원들이다. 옴부즈만은 모든 민원를 확인하고, 그 결과를 일반인에게 공개한다. 옴부즈만이 국민에게 신뢰가 높은 이유 중 하나는 성역이 없다는 점이다. 장르 여하를 가리지 않고 모든 상황에 주목한다. 민원을 제기한 국민 한 사람, 한 사람의 문제를 논의하고 정부의 잘잘못을 분석하면서 국민과 정부의 의사소통 채널 역할을 한다.

'옴부즈만은 사법기관 아니며, 행정기관도 아니다. 정형화된 그 어떠한 대중의 힘을 행사하지 않는다. 옴부즈만의 힘은 법적 특성보다도 오히려 도덕률이다.'라는 말은 이 제도의 위상을 잘 나타낸다. 옴부즈만 제도를 국민들이 전적으로 신뢰하며 참여함으로써 스웨덴 사회에 성숙한 민주주의를 정착시켰다.

* 출처 : (KBS <사회적자본> 제작팀, 『사회적자본』, 문예춘추사, 2011, p110-111.)

자신의 신뢰수준 평가

앞에서 살펴보았듯이 신뢰성을 구성하는 요소는 5가지, Truth(진실성), Relationship(관계성), Usefulness(유용성), Success(성과성), Timing(적시성)으로 하였다. 이 5가지 요소의 내용을 잘 이해한 다음, '〈표 9-2〉 신뢰수준 평가표'에 있는 각 요소들에 대한 자아분석 설문을 통해 자신의 신뢰수준이 어느 정도인지 평가해 보도록 하자. 각 질문에 대해서는 진지한 자아성찰을 바탕으로 솔직하게 점수를 산출해야 한다. 평가 결과는 자신이 어느 요소가 정상이고, 또 어느 부분이 보완되도록 노력해야 해야 최대의 신뢰를 얻을 수 있는지를 파악하는 데 도움이 될 것이다. 물론 이 설문을 타인을 평가하는 데에도 활용할 수 있다.

표 9-2 신뢰수준 평가표[24]

■ 제 1요소 : Truth(진실성)

나는 '악의 없는 거짓말'을 합리화하거나 사람과 상황에 대해 거짓 설명하는 때가 있다. 또한 원하는 결과를 얻기 위해 진실을 왜곡하는 경우도 있다.	1 2 3 4 5	나는 어떤 경우든 사람들을 정직하게 대한다.
가끔 생각과 말 혹은 행동과 가치관이 일치하지 않을 때가 있다.	1 2 3 4 5	나는 생각과 느낌을 그대로 말하고 행한다. 나는 항상 말과 행동이 일치한다.

나는 내 가치관을 확실하게 알지 못한다. 그래서 다른 사람이 반대하는 사안은 옹호하기 어렵다.	1 2 3 4 5	나는 내 가치관을 분명하게 알고 있고, 용감하게 사람들을 옹호한다.
나는 내가 하는 일을 왜 하는지 생각하지 않는다. 내 동기를 개선하기 위해 내면의 성찰을 거의 하지 않는다.	1 2 3 4 5	나는 내가 하는 일의 동기를 알고 있으며, 옳은 이유로 옳은 일을 하도록 동기를 수정한다.
제 1 요소 총점	(최대 20점)	

■ 제 2요소 : Relationship (관계성)

다른 사람의 생각이 옳을 수 있다는 것을 인정할 수 없다.	1 2 3 4 5	나는 문제를 다시 생각하게 사거나 가치관을 바꾸도록 해주는 새로운 아이디어에 늘 열린 자세를 보인다.
나는 개인적인 목표나 약속을 정하고 실행하는 것이 어려울 때가 있다.	1 2 3 4 5	나는 나와 다른 사람에게 한 약속을 항상 지킨다.
나는 나와 가까운 사람들 외에는 별로 관심이 없다. 나는 내 문제 밖에 있는 관심사는 생각 하지 않는다.	1 2 3 4 5	나는 진정으로 다른 사람에게 관심이 있으며, 그들의 건강과 행복에 깊은 관심이 있다.
나는 다른 사람을 대할 때, 대체로 내가 원하는 것에 초점을 맞춘다.	1 2 3 4 5	나는 나와 관련된 모든 사람에게 '승'이 되는 해결 방안을 적극적으로 찾는다.
제 2요소 총점	(최대 20점)	

■ 제 3요소 : Usefulness (유용성)

나는 현재의 직장에서 내 재능을 활용하지 못하고 있다.	1 2 3 4 5	나는 현재의 직장에서 내 재능을 충분히 발휘하고 있다.
대부분의 사람이 내 행동을 근거로 내가 그들의 이익을 마음에 두지 않는다고 생각하는 듯하다.	1 2 3 4 5	사람들은 내 행동을 보고 내가 그들의 이익을 마음에 두고 있다는 것을 분명히 알 수 있다.
나는 직장에서 효율적으로 일하기 위해 필요한 지식이나 기술을 습득 및 개발하지 않았다.	1 2 3 4 5	나는 내 업무에 필요한 지식과 기술을 습득했다.
나는 직장이나 다른 삶의 영역에서 지식과 기술을 향상시키지 않고 있다.	1 2 3 4 5	나는 삶의 중요한 영역에서 지식과 기술을 열심히 향상시키고 있다.
제 3 요소 총점	(최대 20점)	

■ 제 4요소 : Success (성과성)

나는 다른 사람이 어떤 것(자원, 기회, 공로)을 얻으면 그것은 곧 내가 얻지 못한다는 의미라고 생각한다.	1 2 3 4 5	나는 진심으로 세상에 존재하는 모든 것이 모두에게 돌아갈 만큼 충분하다고 생각한다.
나는 실적이 좋지 않다. 내 이력은 누구에게도 영향을 미치지 못할 것이다.	1 2 3 4 5	내 실적은 사람들에게 내가 원하는 결과를 얻을 것이라는 믿음을 준다.
나는 내 강점이 무엇인지 모른다. 내 약점을 개선하는데 더욱 집중하고 있다.	1 2 3 4 5	나는 내 강점을 찾았고, 그 강점을 효과적으로 활용하는데 집중하고 있다.
나는 신뢰를 어떻게 쌓아야 하는지 잘 모른다.	1 2 3 4 5	나는 효과적으로 신뢰를 쌓고 키우고 보내고 회복하는 방법을 알고 있으며, 그렇게 하려고 의식적으로 노력한다.
제 4 요소 총점	(최대 20점)	

■ 제 5요소 : Timing (적시성)

나는 지시받은 일을 하는 데 노력을 집중한다.	1 2 3 4 5	나는 활동이 아니라 성과를 내는 데 노력을 집중하고 있다.
내 실적을 말할 때 아무것도 말하지 않거나(자랑한다는 인상을 주고 싶지 않아서), 너무 많이 말해서 사람들을 싫증나게 만든다.	1 2 3 4 5	나는 신뢰를 고취하면서 적절하게 실적을 말한다.
나는 시작한 일을 끝마치지 못하는 때가 많다.	1 2 3 4 5	나는 시작한 일은 거의 예외 없이 끝마친다.
나는 어떻게 성과를 얻을 것인지 고민하지 않고 그냥 성과를 얻는다.	1 2 3 4 5	나는 한결 같이 신뢰를 고취하면서 성과를 얻는다.
제 5 요소 총점	(최대 20점)	

전체 설문 총점	(최대 100점)

자신의 점수 산출 결과를 보자. 90~100점은 신뢰성이 매우 높은 수준이며, 각 요소별 수준 또한 모두 뛰어난 경우이다. 이러한 사람은 자신에게 중요한 가치가 무엇인지 알고 있고 그것을 일상생활에서 실천하는 유형이다. 물론 사람들에게 많은 관심을 보이며 좋은 관계를 맺고 있을 것이다. 자신의 재능에 대한 확신을 갖고 있고 부족한 분야의 개발을 위해 노력하며, 재능을 잘 활용하여 긍정적 성과를 얻는다. 결과적으로 매사에 자신감이 있으며, 사람들에게 높은 신뢰를 받고 있다. 70~90점은 신뢰성에서 약간의 흠이 있으며, 그 흠은 약간 낮은 자기 확신이나 다른 사람에게 신뢰를 높이는 수준이 다소 미흡했을 때 나타난다. 70점 이하는 신뢰성에 심각한 문제가 있다고 보면 된다. 평가 결과를 토대로 점수가 낮게 나온 요소를 잘

분석하여 최선을 다해 개선하도록 해야 할 것이다. 각자의 신뢰수준 삶을 살아가는데 있어, 또한 리더십을 발휘함에 있어, 사회적 기여 측면에서 무엇보다도 중요한 핵심적인 요소이기 때문이다.

• 신뢰 축적의 원칙

첫째, 신뢰는 스스로에 대한 진실에서부터 시작된다.

셰익스피어는 "무엇보다 이것을 명심하라. 자신에게 진실한 사람은 밤이 지나면 아침이 찾아오듯 타인에게도 거짓을 행하지 못하나니."라고 했다. 자신에게 진실하지 못한 사람은 자신을 신뢰하지 못하게 되며, 남에게도 신뢰를 줄 수 없게 된다. 이는 인간관계에서 큰 결함으로 작용하며, 자신의 성장까지도 저해한다.

주변으로부터 신뢰를 받기 위해서는 먼저 자신을 점검해야 한다. 자신을 잘 살펴보라. 자신에게 정직하며, 자신과의 약속을 늘 지키고 있는가? 자신이 "예"라고 답했다면 그것이 정말 "예"를 의미하고, "아니오"라고 했을 때는 정말 "아니오"를 의미하는가? 스스로에게 한 대답을 저버릴지도 모른다고 생각한다면, 남들에게 자신을 믿으라고 요구하지 말라. 가장 먼저 스스로에 대한 확고한 신뢰가 형성되어야 한다. 타인으로 부터의 신뢰관계는 그 다음이다.

둘째, 사람에 대한 신뢰는 분야 별로 나누어 판단할 수 없다.

'하나를 보면 열 개를 알 수 있다.'는 속담이 있다. 만약 누군가의 어느 한 분야를 신뢰하지 못한다면, 그의 모든 점을 신뢰하기 어렵다는 뜻과 같다. 오늘날 많은 사람들이 자신의 삶을 상황에 따라 분할하여 구획을 나누려 한다. 예컨대 '신앙 따로 생활 따로, 말 따로 행동 따로.'인 경우이다. 자신의 삶에서 어떤 분야의 가치 기준을 원칙이 아니라 자신의 이익과 편의에 맞도록 손상시켜 놓고는, 그것이 다른 분야에 까지 영향을 주지는 않으리라고 생각한다. 하지만 신뢰라는 잣대를 놓았을 때 다른 사람들은 오히려 손상된 분야를 보고 자신의 모든 분야를 똑 같이 평가할 것이다.

사람의 품성과 신뢰성은 분야별로 나누어 평가할 수 있는 것이 아니다. 만약 어떤 사람이 사업에서 자신을 이용하려 했거나, 또는 자기 이익을 위해 거짓말을 하려 했다면, 다른 상황에서도 역시 부정적인 행동을 할 가능성이 있다. 한 분야에서의 신뢰수준은 그 사람의 삶 전체로 이어져 있기 마련이기 때문이다.

셋째, 신뢰는 말보다 행동을 통해 쌓는 것이다.

인간의 삶에서 행동은 그 어떤 의도나 말보다 영향력이 크다. 아무리 잘하겠다는 의지를 표현했을 지라도 그것을 행동으로 보여주지 않으면 의미를 잃고 만다. 자신이 조직의 리더로 있으면서 구성원 사기진작을 위해 그들을 가족과 같은 소중한 자산으로 여기며 복지수준의 향상을 실천하겠다고 말할 수 있다. 하지만 말만 앞세우고 그들이 실감할 수 있을 정도의 행동을 취하지 않는다면 신뢰를 쌓기는 커녕 오히려 잃고 말 것이다.

상대에게 만족감을 주는 좋은 말은 꼭 필요하다. 좋은 말은 자신의 의도와 행동을 공개하는 것이므로 상대에게 희망을 줄 수 있다. 특히 그 말이 검증되면 신뢰가 쌓이고 때로는 놀랄 만큼 큰 폭으로 신뢰가 높아지기도 한다. 그러나 행동이 따르지 않는다거나, 말과 행동이 일치하지 않으면 신뢰는 급격히 떨어지고 만다.

넷째, 사람에게는 신뢰 은행계좌가 개설되어 있다.

신뢰 은행계좌는 금융 은행계좌와 유사한 특성을 가졌다고 보면 된다. 금융 은행계좌는 크고 작은 규모의 예입과 인출이 반복되며 잔고가 유지된다. 예입의 횟수나 규모가 인출보다 크면 잔고가 넉넉해지며, 삶에서의 안도감과 행복감을 갖게 된다. 신뢰도 마찬가지이다. 신뢰를 주는 행동을 할 때마다 예입은 늘어나다. 그러나 부정적인 행동을 하면 신뢰는 인출이 되어 신뢰의 잔고는 떨어지게 된다. 이것을 불리려면 계속 예입해야 하며, 예입규모가 크게 되면 이자도 불어나는 혜택을 얻게 될 것이다.

이런 역학관계는 삶의 모든 분야에 적용된다. 사람을 상대하거나 또는 자녀를 양육할 때도 실감할 수 있다. 사람 각자에게는 신뢰수준을 가늠하는 신뢰잔고가 유지되고 있으며, 그 정도에 따라 그들을 대하는 감정이 달라진다는 것이다. 잔고가 없거나 마이너스인 상대에게는 모두를 우려의 시각으로 볼 수밖에 없다. 하지만 잔고가 넉넉한 상대는 다소의 실수가 있어도 다음에는 더 잘하겠지 라는 믿음으로 지켜보게 된다. 또한 신뢰 은행계좌는 예입보다 인출의 규모가 클 수밖에 없는 특성이 있다. 우리는 이러한 특성을 인식하면서 늘 자신의 신뢰 은행계좌의 잔고를 확인하는 습관을 지녀야 한다. '현재 나의 잔고는 얼마이며, 오늘도 나는 예입을 했는가, 아님 인출을 했는가?'

목숨을 건 신뢰

프랑스 왕 루이16세와 왕비 앙투아네트가 시민혁명군에게 포위되었을 때 궁전을 마지막까지 지킨 것은 프랑스 군대가 아니었다. 모든 수비대가 도망갔지만 스위스 용명 700여명은 남의 나라 왕과 왕비를 위해 용맹하게 싸우다가 장열하게 최후를 맞았다.

시민혁명군이 퇴각할 수 있는 기회를 주었는데도 스위스 용병은 계약기간이 수개월 남았다는 이유로 그 제의를 거절했다. 당시 전사한 한 용병이 가족에게 보내려 했던 편지에는 이렇게 쓰여 있었다. 우리가 신용을 잃으면 후손들은 영원히 용병을 할 수 없을 것이다. 우리는 죽을 때까지 계약을 지키기로 했다. 오늘날까지 스위스 용병이 로마교황의 경비를 담당하는 전통이 이어져 있는 데는 이와 같은 배경이 있다.

젊은 용병들이 목숨을 바치며 송금한 돈은 헛되지 않았다. 스위스 용병의 신화는 다시 스위스 은행의 신화로 이어졌다. 용병들이 송금했던 피 묻은 돈을 관리하는 스위스 은행의 금고는 그야말로 목숨을 걸고 지켜야 하는 것으로 여겨졌다. 그 결과 스위스 은행은 안전과 신용의 대명사가 되어 이자는 커녕 돈 보관료를 받아가면서 세계 부호들의 자금을 관리해 주는 존재가 되었다.

10 협력과 추종

♣

『남을 따르는 법을 알지 못하는 사람은 결코 좋은 지도자가 될 수 없다.』

- 아리스토 텔레스 -

협력의 산물, 시너지

고대 철학자 아리스토텔레스는 '인간은 사회적 동물이다.'라고 했다. 또한 사람 '인(人)'의 한자는 서로가 기대고 있는 형상이다. 이 말들은 '인간의 삶에서 협력은 바로 본성'임을 가르쳐 준다. 여기서 말하는 협력은 '이타성' 즉, 자신의 몫을 희생하면서도 타인에게 이득이 되는 방향으로 행동하려는 성향을 바탕으로 하는 생각과 행동이라 할 수 있겠다.

인간은 협력을 본성으로 하는 이타적 동물임을 밝혀주는 근거는 많고, 다양하다. 그 중에서도 인간의 경제적 이기성에 근거한 「국부론」의 저자로서 자본주의 경제학의 시조인 '애덤 스미스' 조차 자신의 또 다른 저서 「도덕감정론」에서 인간은 이타성을 지닌 존재임을 다음과 같은 내용으로 긍정했다. '개인은 사회에서 분리된 고립된 존재가 아니라 타인과 서로 공감하는 사회적 존재다. 인간에게는 타인이 느끼는 기쁨이나 슬픔, 분노 등 감정에 공감하려는 본성이 있다. 그리고 이를 바탕으로 개인은 사회적 존재로서 마음속 공평한 양심의 인정을 받도록 행동하려는 경향이 있다. 이러한 경향이 이기심의 무한질주를 적절히 제어하여, 외부 강제가 없이도 사회질서가 형성된다.'[25]

근래 한국 사회에서 상생(相生)이 주요 사회적 쟁점으로 떠오르고 있다. 양극화 현상, 대기업과 협력업체간의 갈등, 갑과 을의 종속적 관계 등 이해관계의 불균형에 따른 수많은 문제들이 산재해 있기 때문이다. 이러한 갈등들을 해소하기 위한 사회적 움직임은 문자 그대로 '함께 살자'란 뜻인 상생(相生)을 우리 사회의 중요한 정신적 가치로 자리 잡게 하자는 것을 목표로 한다. 상생(相生)은 상대를 진정으로 헤아리는 마음을 바탕으로 서로 협력할 때 완성되어진다. 협력에 관한 상징적인 표현이 있다. 주한 미군의 슬로건인 '같이 갑시다!(Go together!)'이다. 한국군과 미군이 잘 협력하여 한반도 안보를 굳건히 하자는 의지를 표명하는 것인데, 국가적으로 가장 중요한 안보분야에서 핵심적인 슬로건을 협력으로 하고 있다는 것은 협력은 그만큼 중요한 과업임과 동시에 어려운 활동임을 증명해준다. 제한된 자원으로 최대의 효과를 내기 위해서는 상호 협력을 통한 시너지 창출이 중요한 과제이다.

사람들은 근본적으로 협력하면서 살게 되어있고, 누구나 협력은 좋은 것이라고 생각한다. 하지만 협력의 순수한 목적이 단순히 관계의 벽을 허물고 사람들이 공동으로 일을 하도록 만드는 것일까? 아니다. 진정한 협력은 가치 있는 결과를 만들어 내는 것이며, 시너지를 기대하는 활동이 되어야 한다. 그렇다면 협력의 기대치인 시너지는 무엇인지 살펴보겠다. 시너지는 한 마디로 전체가 각 부분의 합보다 더 크다는 것, 즉, 하나 더하기 하나는 둘이 아닌 셋 또는 그 이상이 되는 것을 의미한다.

협력을 통한 시너지 창출 사례는 자연현상이 일어나는 어디에서나 볼 수 있다. 두 개의 나무를 함께 심어 놓으면 그 뿌리들이 얽혀서 주위의 토양을 비옥하게 하기 때문에 각각 따로 심은 나무 보다 훨씬 더 잘 자란다. 또한 두 개의 판자를 함께 포개면 각각 따로 지탱할 수 있는 무게의 합보다 훨씬 더 큰 무게를 지탱할 수 있다. 무엇이든 함께 할 때 더 큰 효과가 난다는 것을 알려주는 사례들이다.

또한 기러기의 비행 이야기도 협력활동을 통한 시너지 창출 사례로서 매우 감명 깊은 사례로 들 수 있다. '기러기는 겨울을 나기 위해 먹이와 따뜻한 곳을 찾아 40,000km나 되는 먼 거리를 비행한다. 기러기가 날아갈 때 리더를 중심으로 브이(V)자로 무리지어 나는 데는 특별한 이유가 있다. 앞장서서 날아가는 기러기들이 호흡을 맞춰 날개 짓을 하면 공기의 흐름이 상승기류로 바뀌어 뒤따르는 기러기들이 71%나 힘을 적게 써도 되도록 도와준다. 이들은 또한 먼 길을 나는 동안 끊임없이 울음소리를 낸다. 그 울음소리는 힘들게 날아가는 동료들에게 보내는 응원의 소리이다. 이렇게 기러기는 멀리 나는 동안 옆에서 날개 짓을 함께하는 동료들을 의지한다. 만약 어느 기러기가 아프거나 지쳐서 대열에서 이탈하게 되면 다른 동료 기러기 두 마리가 대열에서 이탈해 지친 동료가 원기를 회복해 다시 날 수 있을 때 까지 또는 죽음으로 생을 마감할 때 까지 동료를 마지막까지 함께 지키다 무리로 돌아온다.'고 했다

인간의 삶에서도 자연에서와 같이 창조적 협력에 의한 시너지 창출 사례를 쉽게 찾아볼 수 있다. 그 중 최고의 모델은 남자와 여자의 결혼으로 아기를 낳아 가족을 셋, 넷 이상으로 확산되어 나가는 것이다. 생리적 구조와 모습도 전혀 다른 일 더하기 일이 협력하여 셋, 넷 이상으로 마치 다단계 피라미드 형태처럼 하부의 범위가 끝없이 넓어진다. 이러한 현상은 인간의 삶에서 각각 다른 객체가 함께하여 목표한 바를 효과적으로 달성하는 협력활동의 기준 모델이라 할 수 있을 것이다.

• 협력적 사고

개성을 가진 객체들 간에 공통의 목표 지향 활동을 하기 위해서는 각각의 협력의지가 중요하다. 협력의지는 참여 당사자로서 공통의 목표달성을 위해 다음과 같은 사고를 바탕으로 협력해야 한다는 신념이다.

먼저, 공감력이다.

공감력이란 다른 사람의 삶 속으로 들어가 그 사람이 가진 감정과 경험을 공유하게 해 주는 심리현상으로서 사회관계 속에서는 협력의 기반적 수단이라 할 수 있다.

대니얼 골먼은 저서 「뉴 리더(New Leader)」에서 공감력이 어떤 것인지 대한 의미를 다음과 같이 잘 설명해 준다. '공감적인 사람은 상대방이 원하는 것을 간파하고 충족시키는 능력이 남다르다. 그들은 상대방의 말을 귀담아 듣고, 사람들이 진정으로 관심을 갖는 것을 찾아내고, 상대방의 의도에 정확히 반응한다.' 그리고 '공감력은 갈수록 중요해지는 협동적 환경에서의 효용성에 반드시 필요한 핵심 요소이며, 모든 사람이 정보를 쉽게 공유하고 효율적으로 조화를 이룰 수 있도록 밀접하고 원만한 관계를 맺는 것을 의미한다.'[26]

청춘멘토로 젊은이에게 많은 가르침을 주고 있는 시골의사 박경철은 자신의 저서 「자기혁명」에서 공감력(empathy)을 동정심(sympathy)과의 비교를 통하여 협력에 기여하는 핵심 요소로서의 선한 영향력은 동정심이 아닌 공감력(empathy)이라고 하면서 다음의 예를 들고 있다.

'추운 겨울 육교 위에 누더기를 걸치고 앉아 동정을 구하는 걸인이 있다고 가정하자. 육교를 지나는 사람들이 그를 안타깝게 여겨 500원짜리 동전과 맞바꾸면서 자신의 선량함에 짧은 순간 도취될지도 모른다. 하지만 그 동전을 받은 걸인의 마음에는 어떤 영향력도 미치지 못했다. 마침 성직자 한 무리가 육교 위를 지나가면서 주머니에 들어 있는 현금을 모두 걸인의 깡통에 넣어주었다고 해도, 걸인의 입장에서는 단지 운이 좋은 날에 불과하다. 모두 동정심(sympathy)이었기 때문이다. 하지만 어느 날 한 사람이 걸인을 보고 다가와 허리를 굽히고 "이 추운 날 이렇게 앉아 있으니 얼마나 힘드시오. 내가 큰 도움이 되지 못해 미안하오."라며 어깨라도 두들기고 500원짜리 동전을 깡통에 넣고 지나간다면 걸인의 마음속에 작은 미동이 일어날 것이다. 또 무릎을 굽히고 마주앉아 그의 눈을 바라보면서 "가족은 없으신가요? 힘드시겠지만 기운내세요."라고 말하면서 손이라도 한번 잡아주고 일어서면 걸인의 마음속에 작은 물결이 출렁일 것이다. 그의 어깨를 두드리며 "내가 능력은 없지만 추운 날 따뜻한 국밥 한 그릇 대접하겠소. 외롭다 생각 마시오."라며 일으켜 준다면 걸인은 비로소 자리에서 일어날 것이다. 단순한 동정이 아닌 공감력(empathy)를 보여주었기 때문이다.'[27]

둘째, 차이점을 인정하는 것이다.

'구동존이(求同存異)' 라는 용어가 있다. 글자 그대로 '차이점을 인정하면서 같은 점을 추구'라는 뜻으로서 이질적 객체 간 협력적 사고의 기준이 되는 의미 있는 말이다. 1955년 중국 주은래가 아시아-아프리카 회의에서 연설하던 도중 천명한 평화공존 5원칙 중의 하나로서 가장 널리 알려진 말이며, '큰 틀에서 서로의 공통점을 찾아내어 발전시키고 차이가 있는 것은 일단 그대로 두고 좁혀 나가자'라는 의미가 담겨져 있다. 이를테면 미국과 중국의 외교 활동에서 미국이 중국의 인권을 가지고 문제를 제기하면 중국은 '구동존이'라는 표현을 통해 일단 공동 관심사부터 찾아보자고 대응하는 것이다. 경제협력이니 문화교류니 많은 공통점을 이야기하다보면 서로에 대한 특수한 상황을 이해하게 될 것이고, 결국 지금 입장이 다른 의견의 차이는 저절로 해소될 있을 거란 논리다.

다음의 이야기는 차이점을 인정하지 않을 경우 시너지는 커녕 얼마나 퇴보하고 마는 가를 일깨워 준다. 미국의 교육자 리브스(R. H. Reeves) 박사가 쓴 「동물학교(The Animal School)」라는 우화이다.

옛날에 동물들이 '신세계'에서 직면하게 될 문제들을 해결하기 위해 어떤 훌륭한 일을 해야겠다고 결정하고 학교를 만들었다. 그들은 달리기, 오르기, 수영, 날기 등으로 짜여진 교과목을 채택했다. 또 이 학교의 행정을 좀 더 쉽게 하기 위해 모두가 똑같은 과목을 수강하도록 하였다.

'오리'는 수영을 교사보다도 잘했고 날기에서도 꽤 훌륭한 점수를 받았다. 그렇지만 달리기에서는 매우 부진했다. 오리는 달리기를 연습하느라 수영수업은 빠졌다. 이렇게 달리기 연습에 열중하다 보니 물갈퀴는 닳아서 약해졌고, 이제는 수영에서조차 겨우 평균점수 밖에 못 받게 되었다. 그러나 학교에서는 평균성적만 받으면 되었으므로 오리 외에는 아무도 그것에 대해 걱정하지 않았다.

'토끼'는 달리기는 가장 잘했지만 수영 연습에 많은 시간을 할애하느라 신경쇠약에 걸렸다. '다람쥐'는 오르기에는 뛰어났지만 날기 과목의 교사가 나무 위에서 날아서 내리는 대신 땅에서 위로 날아오르게 했기 때문에 좌절감에 빠졌다. 또 그는 지나친 연습으로 경련이 생기는 바람에 오르기에서는 C를 받았고 달리기에서는 D를 받았다.

'독수리'는 문제아였다. 그래서 그는 심하게 훈계를 받아야 했다. 오르기 수업에서는 독수리가 나무 꼭대기에 오르는 데 다른 모든 동물들을 제쳤지만 거기에 도달하는 데 있어 자기 방식대로 할 것을 고집하였다.

학년 말에 수영은 아주 잘하고, 달리기, 오르기, 날기는 약간만 하는 이상하게 생긴 '뱀장어'가 가장 높은 평균점수를 받아 졸업생 대표가 되었다.[28]

셋째, 참여자들 각자가 승-승(win-win)의 패러다임을 가져야 한다.

승-승(win-win)의 패러다임은 인간의 모든 상호관계를 승-패로 보는 것이 아니라 서로의 이익을 추구해야 한다는 신념 즉, '자신도 이기고, 상대도 이기는 것이 답이다.'라는 개념에서 나온다. 이렇게 승-승의 해결방안을 갖게 되면 모든 이해 당사자들이 협의 결과에 대해 만족할 뿐만 아니라 결정된 활동 계획에 헌신적으로 참여하게 된다.

위의 내용과 사례들에서 알 수 있는 것은 시너지를 목표로 하는 협력 활동에는 공감력을 기반으로 한 상호의존적 사고, 차이점의 조화 노력, 승-승(win-win)의 패러다임 등이 주요 요소로 작용되어야 한다는 점이다. 서로가 만나 협력하는 과정에서 상대의 특성을 공감하려 하지 않고, 식별되는 차이점을 자신의 기준에 맞추려고만 노력한다면 협력관계는 진전되기 전에 깨지고 말 것이다. 그래서 공감하려는 자세, 구동존이(求同存異) 및 승-승(win-win)적 사고야 말로 협력을 성공적으로 이끌기 위한 기본이라는 점은 부인하기 어렵다.

조직을 협력적으로 만드는 방법

협력의 진정한 목적은 단순히 사람들이 함께 일하도록 만드는 것이 아니라 가치 있는 결과 즉, 시너지를 창출하는 것이라고 했다. 자신이 어떤 조직의 리더의 자격이나 조력자가 되었을 때 그 조직을 시너지를 내는 협력체로 만드는 방법을 세 가지 단계로 구분하여 살펴보겠다.

1단계 협력에 따른 잠재적 이익과 성공가능성을 평가해야 한다.

조직 단위의 특성별로 협력을 통해 얻을 수 있는 가치, 즉 잠재적 이익은 '뛰어난 기획과 계획, 훌륭한 의사결정, 조직 혁신, 거래처 확장, 비용 절감' 등으로 볼 수 있는데 기업의 비즈니스인 경우는 보다 명확하게 예측된다. 먼저, 기존 자원을 공동으로 활용함으로써 각각 할 때 보다 훨씬 나은 결과를 도출하며, 협력을 통해 특정 부서가 다른 부서의 고객에게 동일 제품을 판매하거나, 기존 고객들에게 다양한 제품들을 교차 판매하여 매출을 증대시킬 수 있다. 그리고 비용을 절감하거나 의사결정의 질을 향상시킴으로써 더 효율적으로 기업을 경영할 수 있다는 것이다. 간단히 표현하자면 비즈니스의 협력은 비용절감, 매출증가, 경영효율 등 세 가지 잠재적 이익을 기대하는 활동이다.

협력의 잠재력이 위의 기대처럼 매력적인 것은 사실이지만 만병통치약은 아니다. 따라서 시행하고자 하는 협력 프로젝트의 성공가능성을 면밀하게 분석하여 계산해야 한다. 협력을 통해 얻을 수 있는 잠재적 이익에서 협력에 따른 자원과 에너지 손실, 예상 비용 등을 빼면 성공가능성이 평가된다. 이것이 플러스로 평가된다면 훌륭한 상황이 존재하므로 협력을 추진해야 하며, 마이너스인 경우는 포기해야 한다. 하지만 바람직한 리더는 협력 비용을 가능한 제로에 가깝게 낮추기 위해 협력을 방해하는 요소를 제거하고자 다각도의 노력을 할 것이다. 이때 구성원들의 협력적 사고를 이끌어 내는 능력이 필요하다.

2단계 협력 활동에 장애가 될 수 있는 요인을 찾아내야 한다.

일반적으로 조직 내에서 협력이 잘되지 않는 원인은 눈에 보이지 않는 경쟁으로 인해 조직 구성원들이 소관업무의 실적을 최우선적으로 생각하기 때문이다. 이는 조직의 업무성과 보상책 등 경쟁을 유도하는 방침에 따른 자연스러운 결과라 할 수 있다. 조직 내에서의 협력에 장애가 되는 주요 요인은 일단 다음의 세 가지 기준으로 찾아낼 수 있겠다.

- 자신이 직접 간여하지 않은 프로젝트나 제안에 대해서는 배타적 성향을 갖고 있는 경우다. 이는 협력에 따른 잠재적 이익이 예상됨에도 불구하고 다른 부서의 도움을 요청하기는커녕 그 사람들과의 접촉 노력조차 하지 않으려 하는 현상으로서 다음과 같은 분위기가 조직 내부에 형성되어 있다.

구성원들이 독립적으로 일을 하는데 너무도 익숙해져 있을 정도로 고립적인 문화가 이거나, 조직 내부적으로 자신의 문제는 자신이 해결해야 한다는 개인 책임제가 지나치게 강조되어 다른 사람들의 협력을 구하는데 눈치가 보이는 분위기가 형성되어 있다. 이로 인해 구성원들은 다른 사람에게 전문적이 도움을 구할 경우 그들의 평가로 인해 자신의 취약점이 드러나고, 일을 마치기도 전에 총체적인 실패라는 부정적 여론이 형성될 까 두려움을 갖고 있다.

- 매사에 비협조적인 분위기일 경우다. 이러한 조직에서는 정보 및 자료 지원, 시간 할애, 노력 등의 도움을 주지 않거나, 도움을 주더라고 효과가 크지 않도록 일부러 늑장을 부리는 분위기인데 다음의 요인들이 작용한 결과다.

승진, 기술 개발, 매출 증대 등을 위해 모두가 경쟁해야 하는 상황에서 다른 사람이나 부서에 자발적으로 도움 주길 원하지 않는다. 대체로 조직의 성과보상 제도는 전체 보다는 특정 프로젝트 또는 개인에 초점을 두고 있기 때문이다. 협력에 따른 실체적인 보상에 대해서도 믿음이 부족할 수밖에 없으므로 협력 업무에 투입이 되어서도 개인적 실적에 관심이 더 많다. 그리고 모두들 개인 업무에 너무 바쁜 나머지 협력 활동에 시간을 할애할수록 자신의 일에서 더욱 뒤처지게 되리라는 불안감을 갖고 있다. 또한 다른 사람이 모르는 지식을 더 많이 알수록 인정을 받게 된다는 기대심리로 인해 다른 사람에게 정보와 지식을 제공하기를 꺼려하는 경향이 있다는 것이다.

- 협력을 위한 공통적 기반이 취약한 경우이다. 이런 환경에서는 사람들이 협력할 의지를 갖고 있다고 하더라도 누구와 협조를 해야 하며 어디서 자료를 획득해야 하는가를 파악하기 어렵다.

지식정보공유 시스템이 원활하게 작동되지 못하고 있기 때문이다. 조직의 규모가 지나치게 크고 복잡할수록, 다양한 정보공유 시스템을 유지할수록 구성원들은 과도한 정보에 시달려 적시에 필요한 정보를 찾거나 제공하기가 어렵게 된다. 또한 구성원들 간에 친분을 쌓는 기회가 거의 주어지지 않는 조직의 경우 서로의 유대가 약하게 되어 평소부터 암묵적인 경험 전수가 잘되지 않으며, 함께 문제를 해결해야 하는 상황이 주어졌을 때도 자연스럽게 협력이 잘되기를 기대하기 쉽지 않다.

▌3단계▐ 조직의 특성에 적합한 협력수단을 마련하여 장애원인을 근본적으로 해결해야 한다.

협력에 장애가 있는 조직에 대다수 조직에 적합한 해결책은 다음과 같은 3가지 다양한 협력 수단의 혼합된 형태일 것이다

첫 번째 수단은 '어떻게 조직을 통합하여 서로 협력하게 만들 수 있을까?'이다. 여기에는 다음과 같은 몇 가지 효과적인 자극책이 있다.

- 대의명분이 큰 중심적 통합목표 만들어야 한다. 잘 구성된 통합목표는 다음과 같은 특성이 있다.
  - 목표는 간단명료해야 한다. 구성원 모두가 쉽게 이해하고, 기억에 남을 수 있으며 개인적인 해석을 남길 여지가 없어야 한다. CEO 취임 이후 '잭 웰치'가 정한 GE사의 목표인 '모든 사업에서 세계적으로 1위 또는 2위가 되라.'가 좋은 사례이다.
  - 목표는 열정을 자극해야 하고, 내부 경쟁이 아닌 외부 경쟁을 유발시키는 내용이 되어야 한다. 좋은 예는 1990년대 에어버스(Airbus)의 목표인 '보잉(Boeing)을 이겨라'이다.
- 팀워크의 핵심가치를 만들고, 조직의 리더는 이를 바탕으로 협력이

매우 가치 있고 바람직하다는 메시지를 강력하게 보내야 한다.

- 협력을 장려하는 언어를 만들어 활용해야 한다. 협력을 위해서는 협력에 대해서만 말해야 한다. 한 번은 협력을 말했다가 다음번에는 격렬한 경쟁에 대해 말을 한다면 구성원들은 무엇이 중요한지 혼란을 느끼게 될 것이다. 언어는 협력을 위한 훌륭한 도구임을 잊지 말아야 한다.

두 번째 수단은 '개인 업무 결과가 조직 전체와 협력된 성과를 이끌어내도록 해야 한다.' 즉, 개인의 업무와 협력 업무의 적절한 균형이 이루어지도록 하는 것이다.

- 보상시스템을 바꿔서 협력 업무에 대한 보상기준을 마련해야 한다. 이를테면 성과급의 반은 개인이 속한 부서의 실적을 바탕으로, 나머지 반은 협력적 기여에서 발생토록 하는 것도 하나의 방법이다.
- 조직 전체에 기여하는 기준을 구체적으로 이해시키고, 자신의 부서는 물론 다른 부서에도 도움이 되는 업무를 잘해낸 사람에게 인사상의 이익이나 성과급을 인상하는 것이다.
- 팀워크 향상이나 협력하는 방법을 구성원들에 코칭 해야 한다. 그리고 협력의지가 충만한 사람을 신규 채용하고, 가능성이 없는 사람은 그에 적합한 업무로 인사조치 해야 한다.

세 번째 수단은 '구성원들 간에 다양한 인맥관계를 형성하도록 장려'하는 것이다. 조직에서는 실질적인 목표달성에 기여하도록 다양한 네트워크를 운영한다. 또한 구성원들도 공식 의사결정 라인 외에 자연스런 친목을 위해 인맥관계를 맺기도 한다. 조직의 협력을 더 활발하게 하려면 기존에 형성된 구성원들의 비공식 네트워크를 잘 활용하면 도움이 된다.[29]

협력 관점에서의 효과적인 인맥형성 규칙

- 내부가 아닌 외부적으로 구축하라. 전문성을 가진 외부사람들과 연락을 한다면 인맥은 언제나 막강한 힘을 발휘한다.
- 단순히 대규모 인맥이 아닌 다양한 인맥을 구축하라. 인맥은 규모 보다는 다양한 전문성, 노하우 및 지식을 보유한 사람들이 속한 인맥이 훨씬 낫다.
- 인맥 구축은 끈끈한 친분 보다는 느슨한 친분이 효과적이다. 자신에 대해 잘 알고 있는 몇몇 친한 친구들과 항상 연락하는 것 보다는 가끔씩 연락하는 사람을 많이 아는 것이 좋다. 그들이 정보를 알려주는 교량 역할에 더 충실하기 때문이다.
- 열심히 중개자를 개발하라. 친한 사람들하고만 교류하지 말라. 중개자는 개인적 친분을 강점으로 삼아 사람들이 원하는 것을 찾는데 도움을 주는 독특한 위치에 있는 사람들이다.
- 항상 자신의 목표 대상을 충분히 확보하라. 달리 말해서 제안을 하기 위해 누군가를 만나야 할 경우 자신이 알고 연락하는 모든 영향력 있는 사람들에게 그 사실을 알려서 다양한 사회적 친분을 설득에 많이 활용해야 한다.
- 끈끈한 친분으로 바꿔야 할 때를 파악하라. 프로젝트가 진행되는 과정에서는 핵심 사안으로 들어가게 된다. 피상적인 지식만을 가진 사람과 사귀었다면 문제가 발생할 수 있다. 깊이 관여해 도움을 줄 수 있는 사람들로 관계의 폭을 좁혀야 한다.

팔로워(Follower)의 유형

팔로워(Follower)란 본래 '돕다, 후원하다, 공헌하다'라는 뜻의 고대 독일어 'Follaziohan'에서 유래하였다. 리더(Leader)의 고대 독일어는 '참다, 고통 받다, 견디다'라는 뜻이었다. 그러므로 팔로워는 '남의 도움을 필요로 하는 리더를 돕는 존재'라는 뜻으로 해석할 수 있다.

오늘날의 팔로워는 고대 원어의 의미를 훨씬 뛰어넘는다. 사회 환경의 발전 추세와 더불어 대중의 지식수준이 높아짐에 따라 팔로워의 역할과 위상이 높아졌으며, 고도의 경쟁 상황에서 팔로워들이 주어진 역할 이상을 해내는 조직은 늘 승리하는 모습을 보여주고 있기 때문이다. 이처럼 팔로워의 역할이 갈수록 강조되고 있는 가운데 그 중요성에 대해서도 과거, 현재가 따로 없을 정도이다.

고대 동양에서 순자(荀子)가 말씀하신 '신하의 다섯가지 길(臣道五)'에서 현대에도 그대로 적용할 수 있는 팔로워의 유형을 명확하게 구분해 준다. '순자는 신하의 길(臣道)을 다섯 가지로 나눈다.

- 순(順), 명령을 따르고 군주를 이롭게 하는 걸 순(順)이라 한다. 현군 아래 현신 있는 이상적인 경우다. 올바른 지시를 잘 따르니 순조롭지 않을 리 없다.
- 충(忠), 명령을 거스르며 군주를 이롭게 하는 게 충(忠)이다. 무조건 따른다고 충성이 아니란 얘기다.
- 첨(諂), 명령을 따르는데 군주를 이롭지 못하게 하면 첨(諂)이다. 아

첨의 적극적 해석이다. 군주의 잘못에 눈감는 것도 아첨인 거다.

- 찬(簒), 명령을 거슬러 군주를 이롭지 못하게 하면 그건 찬(簒)이다. 이건 찬탈, 즉 반역이니 설명이 필요 없다.
- 국적(國賊), 군주의 치욕과 나라의 흥망을 돌보지 않고 구차하게 영합해서 녹봉만 받으며 사교에만 힘쓰는 것을 국적(國賊)이라 한다.

현대에 이르러서는 조직 경영에서 중요한 역할을 더해 가는 팔로워의 개념으로서 비중 있게 연구되고 있다. 팔로워십의 최고 전문가로 일컬어지는 카네기 멜론스쿨의 켈리(Robert E. Kelly) 교수는 '조직의 성공에 있어서 리더가 기여하는 것은 많아야 20% 정도이고, 그 나머지 80%는 팔로워들의 기여로 볼 수 있다.'고 한다. 또한 그는 이런 관점에서 리더와 팔로워를 빙산에 비유하면서, 실제 조직 구성원 대부분은 수면 아래 가라앉아 있고, 오직 리더만이 일각의 빙산처럼 모습을 드러낸다는 것이다. 이러한 현상처럼 리더십 성과는 수면 아래에 드러나지 않는 수많은 팔로워들의 역량이 바탕이 되어 밖으로 드러나게 된다. 이 연구를 통하여 지금 20%의 리더가 아닌 80%의 팔로워가 조직의 운명을 결정하는, 바야흐로 빙산이 거꾸로 솟아오르는 변화의 시대에 살고 있으므로 리더들 못지않게 팔로워들을 키우기 위하여 더욱 노력해야 한다는 점을 인식할 수 있다.

켈리(Robert E. Kelly) 교수는 이러한 개념을 바탕으로 리더와 팔로워들을 집중 면담한 뒤 〈표 10-1〉과 같은 팔로워 유형 모델을 개발하였으며, 팔로워 유형을 소외형, 실무형, 수동형, 순응형, 모범형 등 다섯 가지로 제시하였다. 이들 각각이 무엇을 의미하는지 알아보겠다.

표 10-1 켈리의 팔로워 유형

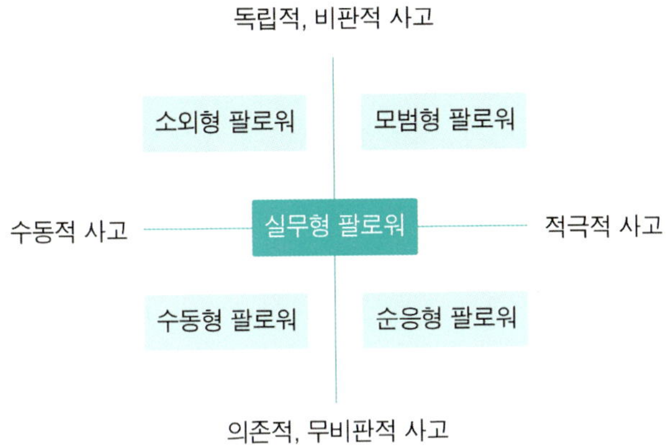

먼저, 소외형 팔로워는 독립적이고 비판적 사고는 잘하지만 역할수행에 있어서 적극적인 태도는 보여주지 못하는 유형이다. 이들은 초기에는 모범형 팔로워였으나 어떤 계기로 말미암아 리더와의 관계가 악화된 경우가 많다. 소외형이 모범형으로 되기 위해서는 자신이 리더로부터 불공정한 대우를 받는다는 인식을 극복하는 것이 선결과제이다.

실무형 팔로워는 별로 비판적이지 않으며 리더의 결정에 의문을 품기는 하지만 자주 그렇지는 않다. 시키는 일은 잘 수행하지만 그 이상의 모험을 하지는 않는 스타일이다. 대립은 가급적 억제하고 실패했을 때를 대비한 해명자료를 항상 준비해 놓는다. 모범형이 되기 위해서는 우선 목표를 정하고 다른 사람들의 신뢰를 회복할 수 있도록 해야 하며, 다른 사람들의 목표달성을 돕는 데서 시작하는 것이 바람직하다. 비율로 봤을 때 실무형이 가장 숫자가 많다고 한다.

수동형 팔로워는 생각도 하지 않고 열심히 참여도 하지 않는 스타일이다. 모범형과는 정반대의 위치에 존재하는 스타일이다. 책임감이 부족하고 솔선수범하지 않으며 리더가 지시하지 않으면 움직이지 않는다. 이런 스타일은 팔로워십의 진정한 의미를 새로 배워야 한다. 수동형이 많으면 리더십을 발휘하기도 매우 힘들어 진다.

순응형 팔로워는 생각은 모자라지만 착하고 열심히 참여하는 스타일이다. 이들은 독립적 사고가 부족하여 항상 리더의 판단에 지나치게 의존하려는 성향을 띤다. 가정, 학교, 직장 등 사회가 전반적으로 순응을 장려하는 분위기에 젖어 있을 때 이러한 팔로워들이 많이 산출된다. 모범형이 되기 위해서는 독립적이고 비판적 사고를 기르고 그것을 사용할 수 있는 담력을 키울 필요가 있다.

끝으로, 모범형의 경우는 스스로 생각하고 알아서 행동할 줄 아는 스타일이다. 혁신적이고 독창적이며 건설적 비판을 내놓을 줄 아는 유형으로 잘못되었을 경우 리더와도 용감히 맞설 줄 아는 면모를 갖춘 팔로워이다. 이들은 자신이 맡은 일뿐만 아니라 모든 면에서 적극적인 자세를 보여준다.[30]

위에서 살펴본 바와 같이 예나 지금이나 충성의 진정한 의미를 실천하는 모범형 팔로워로의 중요성을 여러 유형들의 비교를 통하여 강조하고 있다. 그렇다면 조직의 성공을 이끌어내는데 필요한 모범형 팔로워의 특성에 대해서는 보다 상세히 살펴볼 필요가 있겠다.

한마디로 표현하면 '리더의 입장에서 생각하는 팔로워, 절반의 책임을 지는 팔로워'가 모범형이다. 만약 팔로워들의 행동 유형이 무조건적 '예스맨'이라면 그것은 조직실패의 심각한 징후가 있다고 볼 수 있는 것이다. 팔로워들은 물론 리더의 지휘를 받아야 하지만, 진정한 모범형 팔로워는 단순히 부하직원으로서 리더를 떠받드는 것이 아니라 소신을 갖고 공동의 목표를 향해 리더를 물신양면으로 돕는 사람, 즉 수동적 추종자가 아니라 효과적인 추종자로서의 역할을 해내야 한다.

효과적인 추종자, 즉 모범형의 팔로워는 어떤 행동을 보이는가? 그것은 첫째, 올바르게 일하는 리더에게 지지를 표명한다. 리더가 정확한 목표를 수립하여 바르게 추진해가는 것에 대하여 확실하게 지지하는 것이다. 리더십이란 팔로워들의 지지에 힘입어 강화되는 것이기 때문이다. 둘째, 모범형의 팔로워들은 주어진 일을 주도적인 자세로 추진해 나간다. 또한 그러한 팔로워들은 주어진 책무 이상의 일에 대해서도 자긍심을 가지고 도전해서 달성해 내려고 한다. 그들은 조직의 발전에 긍정적 영향을 주고자 이러한 행동을 취하는 것이다. 셋째, 필요에 따라서는 리더에게도 상담자와 코치의 역할도 한다. 리더는 전지전능한 사람이 아니다. 언제든지 실수할 수 있고 약점을 가지고 있다. 이것이 보완되지 않으면 조직은 실패한다. 성공하는 조직의 팔로워들은 리더의 부족한 점을 헐뜯기보다 리더의 체면을 세워주면서 보완을 위해 도움을 준다. 넷째, 리더의 부적절한 영향력에 대해서는 저항한다. 어떤 리더든 자신에게 주어진 힘을 사적으로 사용함으로써 조직에 해를 입히는 경우가 있다. 정의가 살아있는 조직에서는 팔로워들이 리더의 부정적인 영향력에 동조하지 않는다. 조직이 더 큰 성공의 길로 도약하고자 한다면 팔로워들이 이러한 가치관으로 행동하는 조직문화가 조성되어야 한다.

고대 철학자 아리스토텔레스는 '남을 따르는 법을 알지 못하는 사람은 좋은 지도자가 될 수 없다.'고 했다. 이는 훌륭한 팔로워가 되는 것은 훌륭한 지도자가 되기 위한 선행조건이라는 의미도 내포하고 있다. 팔로워들은 장차 리더의 직위를 물려받을 사람들이다. 그러므로 모범적인 팔로워로서 올바른 행동을 한다는 것은 조직 뿐 아니라 개인의 미래를 위해서도 중요한 사항이다.

역사 속의 위대한 팔로워, 최악의 팔로워

1. 위대한 팔로워

• 명장 이순신을 만든 지혜의 팔로워, 나대용 제독

나대용은 임진왜란이 일어나기 직전인 선조24년(1591년) 전라좌수사로 있던 이순신 제독 휘하의 전선감조(戰船監造) 군관으로 임명되었다. 이순신은 전투함정이 부족하다는 판단 하에 군함의 제조를 결심했다. 그러나 그것은 일반적인 판옥선이 아니라 당시로서는 상상할 수 없는 수준의 함정이었다. 지시를 받은 군관들은 배를 개발할 엄두도 못 내고 모이면 불평불만과 이순신 흉을 보기에 바빴다. 단 한 사람 나대용은 달랐다. 깊은 고민에 고민을 거듭한 후 드디어 이순신이 요구한 '불에 타지 않고, 적선을 일격에 박살내며, 적군이 배 위에 오르지 못하고, 화기까지 탑재할 수 있는 배'를 설계했다. 나대용의 거북선이 만들어 진 것이다. 바로 이듬해인 임진년에 발발한 왜란에서 혁혁한 전공을 세우며 나라를 구하게 된다.

팔로워의 중요한 덕목 중 하나가 리더가 보지 못하는, 리더에게 취약한 부분에 대한 보충 및 보완이다. 나대용 장군은 비록 군사적인 지위에서는 최고의 자리에 오르지 못했지만 자신의 분야에서 만큼은 최고의 능력을 발휘하였고, 다시 그 능력을 리더에게 제공하여 리더에게 부족한 부분을 채울 수 있게 하였다. 더군다나 그는 모든 부하들이 불가능하다고 여겨 지레 포기했던 리더의 명령을 자신의 역량을 집중시켜 목표를 달성하는 팔로워의 기본적인 소양과 자세를 보여주었다.

• 세종대왕의 진정한 파트너십, 집현전 학사들

조선 건국 후 4대째를 내려오면서 창업기의 혼란을 딛고 안정기에 집권한 세종은 시대 변화에 맞춰 획기적인 개혁정책을 추진하였다. 정책의 뒷받침을 위해 집현전을 대폭 정비하여 싱크탱크로 활용하였는데, 세종에 의해서 학문적으로 기여할 수 있는 길이 열리게 된 집현전 학사들은 기대에 부응하고자 밤낮없이 학문에 열중하여 개혁정책의 든든한 이론적 배경이 되어 주었다.

세종은 한글 창제를 비롯한 수많은 개혁과제를 추진하는 중에 기존의 지식인과 신료들로부터 강한 저항을 받았다. 저항을 극복해 가는 과정에서 집현전과는 주종관계라기 보다는 진정한 파트너십을 기반으로 '권한위임과 보완의 팔로워십'을 이끌면서 논리를 지원받아 설득에 성공할 수 있었다.

집현전은 임금 아래의 한 국가기관에 지나지 않았지만 '조정의 일을 내 자신의 일로 여기며 육조의 기관 중 유일하게 날이 새도록 불이 꺼지지 않는 노력'을 통해 임금이 바른 판단을 할 수 있도록 지원하였다. 이후 집현전 학사들은 1456년 해채될 때 까지 37년간 임금의 곁에서 그가 올바른 리더십을 발휘하여 창업기를 딛고 안정기로 들어설 수 있도록 하는데 큰 공헌을 하였다.

2. 최악의 팔로워

• 불법의 동조자, 예스맨 '루돌프 헤스'

루돌프 헤스는 인류역사상 최악의 살인공장장으로 불렸던 사람이다. 1차 세계대전 중 군 생활을 한 후, 평범한 농부로 살아가려다 인류 역사에 악명을 남긴 아돌프 히틀러와 그의 부하 히믈러를 만나 독일군에 재임용되면서 그의 인생이 바뀐다. '다하우' 수용소 경비에 보직되어 수용소장이자 철저한 냉혈한인 아이케의 부하가 된다. 그는 수용자들을 가혹하게 다루어 라는 아이케의 명령에 복종하면서 시간이 갈수록 변해갔다. 어느새 아이케의 악명을 뛰어넘는 잔혹한 관리인이 되었고, 이후 폴란드 아우슈비츠 지역에 새롭게 건설된 강제수용소의 소장으로 부임하고 부터는 그의 이름 자체가 억류자들에게 공포의 대명사가 되었다.

그는 상부의 지시라면 무조건 이행하는 기계로 바뀌어 있었다. 상부에 잘 보이기 위해서라면 갖은 편법과 악행을 일삼아서라도 명령을 이행했다. 결국 그는 나치스 독일의 충견이 되어 수용소장 재직기간 동안 113만 명에 달하는 유태인 및 폴란드 포로들을 학살하는 만행을 저지르게 되었다. 전쟁이 끝난 후 사형선고를 받아 1947년 아우슈비츠 그 수용소에서 교수형에 처해졌다.

루돌프 헤스는 부정적 의미의 팔로워 중에서도 가장 쉽게 볼 수 있는 '권력동조형' 팔로워의 대표적인 모습이라 하겠다.

이런 유형들은 세상을 바라보지 못하고 자신의 조직과 리더의 결정에 맹목적으로 따르는 경향을 보인다. 이러한 예스맨적인 행동을 지속하다가 조금씩 권력의 단맛을 보게 되면 점점 주도적으로 권력에 아부하며 그 권력의 범주내에 남으려고 노력하게 된다. 그러한 행동은 대부준 상식과 윤리 중심의 정도를 벗어나기 십상이다.

• 호랑이를 잡아먹은 여우, 위충헌

위충헌, 수많은 오랑캐의 침략을 받으면서도 꿋꿋이 버텨왔던 300년 명나라 왕조를 하루아침에 멸망의 길로 접어들게 한 인물이다. 그는 도박죄로 인해 성기를 거세하는 궁형을 받고 떠돌다 환관이 된 후, 남달랐던 처세술로 권력의 중심부로 들어가 황제의 출납업무를 관장하는 중책까지 맡게 된다.

황제 세습의 권력다툼 속에서 개혁파가 지지하는 광종이 황위에 즉위한 후 한 달 만에 급사하자, 위충헌은 어린 희종의 유모와 결탁하여 황제에 오르도록 배후에서 조정 하고, 즉시 환관의 최 고위직인 태감의 자리에 오른 뒤 개혁파인 동림당을 제거하였다. 이후 수년간 그의 절대 권력시대를 열었던 것이다.

결국 위충헌도 자신이 옹립했다고 자부하며 마음대로 조종하던 황제가 사망하고 숭정황제가 즉위하자 자신이 갖고 있던 권한과 힘의 본질을 깨닫고는 스스로 자결했다. 비극적인 결말은 여기서 끝나지 않고 17년 뒤 명나라도 만주족에 의해 멸망의 길로 접어들게 되었다.

위충헌의 경우는 전형적인 '권력탈취형' 팔로워의 예라 할 수 있다. 이런 유형의 팔로워는 리더나 조직의 힘을 자신의 힘으로 착각하고 동일시하여 점차 그 힘을 독점하여 자신이 리더나 조직 그 자체가 되고자 하는 과대망상에 사로잡힌다. 그리고 초기에 리더에게 무한한 애정을 보이고 조직에 헌신하는 모습을 보임으로서 리더로서는 그들이 진정한 팔로워라고 착각하도록 만든다. 하지만 그러한 착각은 결국 비극적인 결말을 맺는 것이 대부분이다.

팔로워십(Followership)의 성공 기준

켈리(Robert E. Kelly) 교수는 '팔로워십(Follower -ship)은 독립적인 사고와 적극적인 행동 정도를 가지고 개인과 조직의 목표달성을 위해 참여하는 팔로워들의 조직 내 행위이다.'라고 설명하였다. 좀 더 나아가자면 '팔로워십은 리더가 아닌 구성원들이 자신에게 주어진 역할 이상을 해냄으로써 조직을 성공으로 이끌어가는 것'이라 할 수 있겠다.

이와 관련하여 많은 전문가들이 모범형의 팔로워십 특성에 대한 연구 결과를 도출하였으며, 중요한 내용들을 다음과 같다.

길버트(Gilbert)는 성공적인 팔로워들에게 볼 수 있는 특성을 '상급자에 대한 파트너 십, 자기가 맡은 일에 대한 스스로의 동기부여, 직무수행 역량, 유머 감각, 신뢰성, 바른 태도' 등의 8가지를 제시하였다. 이에 비해 알콘(Alcon)은 생산현장에서의 역동적인 팔로워십과 리더의 권한이양 측면에 초점을 맞춰서 바람직한 팔로워의 특징요소로 '협동, 유연성, 정직성, 주도적인 자세, 문제해결 능력'을 제시하기도 하였다. 또한 미 해군은 1985년 자체적인 연구조사를 통해서 우수한 전투력을 보이는 중소규모 단위 부대에 근무하는 팔로워들을 분석하여 그들로 부터 공통되게 볼 수 있는 '응집력, 상급자에 대한 지원, 상급자의 리더십에 대한 의견 제시, 솔선수범하는 자세 유지, 팀과 성과 달성을 위한 공동 책임' 등 다섯 가지 요소를 성공적인 팔로워로서 갖춰야 할 핵심요소로 도출하여 발표하였다.[31] 한편 클로제와 포스너(Kouzes & Posner. 1993)는 추종자들을 대상으로 설문 분석에서 리더와 추종자들에게 공통적으로 필요한 덕목을 순위로 분류했는데, 리더는 '정직, 미래지향적 사고, 동기부여 역량, 능력' 순으로, 팔로워는 '정직, 협동심, 신뢰, 능력' 순으로 도출하였다.[32]

그리고 이러한 연구 결과들을 종합하여 국내 자기계발 전문가인 신인철은 저서 「팔로워십, 리더를 만드는 힘」에서 성공하는 팔로워십의 특성을 일곱 가지 키워드(SUCCESS)로 제시하였는데, 그 내용을 다음과 같다.

■ 헌신(Self-sacrifice)

리더의 명확한 목표 제시와 적절한 보상이 헌신을 이끌어 내는 방법이며, 팔로워는 자신이 속한 조직에 대한 정확한 이해와 자신만의 안위를 위한 이기심을 버릴 때 진정한 팔로워가 될 수 있다.

■ 방향성 통일(Unity)

성공적인 조직은 갈등의 상황에서 얼마나 빨리 효율적으로 해결하는가에 따라 판가름 난다. 리더의 드라이브에 제대로 따라주는 팔로워가 합쳐지면 반드시 성공하는 조직이 된다. 팔로워는 리더와 끊임없이 대화하고, 개인이 아닌 조직의 시각을 유지하여야 한다.

■ 몰입(Concentration)

조직에 대한 몰입은 강한 성취욕과 의지를 불러내며, 성공에 대한 무의식적 확신으로 발전한다. 리더는 몰입을 할 수 있는 촉진요소를 찾아 그 요소들을 관리해 주어야 하며, 팔로워는 몰입을 위해 단순하게 생각하기, 한 번에 한가지 일 제대로 하기 등을 훈련해야 한다.

■ 용기(Courage)

좋지 않은 직장문화는 상사에 대한 침묵, 리더는 팔로워의 지적에 대해 시니컬한 반응을 보이는 경우이다. 리더 스스로가 먼저 용감해져야 팔로워도 용감해 진다. 리더의 가장 큰 용기는 솔직함에 있다. 서로에 대한 이해는 용기 있게 다가서는 사람에게 먼저 찾아온다.

■ 표현(Expression)

자신이 필요한 부분을 정확하고 즉각적으로 표현하는 것이 리더나 팔로워에게 필요하다. 리더는 팔로워가 자신의 의사표현을 자연스럽게 하도록 유도해야 하며, 팔로워는 늘 리더에게 해야 할 말들을 생각하고, 리더의 입장에서 그의 언어로 표현해야 한다.

■ 대안 제시(Second plan)

적절한 대안을 제시하는 팔로워야 말로 성공적인 의사결정의 열쇠이다. 리더는 명령권자의 의견에 반대해 적절한 대안을 제시하면 받아줄 수 있는 포용력이 필요하다. 팔로워는 공격적 성향을 드러내거나 자신의 생각만을 주장해 공동 목표를 놓치지 않는지 살펴야 한다.

■ 보충 및 보완(Supplement)

미처 몰랐던 부분, 꼭 필요한 부분을 채워주는 팔로의 자세는 성공적인 조직의 필수 요건이다. 리더는 팔로워를 채근해 자신의 입장을 강요하면 안 되고, 팔로워는 리더의 성공이 자신에게 달려있다는 마음가짐으로 리더를 보좌해야 한다.

이에 반하여 조직과 리더를 죽이는 팔로워십은 어떤 것들이 있는지를 다음 〈표 10-2〉에서 주의 깊게 볼 필요가 있다. 최고의 팔로워십과 최악의 팔로워십 기준을 비교해 보면서 평소 자신의 팔로워십은 어느 정도 수준인가를 가늠하기에 유용할 것이다.

표 10-2 조직과 리더를 죽이는 팔로워십 기준

팔로워임을 거부하는 팔로워십	· 자신이 팔로워 본연의 역할을 하기 보다는 마치 리더인 양 생각하고 행동한다. · 이들은 리더가 내리는 의사결정을 감정적으로 반발하거나 비판하는 경우도 있다. * 진정한 팔로워 부재 현상으로 조직이 원활하게 굴러가기가 어렵다.
텃세형 팔로워십	· 새로이 부임한 리더나 신참 리더를 대상으로 소위 '텃세'를 부린다. · 리더가 새로운 환경에 적응할 수 있도록 도움을 주기보다는 '텃세부리기'와 같은 행동으로 리더가 발붙일 틈을 주지 않는다. * 초기에 팔로워들이 제대로 받쳐주지 않는다면 신참 리더는 잠재역량을 발휘하기도 전에 자리에서 물러날 가능성이 높다.
불평불만형 팔로워십	· 리더에 대한 불만을 여기저기 퍼뜨려 리더의 부정적인 이미지를 형성함으로써 조직 안팎에서 리더십을 훼손한다. * 리더는 물론 조직이나 팔로워 자신에게도 도움이 되지 못한다.
예스맨형 팔로워십	· 리더에게 항상 듣기 좋은 말만을 하거나 부정적인 정보를 의도적으로 차단함으로써 리더를 현실로부터 괴리시킨다. * 리더의 합리적 경영을 가로막거나, 조직의 팀워크를 저해한다.
시키는 것만 하는 팔로워십	· 자신에게 주어진 일 외에 창의적인 생각이나 적극적인 행동을 하지 않는다. · 충분한 역량이 있음에도 조직에 대한 주인의식이나 리더에 대한 애착이 부족하다. * 소극적인 태도로 인해 조직을 위한 개선활동에 도움이 되지 못한다.

*출처 : 주간경제, 818-9호, 2005.2월, 한상엽. 발췌 정리

11 멘토링, 코칭

♣

『어려운 일에는 단합을, 중요한 일에는 다양성을,

모든 일에는 관용을』

- '조지 부시' 미 대통령 취임사 -

멘토링(Mentoring) 개념과 멘토의 역할

멘토링이란 경험이 많은 사람이 그렇지 못한 사람에게 지도·조언·도움·피드백 등을 주어 업무적인 면과 인간적인 면의 성장을 돕는 상호활동이다. 여기서 경험이 많은 사람을 멘토(mentor)라고 하고 도움을 받는 사람을 멘티(mentee)라고 한다. 또한 멘토링은 사람의 특성을 연구하여 역량을 개발하며, 인격적으로 성장시켜 주는 '1 : 1 인재개발 형태의 프로그램'이다.

회사나 군대 등의 조직에서 신입사원이나 신병들은 모든 것이 생소한 상황에서 여러 충격을 경험하게 되면 자칫 조직에 적응을 못하고 불만과 불안에 빠질 수가 있다. 따라서 조직에 처음 들어온 신입들이 새로운 환경에 잘 적응하고, 그들의 경력 발전과 심리적인 안정에도 도움이 되는 리더십 기법으로서 멘토링이 많이 활용된다.

멘토는 고대 그리스 신화인 호모의 오디세이(The Odyssey)에서 그 유래를 찾아볼 수 있다. 오디세우스가 트로이와의 10년간의 전쟁을 치르기 위해 떠나면서 그의 아들 텔리마커스(Telemachus)가 장차 훌륭한 통치자가 될 수 있도록 필요한 지식과 행동을 가르쳐 주며, 그의 왕국을 잘 보호해 줄 것을 부탁한 친구의 이름이 멘토였다. 그 후 멘토는 젊고 미숙한 텔리마커스에게 아버지, 스승, 상담자, 보호자 및 후원자가 되어 훌륭하게 성장시켜 주었다. 이 같은 멘토의 이야기가 바탕이 되어 고대 그리스에서는 젊은 남성에게 아버지의 친구나 친척 중에서 경험이 많은 남성을 짝지어 주어 멘토의 경험과 가치관을 배우고 모방하도록 하는 유행이 생겨나기도 했다.[33]

이 같은 역사적인 유래에서 비롯된 멘토는 오늘날 새롭게 조직에 진입하려는 젊은 사람에게 경험 많은 연장자로서 사회생활을 통해 터득한 지혜를 전해주고 도움을 주는 사람으로 인식되고 있다. 기업 등의 조직에서 형성되는 멘토링 관계에서 멘토는 멘티에게 조직 생활과 직무에 관한 많은 노하우를 전해주고, 상담과 심리적 지원을 통하여 멘티가 자신감을 갖도록 해주는 등의 영향력을 행사한다.

멘토링은 개인적 시간과 헌신에 대한 부담에도 불구하고 사람과 조직에게 선한 영향력을 크게 미친다. 멘토링을 통해 발생하는 기대효과는 다음과 같다. 먼저 전인적인 교육 효과가 나타난다. 멘토는 멘티에게 단순한 지식만을 전달한 사람이 아니다. 그들의 상호관계를 통하여 필요한 지식과 기술뿐만 아니라 올바른 삶의 태도까지도 가르쳐줄 수 있다. 다음은 멘티가 조직의 현실에 잘 적응하며 자신을 성장시키는 방법을 배운다. 새로운 분야에 뛰어든 사람은 현실감각이 떨어지게 마련이다. 멘토링을 통해 현실을 직시하는 안목을 키우며, 다른 사람 보다 빨리 자신이 처한 환경에 적응함으로써 나름대로의 확신을 가지고 재능을 최대로 발휘할 수 있게 된다. 또한 특정인에게 발생될 수 있는 심각한 문제들을 초기에 발견하여, 해결에 도움을 준다.

다음은 멘토가 하는 많은 역할 중에서 다섯 가지의 핵심적인 사항을 소개하겠다.

첫째, 가르치는 교사의 역할(Teaching)이다.

멘토로서 교육을 하는 근본은 단순한 지식의 전달이 아니라 '너는 해낼 수 있다' 는 의식을 깨우쳐 주는 것이다. 이 기본만 확실히 되어 있다면 이후의 기술 습득과정이 상당부분 단축하는 것이나 다름없다. 또한 교육을 하는 방법이 일방적인 지시의 형태가 되어서는 안 된다. 생각과 행동의 자유를 적절하게 주면서 스스로 해보도록 하고 그 결과에 대하여 구체적이고 솔직하게 피드백 해줌으로써 잠재능력을 향상시키는 것이다.

둘째, 들어주는 상담자 역할(Counseling)이다.

멘티가 자신의 재능을 발휘하고 싶은 의욕과 성장을 저해하고 있다고 생각하는 문제들을 이해시키고 그것의 해결에 도움을 주는 활동이다. 멘토에게는 충분한 시간을 갖고 기다려 주는 여유와 인내심이 필요하다. 정보 부족이나 단순한 오해에서 비롯된 문제는 쉽게 풀린다. 그러나 멘티가 훌륭한 역량이 있음에도 불구하고 개인적인 성향이나 조직 부적응 등으로 협력 활동에 소극적인 경우가 많다. 이런 경우에는 설득으로 사람을 적극적으로 변화시키는 데 오랜 기간이 걸릴 수도 있다. 상담자로서의 멘토는 인내심과 함께 여러가지 복잡한 문제들 까지도 해결해야 한다.

셋째, 함께 뛰면서 성장시켜 주는 코치의 역할(Coaching)이다.

멘토링에서의 코칭은 멘티에게 잠재되어 있는 자질을 스스로 찾고 성장하여 온전한 조직원이 되도록 유도하는 것이다. 효과적인 코칭 활동을 위해서는 불안정한 상황 가운데서도 멘티와의 신뢰를 유지함으로써 활력을 불어넣고, 어둠속에서 한줄기 광명을 찾아내듯 장점을 발견하여 그것을 키워주는 것이다.

넷째, 추천하고 신분을 보증해 주는 후원자 역할(Sponsoring)이다.

멘티가 조직에 적응하고 업무에 필요한 기술을 습득한 다음에도 이것을 제대로 발휘할 수 있도록 여건을 마련해 주는 것이 진정한 후원이다. 멘토링을 통해서 용기를 북돋아준 다음 멘티가 자신의 재능을 발휘하는데 장애가 되는 조건들을 제거하여 홀로 설 수 있는 환경을 조성해 주는 것이다. 후원에 있어 특히 중요한 것은 지금까지 잡아주고 있던 손을 갑자기 놓지 않는 데에 있다.

다섯째, 업무 난이도, 직책 적응 정도에 따른 불만 해소와 효율성 제고를 위한 조정자 역할(Coordinator)이다.

다양한 멘토링에도 불구하고 효과가 나타나지 않을 수 있다. 그러한 경우에는 다른 방법을 진지하게 고려해야 한다. 문제의 핵심에 직접 접근하거나, 다른 시각에서의 어떤 해결방법을 찾든지, 또는 선택의 폭을 넓혀서 업무의 종류나 책임의 범위를 조정해주는 것이다.

'켄 블랜차드'의 저서 「춤추는 고래의 실천」에 멘토링의 좋은 사례가 되는 에피소드가 소개되어 있다. 켄 블랜차드의 어릴 적 이야기다. 그의 아버지가 폐품 처리장에서 고물 자전거를 한 대 사왔다. 그리고 자신이 하는 것을 지켜보라고 하면서 자전거의 부품을 하나하나 분해하더니 깨끗하게 닦고 수리한 후 다시 조립하였다. 체인의 녹을 벗겨내고, 바퀴의 살을 바로잡고, 브레이크를 적당하게 조이고,

페달을 돌려 상태를 확인하고, 여기 저기 기름칠까지 하자 새것처럼 근사하게 바뀌었다. 켄은 친구들에게 자랑할 만한 자신의 자전거가 생겼다고 속으로 기뻐하고 있는데, 아버지는 다시 자전거를 분해해 버렸다. 그러고는 자신의 자전거가 되려면 스스로 조립할 수 있어야 한다고 말했다. 결국 켄은 분해하고 조립하는 과정을 수없이 반복하면서 눈을 감고도 자전거를 조립할 수 있게 되었다. 나중에는 자전거에 문제가 생겨도 아버지나 다른 사람의 도움이 없이도 수리를 할 수 있을 정도가 되었다.

켄은 아버지가 자전거를 분해하고 조립하는 과정에서 '알 · 보 · 시 · 고(알려주고, 보여주고, 시켜보고, 고쳐주고)'라는 중요한 배움의 원리를 알려주었다는 것을 시간이 한참 지난 후에야 깨달았다. 그의 아버지는 캔에게 자신의 자전거를 가지려면 수리, 점검 등 기본적인 관리를 할 수 있어야 한다는 사실을 알려주고 싶었던 것이다. 그래서 우선 자전거에 있는 장치들에 대해 자세하게 알려주었고, 그리고 자전거를 분해하고 조립하면서 자전거의 장치들이 어떻게 작동하는지 보여주었다. 이어서 스스로 해볼 수 있게 시켰고, 잘 안 되는 부분은 고쳐주었다. '알 · 보 · 시 · 고'는 멘토가 멘티를 지도하는 절차로서 매우 적합하다.

멘토링 활동 수칙 20

1. 한번에 한 사람의 멘티만 만나라.
2. 개인적인 내용은 비밀을 유지하라.
3. 겸손한 마음으로 나는 돕는 역할을 할 뿐임을 알라.
4. 멘토 자신도 계속 훈련을 받으며 성장하라.
5. 말 보다는 삶으로 본을 보여라.
6. 상대방에 대한 진지한 사랑과 관심을 가져라.
7. 먼저 들어주고 자세히 관찰하라.
8. 시간과 약속을 잘 지켜라.
9. 언어 사용에 주위하고 예의를 지켜라.
10. 물질과 시간을 투자하고 멘토링 활동에 최우선 순위를 두라.
11. 멘토의 모든 활동에 대하여 지도와 관찰을 받으라.
12. 멘티와 함께 목표를 설정하라.
13. 어떤 내용을 가지고 교제할지에 대해 정하라.
14. 정기적인 만남을 가져라.
15. 기간을 정하고 시작하라.
16. 문제해결에 있어 성인이나 위인들의 말을 인용하라.
17. 외적인 요소로만 사람을 판단하지 말라.
18. 적극적인 자세를 가져라.
19. 2~3개월에 한 번씩 두 사람의 관계를 평가하라.
20. 멘토링 활동은 가능하면 동성끼리 하라.

*출처 : 진재열, Total 리더십, 2009, p359-360 요약)

• 좋은 멘토의 자질

어느 노숙자 두 사람이 기차역 대합실 바닥에서 잠을 청하며 대화를 나누고 있다. 그중 한 사람이 말한다. "내가 지금 이러고 있는 이유는 어떤 사람의 말도 듣지 않았기 때문이오." 그러자 다른 사람이 대꾸했다. "나는 모든 사람의 말을 들었기 때문에 여기에 있게 되었소." 둘 중 어느 쪽도 도움이 안 되었다는 얘기다.

멘토링의 성공을 위해서는 좋은 멘토가 필요하다. 조직에서는 신입을 빨리 환경에 적응시킬 목적으로 적합한 멘토를 선별하여 멘티를 따르게 하는 것이 일반적이다. 하지만 많은 경우에는 본인 스스로 어떤 문제를 해결 하거나, 성장해 가는 과정에서 쉽지 않은 상황에 마주치게 되어 멘토링을 필요로 하게 된다. 이때 문제 해결의 지름길은 멘토를 적극적으로 찾아 도움을 받는 것이다.

많은 사람들은 책에서 첫 번째 멘토를 대한다. 책은 멘토링을 시작하기에 아주 좋은 도구이며 지속하기에도 좋다. 하지만 책이 모든 것을 해결해 줄 수는 없다. 따라서 어느 시점이 되면 직접 대면하면서 알고 지내며 도움을 받을 수 있는 멘토를 찾아야 한다. 위의 노숙자 대화 사례에서 볼 수 있듯이 알고 지내는 경험자라고 해서 모두 좋은 멘토가 될 수 있는 것은 아니다. 멘토는 본받을 만한 가치가 있어야 하며, 멘토링을 원하는 사람은 멘토가 될 수 있는 자질을 판단하는 기준이 있어야 한다. 다음은 멘토를 올바르게 선택하는데 도움이 되도록 좋은 멘토의 자질에 대하여 소개하겠다.

첫째, 좋은 멘토는 모범적인 사람이다.

모범적인 멘토를 택해야 하는 이유는 누군가를 존경하고 따르다 보면 그 사람을 닮아가고, 가치관에도 영향을 받게 되기 때문이다. 따라서 멘토는 능력이 출중하고 배울 만한 기술을 갖추고 있을 뿐 아니라, 본받고 싶을 만큼 성품도 좋아야 한다. 요즘 운동선수, 명사, 정치인, 사업가들 중에는 이미 많은 사람이 자신을 따르거나 흉내 내고 있음에도 스스로는 본보기가 되지 못하는 경우도 꽤 있다. 자신이 따라야 할 모범의 대상인 멘토를 절대 선불리 선택하면 안 된다. 그들의 공적인 성과와 함께 사적인 삶도 세밀하게 들여다봐야 한다.

둘째, 좋은 멘토는 만나는 데 부담이 적은 사람이다.

멘토로부터 뭔가를 배우고 영향을 받으려면 어떤 식으로든 인연을 유지하며 어울릴 수 있어야 한다. 특히 적극적으로 멘토링을 받고자 한다면 멘토와 함께 시간을 보내며 질문하고 대답하는 과정이 필요하다. 따라서 멘토를 찾을 때는 처음부터 너무 높은 직책의 사람을 대상으로 하지 않는 것이 좋다. 쉽게 접근하기가 어렵기 때문이다. 처음 정계에 입문하는 사람이 굳이 대통령의 조언을 들을 필요는 없으며, 또 이제 막 학교를 졸업한 회사의 신입사원이 최고경영자와 어울리면서 멘토링을 받는 것이 효과적이지도 않다. 이제 막 어느 분야에 입문한 사람의 질문이나 문제점에 대한 해결책은 굳이 최고의 단계가 아니라 바로 위 단계에 있는 사람도 얼마든지 답해줄 수 있다. 멘토링은 적응, 문제 해결, 성장 등에 관한 인재개발 프로그램이므로 가급적 자신과 잘 어울릴 수 있고 기꺼이 시간을 내

주려 하며, 자신의 현 수준과 근접한 사람과 많은 시간을 보낼 때 효과가 좋다. 물론 정상을 향해 꿈을 꾸지 말라는 얘기는 아니다. 그들을 역할모델로 삼는 것은 당연히 바람직하다.

셋째, 좋은 멘토는 검증된 경험이 있는 사람이다.

사람들은 성장해 나갈 때 마다 새로운 환경과 도전에 직면하게 된다. 자신의 잠재 역량을 발현하여 새로운 도전을 극복할 수 있을 것인가에 대한 불안감은 다른 사람의 경험을 통할 때 보다 효과적으로 해소된다. 중국 속담에 '앞에 있는 길을 알고 싶으면 돌아오는 사람에게 물어보라.'는 것이 있다. 경험과 노하우를 갖춘 좋은 멘토가 얼마나 많은 도움을 줄 수 있는가를 일깨워 주는 말이다. 경험의 소중함은 사자성어 '타산지석(他山之石)'과 '반면교사(反面教師)'에서 잘 나타난다. '자신과 직접 관계가 없어 보이는 일이나, 다른 사람의 부정적인 측면까지도 소중한 경험으로서 가르침을 줄 수 있다'는 의미이다. 다른 사람의 나쁜 경험을 들으면 자신이 그 길을 갈 때 부닥칠 수 있는 문제를 미리 인식하게 되고, 반대로 좋은 경험을 들으면 자신에게 다가올 성공을 기대하게 된다. 성공하는 사람들의 대다수는 경험이 많은 사람들의 발자취를 따르거나, 그들의 조언이나 특성을 연구하면서 새로운 도전에 나선다.

넷째, 좋은 멘토는 지혜로운 사람이다.

지혜로운 멘토는 정곡을 찌르는 몇 마디 조언으로 멘티를 훌쩍 성장하게 한다. 그 결과 멘티는 스스로 볼 수 없었던 세상을 볼 수 있도록 눈을 뜨게 되며, 난관인가 기회인가를 식별할 수 있는 안목을 갖게 된다.

다음의 우화는 멘토의 지혜로움에 대해 시사하는 바가 크다.

옛날 아라비아 상인이 죽음을 앞두고 사랑하는 자식들을 불러 놓고 이렇게 유언을 남겼다. "내 재산이라곤 낙타 17마리뿐이다. 맏아들은 그것의 반을, 둘째 아들은 그것의 3분의1을, 그리고 막내아들은 그것의 9분의 1을 갖도록 하여라." 그 후 삼형제는 아버지가 남긴 재산인 낙타의 배분 문제로 옥신각신 싸움을 벌였다. 문제는 17마리의 낙타를 가지고 어떻게 그와 같은 비율로 분배하여 가질 수 있겠느냐 하는 것이다. 맏아들은 17마리의 반으로 아홉 마리를 갖겠다고 주장했다. 그러나 동생들은 아홉 마리는 2분의1이 넘으니까 그렇게 할 수 없다고 반대했다. 둘째아들은 여섯 마리를 가져야 한다고 고집 부렸지만, 형과 동생은 다섯 마리밖에 줄 수 없다고 버텼다. 막내아들은 두 마리는 가져야 한다고 욕심을 굽히지 않았다. 그러나 두 형은 17마리 중 두 마리는 9분의1을 초과하기 때문에 안 된다고 고집했다. 삼형제는 각자의 주장만 내세우면서 서로 양보하지 않았다. 싸움은 오래 계속 되었고 형제간의 우애는 깨질 지경에 이르렀다.

답답한 삼 형제는 지혜롭기로 소문난 마을의 노인을 찾아가 물었다. 노인은 형제의 말을 가만히 듣고 나더니 자신의 낙타를 한 마리 끌고 와서, "내가 낙타 한 마리를 빌려줄 테니 이를 보태서 사이좋게 나누어 보게나."라고 일러주었다. 형제는 고개를 갸우뚱하면서도 지혜로운 노인이 빌려준 낙타를 합치니 모두 18마리가 되었다. 형제는 다시 한 번 낙타를 나누어보았다. 첫째가 18마리를 2분의1로 나누니 9마리를 가지면 되었고, 둘째는 그 3분의1인 6마리를, 그리고 막내아들은 그 9분의1인 2마리를 가질 수 있었다. 노인은 "이러니까 자네들의 주장하는 대로 되었지?"라고 반문 하였다.노인이 일러준

대로 처리하고 보니까 모두 만족하게 되었을 뿐만 아니라 한 마리의 낙타가 남게 되었다. 그러고서야 삼 형제는 자기들이 욕심에 눈이 멀어 서로 다툰 것을 뉘우치고 지혜로운 노인에게 감사인사를 하면서 남은 한 마리를 돌려주었다.

다섯째, 좋은 멘토는 따뜻한 배려심을 가진 사람이다.

멘토링은 열정과 많은 시간을 쏟아야 하는 멘티 중심의 활동이기 때문에 좋은 멘토는 다른 사람을 이해하고, 돌보려는 마음과 깊은 배려심, 긍정적 사고방식을 갖춰야 한다. 멘토에 다가가고자 할 때 멘티는 '저 분이 과연 나를 아끼는 마음이 있을까?' 라고 스스로에게 물을 것이다. 그 이유는 명백하다. 애정과 배려심이 부족한 이기적인 사람에게 지도받고 싶은 사람은 없으며, 그러한 사람은 자신에게 이익이 되는 만큼만 남을 지도할 가능성이 높기 때문이다. 멘토링이 계산적인 관계로 진행된다면 전해주는 지식이나 조언으로 인한 긍정적 효과를 기대하기 어렵다. 따뜻한 배려심을 가진 후원자의 마음으로 멘토링을 할 때 멘티는 올바르게 성장한다.

삶의 여정에서 가장 큰 자산은 사람이다. 동시에 그들은 걸림돌이기도 하다. 자신이 따르고 싶거나, 흉내 내고자 하는 사람, 또한 조언을 구하고 싶은 사람들 모두는 자신을 다듬어 성장하는데 도움을 준다. 반면에 자신에게서 뭔가를 빼앗아 가는 사람, 업신여기거나, 좋지 않은 길로 안내하는 사람과 어울리면 살아가는 발걸음이 무거워진다. 따라서 어디에서건 좋은 멘토가 될 수 있는 사람을 찾으면 그의 도움으로 삶의 발걸음이 한층 가벼워질 것이다.

코칭의 개념, 코치의 역할

'코치'라는 말은 15세기 헝가리의 콕스 지방에서 개발된 마차(Coach)에서 유래되었다. 마차는 처음에는 왕족들의 이동 수단으로 만들어 졌지만 시간이 지나면서 귀중품, 우편물, 일반 승객도 수송하게 하였다. 말의 기원에 따르면 '코치는 중요한 사람을 현재의 위치에서 그가 가고자 하는 곳으로 데려가는 사람'으로 이해할 수 있다. 사전에서 코치(Coach)는 '지도하다, 교육하다, 사실을 알려주다'로 표현되어 있다. 즉 '코치는 더 좋은 목적지를 찾아가는데 도움을 주기 위해 함께하는 동반자'라고 정의하면 적절하다.

코치가 하는 일련의 활동을 '코칭'이라고 한다. 이 또한 사람을 성장시키는 기법 인데, 다른 기법들과 차별화되는 것은 어떤 방법으로 성장 시키는가이다. 코칭의 의미를 다른 기법들과의 비교를 통해서 살펴보겠다. 코칭과 유사한 기법은 카운슬링, 멘토링, 트레이닝 등이 있다. 카운슬링과 멘토링이 주로 문제해결 방법을 직접 제시해 주는 기법이라면, 코칭은 피코치자가 스스로 답을 찾아가도록 하는 기법이다. 그리고 코칭과 트레이닝을 비교하면 둘 모두 정해진 목표 달성에 도움을 주는 활동이지만 두 용어의 기원에서 차이가 쉽게 식별된다. 코칭의 기원은 마차(Coach)이고 트레이닝의 기원은 기차(Train)이다. 출발지와 도착지가 정해져 있는 것은 동일한데 기차는 정해진 선로를 달리는 반면, 마차는 말의 상태, 도로의 상황에 따라 경로를 수정하기도 한다. 즉 코칭은 경로가 고정되어 있는 것이 아니므로 피코치자의 잠재력과 환경에 따라 더 큰 성과를 안고 도착지에 갈 수 있는 기법이다.

이를 종합하여 코칭의 개념을 다음과 같이 정리할 수 있다. '코칭이란 개인의 변화와 성장을 지원하는 파트너십 과정이다.' 그리고 코칭의 기본적인 철학은 '사람은 누구나 무한한 잠재력을 지니고 있으며, 자신의 과제를 해결할 답 또한 그 사람 내부에 있다.'이다.

조직 또는 가정에서 상대가 부하이든, 자녀이든 그들을 성장시키기 위하여 코칭 기법을 적용하려 한다면 코칭의 기본 철학을 인식하면서 먼저 자신의 패러다임부터 전환시켜야 한다. 한마디로 '나 중심에서 상대방 중심으로', '해법을 제시하려는 생각에서 스스로 해법을 찾도록 하는 자세로, 조언과 훈계에서 경청과 질문으로' 변화시켜야 한다. 다음의 〈표 11-1〉 사람을 성장시키는 기법들의 차이점 비교를 통해 코칭이 다른 기법에 비해 자발성에 비중을 두고 있는지 알 수 있겠다.

표 11-1 사람을 성장시키는 기법 별 차이점 비교

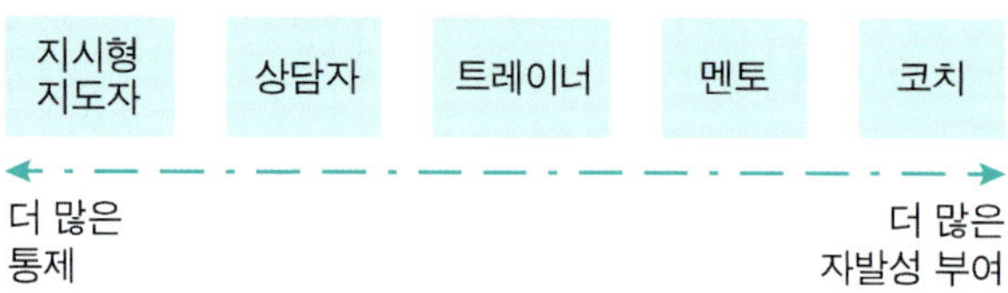

해법을 지시 한다	조언 한다	시범 보인다	경청하고 질문한다

근래에 이르러 코칭은 특히 조직 경영분야에서 새로운 리더십 트랜드로 각광을 받고 있다. 이는 사회 환경의 급격한 변화와 관련이

있다. 정보와 자원이 리더에게 집중되었던 기존의 산업사회에서는 피라미드식 조직 구조와 함께 지시명령형에 의한 효율적 리더십이 대세였는데, 현대의 지식정보 중심의 사회 구조에서 그것은 더 이상 효과적인 방식이 되지 못한다. 정보통신 기술의 발전으로 전 구성원이 정보와 자원을 공유할 수 있기 때문이다. 불확실성과 속도를 특징으로 하는 이 시대에는 조직원들이 현장에서 스스로의 능력으로 성과를 낼 수 있느냐가 경쟁력의 주요 요소이다. 그런 점에서 조직원의 잠재력을 이끌어 내고, 스스로 해결할 능력을 갖추도록 성장시키는 코칭이 중요시되고 있다.

그렇다면 조직의 리더로서 또는 어떤 분야에서건 코칭의 상황에서 코치는 어떤 역할을 하는가에 대해 살펴보겠다. '21세기 리더들은 지시하고 책임지는 명령자가 아니라 구성원을 성장시키는 코치가 되어야 하고, 각각의 구성원들이 잠재력을 발휘하게 하는 오케스트라의 지휘자와 같아야 한다.'는 존 휘트모어의 말에 개념적으로 잘 표현되어 있다.

세부적으로는 스포츠 코치와 비교하면 쉽게 이해할 수 있다. 코치에 대해서는 가장 친숙한 것이 축구 코치나 야구 코치 같은 스포츠 코치를 떠올릴 것이기 때문이다. 스포츠 코치들이 주로 하는 일, 즉 선수들을 훈련시키고 작전을 지시하고 팀을 이끌어가는 모습을 자연스레 대입시키는 것이다.

물론 스포츠 코치와 경영 코치(혹은 라이프 코치)는 비슷한 점도 있지만, 다른 점도 뚜렷하다. 우선 비슷한 점은 스포츠에서 승리가 목표인 것처럼 우리 인생에도 목표가 있고 그 목표를 달성하기 위해 코치를 둔다는 것이다. 그것이 성과 향상이든 리더십 강화든 경력개발이든 코치는 피코치자의 목표를 달성하도록 지원하고 돕는다.

그러나 스포츠 코치가 주로 트레이너 혹은 감독의 역할로서 선수들에게 할 일 등을 지시하고 때로 엄하게 훈련시키는 것과 달리, 경영(혹은 라이프 코치) 코치는 해법을 일방적으로 제시해 주지 않는다. 코칭을 통해 피코지자 스스로 내적인 전환을 경험하게 돕는 것이며, 그런 전환을 통해 변화하고 성장해 나간다. 그리고 일정 기간의 코칭 후에는 코치 없이도 목표를 이루어가는 자기만의 방식을 갖게 만든다.[34]

코칭을 하는 동안 코치들이 하는 일은 주로 주의 깊게 듣고 공감해 주며, 그가 가진 잠재력을 이끌어 내도록 강력한 질문을 하는 것이다. 또한 그가 정말 원하는 변화가 무엇인지를 알고 그것을 위해 용기 있게 행동할 수 있도록 돕고 지지하는 것이다. 그리고 자신의 지식과 경험으로 이렇게 저렇게 하라고 조언을 하는 경우는 아주 부분적으로만 이루어진다. 왜 그럴까? 코치는 상대방을 뭔가 부족한 사람이나 교정이 필요한 사람으로 보지 않기 때문이다. 오히려 잠재력을 발휘하면 누구의 도움 없이도 현재의 모습을 뛰어넘는 큰 존재가 될 수 있음을 깊이 믿는다. 다음의 〈표 11-2〉를 통해 코치는 역할을 어떤 기법으로 수행하는가를 잘 알 수 있겠다.

표 11-2 코칭적 기법과 비 코칭적 기법의 비교

코칭적 기법인 것	코칭적 기법이 아닌 것
피코치자의 잠재능력에 대한 신뢰를 바탕으로 한다	피코치자를 신뢰하지 않는다.
해답을 피코치자로부터 끌어낸다.	해답을 코치가 제시한다.
피코치자가 행동한다.	코치가 행동한다.
쌍방향, 질문형 대화를 한다.	일방향, 지시명령형 대화를 한다.
미래지향적인 질문을 한다.	과거지향적인 질문을 한다.
피코치자의 문제 해결력이 증가한다.	피코치자는 성장하지 않는다.
코치 - 피코치자 간 신뢰가 구축된다.	코치 - 피코치자 간 신뢰가 악화된다.

코칭 리더십을 대표하는 '카를로스 곤' 회장

'카를로스 곤'은 닛산 자동차 회장이다. 브라질 태생으로 프랑스에서 교육을 받고 르노자동차를 경영하였던 그는 닛산이 르노자동차에 인수되고 나서 닛산의 최고경영자가 되었다. 그는 거의 3천억 엔 규모의 적자에 시달리던 닛산 자동차를 1년여라는 짧은 기간에 흑자기업으로 전환시켜 세계를 놀라게 한 인물이다.

그가 '닛산 리바이벌 플랜'이라는 자신의 혁신 구상을 실행에 옮길 주체를 육성하는 데 코칭 방법을 활용했다는 것은 잘 알려진 사실이다. 그는 스스로 "나는 닛산의 코치다."라고 말 할 정도로 직원들과의 관계를 중시했다. 수백 명의 중간관리자들을 면담하면서 개혁의 당위성을 설파하였고 현장의 소리에 귀를 기울였다.

'닛케이 신문'은 그의 말을 그대로 따서 '나는 닛산의 코치'라는 제목으로 그의 인터뷰 기사를 실은 적이 있다. 그는 여기서 "사람은 이해하면 움직이게 되어 있다.", "소통이 안 되는 것이 문제지, 무엇이 문제이고 어떻게 해야 해결할 수 있는지 그 핵심을 제대로 이해하면 직원들이 나설 것으로 믿었다."고 말하여 코치로서의 탁월한 면모를 유감없이 보여주었다.

코칭형 리더십 단계

코치는 크게 두 가지 영역으로 구분할 수 있다. 하나는 전문적인 코칭의 영역으로서 경영 코치, 라이프 코치, 커리어 코치 등이다. 이들은 주로 외부고객들과 계약을 맺고 코칭을 제공하며 전문적인 코칭역량을 가지고 있다. 또 다른 한 영역은 일상 속에서 코치의 역할도 함께 하는 것이다. 직장 상사로서 뿐 아니라 부모로서, 교사로서, 선배로서, 혹은 목회자로서, 어떤 팀의 매니저로서, 상담자로서 고유의 업무를 하는 중의 사람 관계에서 모두가 코치가 되어 줄 수 있다. 즉 코치형 상사, 코치형 부모, 코치형 교사, 코치형 선배, 코치형 목회자 또는 상담자가 되는 것이다. 이것은 업무나 일상 속에서 성과 달성과 사람의 성장을 함께 추구하는 것으로 리더십을 발휘하면서 상황에 따라 코칭적으로 접근하는 형태라 할 수 있다. 한 마디로 '코치형 리더십 접근법'이라고 표현하면 적절하겠다. 이들은 상황에 따라 상사로서의 모자를 썼다가 코치로서의 모자로 바꿔 쓰기도 한다. 코치형 리더십 접근법을 사용하는 리더들은 직원을, 후배를, 자녀를 또는 학생들을 더 잘 성장하도록 도와야 한다는 생각을 마음속에 늘 두면서 일상에 임하는 선한 리더들이다.

코칭형 리더십을 발휘함으로써 피코치자를 효과적으로 성장시키기 위한 단계별 프로세스와 조치해야 할 사항을 알아보겠다.

코칭형 리더십의 프로세스로서 'GROW(성장) 모델'을 전문적인 코치가 아니라도 누구나 쉽게 적용할 수 있는 수준으로 소개하겠다.

주요 단계의 내용을 한 눈에 보자면 상대방을 코칭할 때는 먼저 '주제 또는 목표(Goal)'를 확인하고, '현재의 상황(Reality)'이 어떤지를 파악하여, '대안(Option)'을 탐색한 후, 실행하겠다는 '의지(Will)와 계획'을 도출하도록 해야 한다. 이를 통해 업무 성과의 촉진과 함께 사람도 지속 성장할 수 있게 도와줄 수 있다는 의미에서 이 GROW 모델은 일상에서의 리더들에게 좋은 가이드가 될 것이다. 코칭적 접근을 시작하면서 GROW 모델의 적용할 때는 당연한 전제 조건이 있다. 코치와 피코치자 간에 지지와 기대, 신뢰 관계가 형성되어 있어야 한다.

■ Goal(목표 정하기) : 당신은 무엇을 원하는가?

하기 때문에 하는 것이 아니라 원하기 때문에 하는 것이라면 더 잘할 수 있다. 이런 생각을 바탕으로 코치는 피코치자가 내놓는 문제들에 대해 진심으로 공감하면서 목표나 주제를 함께 합의하여 정해야 한다. 대체로 직장 상사, 부모 등 리더들은 자신의 경험과 욕심에 맞춰 목표를 정해서 상대방을 독려하려고 한다. 코칭형 리더는 자신의 목표에 연연하지 않고 피코치자에게 동기를 부여하고 스스로 도전목표를 정하도록 격려하는 유형이다. 예를 들면 영업부서에서 판매팀이 상사가 원하는 것보다 낮은 목표를 정했다면 자신의 목표를 강요하지 않고, 그 팀의 목표로부터 시작하되 코칭을 통해 그들이 초과 달성하도록 도와주는 것이다.

'목표 정하기' 단계에서 이루어져야 하는 것들은 코치-피코치자가 함께 목표를 확인하는 것, 현재상황과 달성목표와의 갭을 확인하고 기대성과를 명확히 하는 것, 코칭의 성과를 점검할 수 있도록 하는 것, 피코치자의 참여를 촉진하는 것 등이 되겠다.

이 단계에서의 유용한 질문

- 일의 진행은 어떻게 되어가고 있는가, 무엇에 대해 이야기 하고 싶은가?
- 여러 가지 해결할 과제들이 있는 것 같은데 함께 상의해보지 않겠나?
- 우리가 이야기를 마쳤을 때 어떤 성과를 얻고 싶은가?

■ Reality(현상 확인하기) : 현재 상황은 어떠한가?

목표를 정했다면 현재 상태를 확인해야 한다. 현상확인 단계에서 질문은 대부분 누가, 언제, 무엇을, 어디서, 얼마나 등의 의문사로 시작하는데, "지금까지 이 문제에 대해 어떤 행동을 취했습니까?, 그 행동은 어떤 효과가 있었습니까?" 등의 형태가 된다. 이때 코치는 피코치자가 답변하는 사실과 경험에 대해 공감하고 긍정적으로 반응하는 것이 중요하다. 그리고 피코치자가 언급하는 사실의 관련성들을 파악하면서 무엇에 초점을 맞출 것인지를 결정한다. 이 단계에서 피코치자들은 질문을 받으면서 그 문제에 대해 어떤 조치를 취했었는지, 아니면 생각만 하고 행동은 전혀 취하지 않았는지에 대해 깨닫게 된다.

'현상 확인하기' 단계에서 이루어져야 하는 것들은 목표와 관련된 요소들을 구체적으로 파악하는 것, 사례와 사실들을 수집하는 것, 그것들에 대한 피코지자의 감정을 파악하는 것 등이다.

이 단계에서의 유용한 질문

- 현재 직면한 장애 요인은 무엇이며, 가장 걱정되는 점은 무엇인가?
- 이런 일이 얼마나 자주 있는가?
- 문제의 해결을 위해 무엇을 시도해 보았는가?
- 그 부분에 대해 좀 더 자세히 설명해 주겠는가?

■ Option(대안 찾기) : 당신은 어떤 것들을 할 수 있는가?

이 단계에서의 핵심은 보다 많은 아이디어가 나올 수 있도록 촉진하는 것이다. "다른 문제점들이 더 있습니까?"라고 질문하면 "없다"라는 대답이 나오게 된다. "어떤 문제점들이 더 있을까요?"라는 질문은 더 많은 생각을 하도록 유도한다. 질문은 상대방이 문제에 주의를 기울이게 하고 피드백의 계기를 만들어주는 것이다. 다양한 대답을 할 수 있도록 열린 질문을 해야 한다.

'대안 찾기' 단계에서 이루어져야 하는 것들은 목표 달성과 관련된 피코치자의 자원들을 점검하는 것, 피코치자의 강점과 약점, 기회와 위기를 분석하는 것, 꼭 필요한 자원이 무엇인지를 검토하여 현실적인 대안을 제시하는 것, 대안을 행동화 할 수 있도록 구체적인 계획을 세우는 것 등이다.

이 단계에서의 유용한 질문

- 어떠한 대안이 가장 효과적이라고 생각하는가?
- 당신의 능력과 자산으로 변화시킬 수 있는 가능성은 무엇인가?
- 이 대안을 어떤 방법으로 실행에 옮길 수 있겠는가?

■ Will(실행의지 확인하기) : 당신은 무엇을 언제 실행하겠는가?

피코치자가 특정 행동을 취해야만 한다는 생각을 갖도록 하는데 초점을 맞춘다. 코치는 행동의 실행에 대하여 강력하게 지원할 것임을 확실히 해준다. 그리고 실행과정에서 새로운 장애물은 생길 수 있음을 인식시키며, 코칭과정 전체를 피코치자로 하여금 마무리하게 한다. 이 단계에서의 질문은 "당신은 무엇을, 언제 하려고 하는가?, 이 행동은 당신의 목표에 부합되는가?, 합의된 계획을 실행하는데 방해가 되는 것은 무엇인가?" 등으로 미래의 가능성에 초점을 맞추는 형태가 된다.

'실행의지 확인하기' 단계에서 이루어져야 하는 것들은 행동계획을 실행하는데 피코치자를 강력하게 참여시키는 것, 실행 과정에서의 코치 역할을 인식하는 것, 코칭과정을 마무리 하는 것 등이다.

이 단계에서의 유용한 질문

- 무엇을 실행에 옮겨야 하며, 실행을 위해 어떠한 행동을 취할 생각인가?
- 달성하며 나면 자신에게 어떤 보상을 할 것인가?
- 코치의 도움이 필요한 것은 무엇인가?

• 코칭 스킬

누군가가 자신의 이야기를 진정으로 들어주면서 자신이 누구인지, 어떤 상태에 있는지 알아봐주고, 중요하게 생각하는 것이나 아쉬워하는 것들에 대해 대화하며 공감해주고, 잘될 수 있도록 지지하고 격려해준다면 그 자체가 바로 훌륭한 코칭이다. 이에 대한 일련의 절차와 기법을 보편적으로 코칭 스킬이라 칭한다. 코칭 스킬을 경청, 질문, 피드백 등 세 가지로 나누어 살펴보겠다.

경청

코칭을 하고자 할 때 가장 먼저 해야 하는 일은 피코치자의 말을 경청하는 것이며, 경청은 피코치자의 마음을 여는 스킬에 해당한다. 경청은 들리는 것을 그냥 수동적으로 듣는 것이 아니라 마음을 기울여 적극적으로 듣는 것이다. 이것은 피코치자가 말로 표현하는 것 이상으로 의도와 정황을 이해하고 공감하며, 경청하고 있음을 느끼도록 하는 수준이 되겠다.

적극적으로 듣는 것을 순서대로 나누어 설명하자면 먼저 피코치자에게 "지금 무엇에 대하여 이야기 하는 것이 좋을까요?" 등의 말을 하면서 경청할 준비가 되어 있음을 보여준다. 그 다음은 들으며 관찰하고 기억하는 순서인데, 경청하는 동안에 맞장구로 반응하여 경청하고 있음을 확인시켜주는 것이 필요하다. 마지막에는 피코치자가 말한 것을 이해하고 있다는 것을 보여줘야 한다. 이때는 들은 내용을 명료화하거나 요약하기, 바꾸어 말하기 등의 언어적 반응을 하는 것이 좋다.

질문

'사람은 누구나 무한한 잠재력을 지니고 있으며, 자신의 과제를 해결할 답 또한 그 사람 내부에 있다'라는 코칭의 철학이 코칭 과정에서 질문을 중요하게 보는 이유다. 코칭에서 질문은 피코치자의 자율적 사고를 이끌어내어 새로운 시각과 사고의 폭이 확장되도록 하는 수단으로서 피코치자의 생각을 여는 스킬에 해당한다. 생각을 열어주는 좋은 질문의 형식은 상황을 긍정적으로 볼 수 있도록 도와주는 '어떻게 질문(How Question)', 미래의 행동과 가능성에 초점을 맞춘 '미래지향적 질문(Future oriented Question)', 깊이 생각하도록 하여 다양한 답으로 확산시켜 나가는 '열린 질문(Open Question)' 등이다. 코칭에서 가장 좋지 않은 질문은 대답이 '예' 또는 '아니오'로 유도되는 닫힌 질문이다.

예를 들어 직장상사가 성과물을 잘 나오지 않는 부하직원에게 "자네, 내가 말해준 지침은 충분히 이행 했나?"라고 했을 때, 이것은 전형적인 닫힌 질문으로 부하직원은 '예' 또는 '아니오'로 대답할 수밖에 없으며, 왜 제대로 하지 않느냐는 질책으로도 들린다. 이런 상황에서 직장상사의 질문은 생각을 열어주는 코칭형이 되어야 한다. "성과를 빨리 내려면 어떤 노력이 필요하다고 생각하나?", "지금 하고 있는 방법보다 더 좋은 방법은 없겠나 생각해 볼까?" 등이다. 이렇게 질문을 받으면 닫힌 질문과 달리 생각을 해보게 되고, 또 자신의 평소 생각을 정리하여 답하면서 실행의지를 더 강하게 가지게 될 것이다.

코치가 가지고 있는 답을 먼저 제시해야 하는 경우도 있다. 긴급한 상황에 처해 있어 피코치자가 생각을 열 만한 여유가 없거나, 해당 분야에 대한 지식이 없어서 정말로 답을 모르는 경우이다. 이때는 답을 제시한 후에 코칭의 질문 스킬을 활용하는 것이 효과적이다. "지금 내가 이야기한 것 가운데 자네에게 가장 중요한 것이 무엇이라고 생각하나?", "자네가 이렇게 할 때 필요한 도움은 무엇인가?"

피드백

피드백은 항상 더 나은 미래를 지향해야 한다. 다음번에는 더 성장하고 발전하라는 코치의 언어적 반응으로서 피코치자의 행동을 여는 스킬에 해당한다.

피드백을 위해 가장 중요한 것은 애초에 성과의 기준을 명확하게 하는 것이다. 목표가 스마트(smart)해야 하는 것처럼 피코치자가 내야 할 성과도 스마트, 즉 구체적이고(specific), 측정 가능하고(measurable), 실천적이고(action-oriented), 현실적이고(realistic), 시한이 적절한(timely) 기준이 있어야 한다. 피드백에서 만약 이러한 전제가 없다면 단순한 지적과 비판의 수준을 넘지 못하게 될 것이다.

피드백 코칭 스킬은 피코치자가 이룬 성과나 행동에 대하여 칭찬이나 인정을 하여 자신감을 높여주는 '긍정적 피드백'과 피코치자를 더 발전시키는데 필요한 부분을 구체적으로 언급하여 개선방안을 세우는데 도움을 주는 '발전적 피드백'의 형식이 있다. 각각의 피드백 요령은 다음 〈표 11-3〉과 같다.

| 표 11-3 | 긍정적 · 발전적 피드백 요령

긍정적 피드백	발전적 피드백
· 칭찬할 내용을 미리 준비한다. · 친밀감을 표현한다. · 특정 행동에 대한 칭찬과 인정을 한다. · 성과에 도움이 된 것을 설명한다. · 같은 행동을 지속하도록 독려한다.	· 사람이 아닌 구체적인 행동을 언급한다. · 그 행동이 미치는 영향을 표현한다. · 바라는 행동에 대하여 구체적으로 말한다. · 감정을 배제하고, 사실에 초점을 맞춘다. * 비난이 아니라 피코치자의 발전이 목적

코칭 전문가들은 위의 세 가지 코칭 스킬을 적용함에 있어 태도가 매우 중요하다는 점을 'SET'라는 약칭을 사용하여 강조한다. 이것은 모든 코칭 스킬에서의 기반은 Support(공감, 지지하라), Expect(바램, 기대하라), Trust(믿음, 신뢰하라)가 되어야 한다는 것이다. 어려운 상황에 처해 있을 때 누군가와 함께 있었다는 사실 하나 만으로 상당히 도움이 되는 경우가 많다. 반대로 그 사람이 나의 상황에 무관심하다는 사실만으로도 무시를 받았다거나, 서운한 감정을 가질 수 있다. 다른 사람에게 관심을 기울이고, 나아가서 지지하고, 기대하고, 신뢰할 때 제대로 된 코칭이 시작된다고 할 수 있다.

12 프레젠테이션

♣

『중요한 것은 당신이 무엇을 말하는 가가 아니라

청중이 무엇을 듣는가이다.』

- 레드 아우얼 바흐 -

프레젠테이션의 개념

프레젠테이션은 단순히 슬라이드를 보여주거나 읽어주는 것이 아니다. 그렇다면 프레젠테이션은 무엇일까? 스피치 커뮤니케이션학 국내 1호 박사인 김은성 아나운서가 프레젠테이션의 개념을 잘 설명해주고 있는데 그것을 세 가지로 요약하여 소개하겠다.

첫째, 프레젠테이션은 프레젠터가 주도하는 정보 전달과 설득 스피치이다.

이 개념의 핵심 단어는 프레젠터 주도, 정보 전달 스피치, 설득 스피치이다. 전통적인 프레젠테이션은 프레젠터가 좋은 소리로 열심히 내용을 읽고 슬라이드를 단순히 넘기는 구조였다. 이제는 컨셉의 변화가 필요하다. 프레젠테이션은 프레젠터가 중심이 되어 주도하는 것이지 구석의 연단에서 그저 시나리오를 열심히 읽는 것이 아니다. 이를 위해서는 프레젠터가 완급조절 까지도 가능하도록 내용을 완벽하게 숙지해야만 한다. 다음은 정보의 정확한 전달이다. 좋은 음성과 발음, 자연스러운 리듬감은 사람들이 잘 듣고 이해하게 만든다. 명확하고 간결한 핵심 구성 역시 전달력을 높인다. 본인이 이해하지 못한 것을 아무리 설명해 봐야 다른 사람은 이해할 수 없다. 결국 프레젠테이션의 처음과 끝 모두를 프레젠터가 주도해야 한다는 것이다. 그 다음은 청중들의 태도 변화와 행동을 유도하기 위한 설득 작업이다. 설득은 순진한 구성으로는 불가하다. 청중 분석과 함께 치열한 고민과 노력이 있어야만 가능하다.

둘째, 프레젠테이션은 종합예술이다.

통상 프레젠테이션의 단계는 사전 분석, 기획 및 내용 구성, 전달 등 3단계로 나눈다. 사전 분석 단계에서 전반적인 자료 조사와 함께 발표 환경과 청중을 분석하고 프레젠테이션 로드맵을 준비한다. 그 다음에 기획 및 구성 단계로 들어간다. 이 단계에서는 아이디어와 함께 핵심 메시지를 개발하며, 그것을 바탕으로 내용들을 배열하고 파워포인트 슬라이드를 구성한다. 이때는 디자인 작업이 핵심이다. 그리고 마지막 전달 단계에서는 리허설을 포함하여 제반 상황을 점검하는 등 프레젠터가 잘 전달할 수 있도록 준비하는 일이 포함된다. 완성된 프레젠테이션을 보았을 때 어느 한 부분이라도 문제가 생기면 좋은 프레젠테이션이 될 수 없다. 모든 단계에서 준비한 내용들이 잘 조화를 이룰 때 좋은 프레젠테이션이 완성된다.

셋째, 프레젠테이션은 시나리오 중심과 스토리텔링 중심으로 구분할 수 있다.

기존의 프레젠테이션은 시나리오 중심이었다. 프레젠터가 구석에서 시나리오를 열심히 읽고, 보조자가 멘트에 맞추어 슬라이드를 넘기는 방식이다. 이제는 서서히 바뀌고 있다. 스티브 잡스처럼 무대 중앙에 나가 청중들과 교감하며 이야기를 이끌어가는 스토리텔링 프레젠터가 대세이다. 슬라이드가 무대 옆으로 가고 프레젠터가 중앙으로 오는 것이다. 시나리오 중심의 프레젠테이션에서는 전달력이 가장 중요하다. 안정된 음성과 발음으로 시나리오의 오독 없이 정확하게 전달하는 것이다. 반면에 스토리텔링 프레젠테이션에서는 유창

성과 비언어적 표현이 중요하다. 핵심 키워드를 보고 이야기를 풀어가는 능력과 무대 전체를 아우르며 비언어적 동작을 자연스럽게 하는 것이 중요하다. 2010년 6월 8일 아이폰4가 모습을 드러내는 순간 사람들의 눈은 스티브 잡스에게 쏠렸다. 제품도 신기했지만 그의 놀라운 프레젠테이션 능력 때문이었다. 그는 멋진 음악과 영상을 보여주면서 "아이폰을 구매하면 이런 느낌이 들 겁니다."라고 힘주어 이야기 했다. 사람들에게 수치와 통계, 각종 특성들의 텍스트가 아닌 제품이 주는 의미를 전달한 것이다. 현대적 개념의 프레젠테이션에서는 프레젠터의 능력이 매우 중요하다는 점을 인식할 수 있다.[35]

프레젠터는 세 가지 부류로 나눌 수 있다. 먼저 우리 사회에 주로 많은 '원고 읽기식 프레젠터'이다. 완벽한 원고를 바탕으로 그 원고를 얼마나 틀리지 않고 읽는지가 관건이다. 프레젠테이션의 중심은 슬라이드이고 프레젠터는 한쪽 구석에서 열심히 원고를 읽는 방식이다. 이 방식으로는 효과적으로 청중을 설득하지 못한다. 물론 콘텐츠가 뛰어나다면 예외가 될 수는 있다. 다음은 '연출식 프레젠터'이다. 원고는 보지 않지만 머릿속에 시뮬레이션 되어 있는 대로 진행을 한다. 움직이는 동작도 시나리오로 작성해 놓고 그대로 연출한다. 이 프레젠테이션의 문제는 돌발 상황이 생겼을 때이다. 파워포인트 전원이 꺼졌다든지, 사람들이 지루해 하거나, 시간이 단축되었을 때 프레젠터는 당황하게 되고 제대로 프레젠테이션을 진행하지 못하게 된다. 프레젠테이션은 늘 원하는 대로 진행되지 않기 때문에 돌발 상황에 대한 대처하는 능력이 매우 중요하다. 마지막으로 상황을 창조해 나가는 창조적 프레젠터가 있다. 원고를 준비하지만 암기하지는 않는다. 스피치 개요서를 작성해서 간단히 메모하고 그것을 바탕으로 스토리텔링을 한다. 내용을 숙지했고 내용의 배경까지도 이해했기 때문에 암기할 필요가 없다. 새로운 상황이 닥치면 그 상황을 새롭게 만들어가는 능력이 있다. 프레젠테이션을 하는 중에 어떤 돌발 상황이 생긴다면 자연스런 유머와 자신의 이야기 등으로 시간을 조절할 수 있다. 창조적 프레젠터로서의 능력을 가진 사람이 할 수 있는 반응이다.

지금까지 프레젠테이션의 개념과 프레젠터의 부류에 대하여 살펴보았다. 여기서 중요하게 기억해야 할 점은 프레젠테이션은 목적이 있는 설득 스피치이며, 프레젠터는 프레젠테이션 상황을 지배할 수 있어야 한다는 것이다. 이제는 프레젠테이션에서의 각 단계인 사전 분석, 기획 및 내용 구성 그리고 전달 과정에서 어떻게 준비하고 실행해야 하는지에 대하여 세부적으로 알아보겠다.

사전분석

사전분석 이전에 선행되어야 할 작업이 있다. 프레젠테이션 준비 계획을 수립하는 것이다. 준비의 개념은 오직 'Step by Step', 단계적으로 진행하는 것이다. 다음의 6가지 단계를 기준으로 계획을 수립하는 것이 좋다.

- 1단계. 목적 파악 : 누구에게, 무엇을, 어떻게 전할지 고민
- 2단계. 자료 조사 : 상황, 주제, 청중에 대한 사전 분석
- 3단계. 기획 : 아이디어, 컨셉/키워드 결정
- 4단계. 구성 : 아이디어를 배치, 시각자료 작성
- 5단계. 숙지 : 구어체 시나리오 작성, 압축 및 스피치 개요서로 정리
- 6단계. 리허설/평가 : 연습 및 피드백, 리허설 평가(평가 리스트 활용)

프레젠테이션 사전분석은 위 개념에 따르면 1, 2단계 준비 작업에 해당된다. 프레젠테이션 사전분석을 할 때는 '잭 웰치의 3P 분석' 방식을 많이 활용한다. 목적(Purpose), 청중(People), 장소(Place)를 미리 분석하는 것이다. 프레젠테이션은 목적에 따라 제안형, 설득형, 동기부여형, 설명형 등으로 준비할 수 있다. 청중분석은 참석자들의 규모, 지적 수준, 성별, 연령대, 이해관계 등이 대상이며, 장소분석은 장소의 크기, 시간대, 필요한 장비 및 매체, 좌석의 배치, 실내 환경을 확인하는 것이다.

이 중에서 가장 중요한 것은 청중분석이다. 청중분석은 치밀할수록 좋으며 모든 준비 단계 중에서도 가장 중요시해야 하는 부분이다.

준비에 몰입하다 보면 자기중심적으로 풀어 나가는 수가 많다. 이런 경우는 자신이 분명히 좋을 것으로 예상하면서 준비했는데 막상 현장에 가서 잘못되었음을 느끼게 될 확률이 높다. 청중이라는 틀 속에서 준비하지 않았기 때문이다. 유념해야 할 것은 자신이 무엇을 말하는가가 아니라 청중이 무엇을 듣는가가 중요하다는 것이다.

청중분석은 〈표 12-1〉과 같이 이익 분석, 형태 분석, 의사결정 집단의 특성분석으로 나누어 준비한다. 여기서 의사결정 집단을 분석대상에 포함한 것은 특히 제안형이나 설득형 프레젠테이션에서 그 집단이 성과에 미치는 영향력이 크기 때문이다.

| 표 12-1 | 청중분석의 분류

구분	이익분석	형태분석	의사결정 집단 특성분석
분석 내용	· 집단의 핵심 가치 · 현실적 이익 · 잠재적 이익	· 청중의 수 · 성별, 연령 · 학력, 경력	· 사전 지식 · 태도, 스타일 · 동기

이익분석은 청중의 이익이 가장 먼저라는 생각에서 출발해야 한다. 이익에는 개인과 집단의 핵심 가치, 현실적 가치와 잠재적 가치 등이 혼재되어 있어 세밀한 접근이 필요하다. 어느 조직의 청중을 대상으로 동기부여형 프레젠테이션을 한다고 가정해 보자. 조직에서 바라는 핵심 가치와 비전은 장기적 발전을 고려한 잠재적 이익에 해당한다. 청중들은 현실적인 이익에 관심이 많고 잠재적 이익에 대해서는 이해를 못하고 있거나 필요성을 못 느끼고 있다. 좋은 프레젠테이션은 조직의 잠재적 이익을 정확하게 알리면서 현실적 이익도 함께 투영하여 청중들의 동기를 자극하는 것이다. 그들이 조직의 미래와 자신의 현

실적 이익을 함께 상상하면서 마음을 움직이게 된다면 성공이다.

형태분석은 인구통계학적 분석으로서 청중의 수, 연령, 성별, 학력 및 경력 등이 포함된다. 청중의 수에 따라 프레젠테이션에 임하는 방식은 달라야 할 수밖에 없다. 청중의 규모가 소수(15명 이내), 중간(30~50명) 또는 다수(100명 이상)일 경우로 구분하였을 때 각각의 특성은 아래 〈표 12-2〉 내용과 같을 것이다.

| 표 12-2 | 청중 규모에 따른 프레젠테이션 특성

청중 규모	특 성
소수 (15명 이내)	· 깊이 있는 설명과 함께 상호작용이 중요 · 청중 각자에게 다가가서 눈을 맞추며 설득 · 질문을 통해 이해 정도를 수시로 파악
중간 (30~50명)	· 소수, 다수에게 하는 방법을 모두 사용하는 것이 효과적 · 적절한 움직임으로 친근감 유발 · 수주 활동일 경우 핵심 인물 또는 의사결정권자를 집중 공략
다수 (100명 이상)	· Show 같은 분위기 활용 필요, 박수나 웃음 유도 · 이성적 보다는 감성적 접근으로 흥미유발 할 때 효과적 · 그룹으로 눈 맞춤 하며 전체 분위기를 유도 · 정확한 발음과 발성으로 전달력에 유의

연령과 성별에도 세심한 주의가 필요하다. 연령의 경우 젊은 층에게는 시대적 트랜드를 고려한 내용으로 하고 말 속도도 다소 빠른 것이 좋으며, 장년층에게는 논리적이고 현실적인 대안들이 효과적일 것이다. 연령층이 섞여있는 때가 가장 어렵다. 이때는 모든 연령층이 공감할 내용으로 먼저 이야기한 후 각각의 연령층에 맞는 이야기를 하며 완급을 조절할 필요가 있다. 성별에 따라 신경 써야 될 부분은 사례의 적절성이다. 여성이 많은 경우에는 여성들이 공감할 내

용을 전하는 것이 효과적이다. 그리고 학력과 경력에 따라 내용을 확실히 달리하는 프레젠테이션은 없다. 단지 학력이 낮은 집단일 경우 전문용어나 외국어 사용을 자제하는 것이 좋다. 가장 바람직한 것은 어디에서나 쉽고 간결한 언어로 전하는 것이다.

의사결정 집단의 특성 분석은 수주나 제안형 프레젠테이션에서 매우 신중을 기해야 하는 사항이다. 참석자의 사전지식 정도, 태도와 스타일 등에 대한 특성을 판단하여 대응 방식을 정해야 한다. 관련 주제에 관한 지식이 있는지를 인지하는 것은 매우 중요하다. 배경지식이 있는 경우라면 바로 본론으로 들어가 논리적으로 접근해야 한다. 그렇지 않은 경우라면 필요성에 대한 친절한 설명을 선행하는 것이 좋다. 그 다음 참석자의 특성별 구분과 그에 따른 대응은 아래 〈표 12-3〉과 같은 방법을 따르는 것이 좋다.

표 12-3 의사결정 집단 특성 구분 및 대응 방법

태도 유형	특 징	대응 방법
주도형 (직선적 스타일)	· 결과 지향적 · 신속한 결정 · 적극적 해결	· 결과를 먼저 제시하고, 근거를 풀어 나감 · 한 장의 종이, 슬라이드로 핵심내용 부각 · 간결 · 명확한 어휘 사용, 팩트 위주의 진행
신중형 (분석적 스타일)	· 원칙과 기준 중시 · 작은 수치에도 민감 · 비판적	· 충분한 논리적 근거와 이유 제시 · 각종 근거와 데이터를 활용 설득 시도 · 객관적인 부분을 강조
안정형	· 조직 분위기를 따름 · 참을성 있고 협조적 · 경청과 동의를 잘 함	· 이벤트적 요소 활용 좋은 반응 유도 · 호감을 보이고 신뢰감 있게 행동
사교형	· 호의적, 사람 중시 · 그룹 활동 선호	· 프레젠테이션 전 · 후 좋은 인상 제공 · 의견을 묻거나 개인적 관계 유지

프레젠테이션은 청중 중심적이고, 현장에서 일어나는 사안이므로 항상 변수가 많다. 따라서 위의 제시한 특성과 대응방법을 기준으로 하되, 유연하고 융통성 있게 접근해야 한다.

• 기획과 내용 구성

사전분석 후에는 기획과 구성 단계로 이어진다. 이 단계는 전달과 함께 보여주고 들려주기 위한 준비를 하는 단계로서 프레젠테이션 준비의 실질적인 부분이라 할 수 있다. 어떻게 준비해야 하는 지를 3가지 원칙으로 정리하여 살펴보겠다.

▌제 1원칙▐ 핵심 단어와 문구를 만들어라

프레젠테이션을 하는 동안 모두 열심히 듣고 있는 것은 아니다. 말하는 사람은 모든 내용이 중요하다고 생각하지만, 청중은 그렇게 생각하지 않는다. 그래서 컨셉을 정리해 줘야 하며, 반복을 통하여 인지하도록 만들어야 한다. 청중의 뇌리에 깊이 박힐 만한 핵심 단어와 문구를 준비하였다면 인상적인 프레젠테이션을 하기 위한 튼튼한 기초를 확보하고 있는 것이다.

컨셉은 하나의 핵심단어로 나타내야 한다. 스티브 잡스의 프레젠테이션을 보면 간결한 수치가 자주 등장한다. '1 Million'만 적혀있는 슬라이드 하나로 소개 제품이 얼마나 잘 팔릴 것인지, 어떤 의미를 가졌는지를 풀어낸다. 그리고 수년전 학교 교육시설 건립에 관여할 때의 경험이다. 최종적으로 두 업체가 참여했는데 A업체는 컨셉이 '복합'이라는 점을 반복하면서 복합기능 건물을 설비하여 교육의 효과를 배가시킬 수 있다고 강조하였다. B업체는 설계에서 건물의 미관과 IT설비의 장점에 대하여 꼼꼼하게 설명하였다. 평가에서 복합

기능 시설이라는 컨셉이 힘을 발휘하여 A업체가 선정되었다.

핵심문구는 청중을 감동시킬 만한 간결하면서도 인상적인 표현이다. 이것은 청중과 교감하기 위한 중요한 요소이다. 오랜 세월동안 사람들의 기억에 남는 핵심문구를 한번 기억해 보겠다. 한국의 60년대 경제개발을 위한 새마을운동 전개 과정에서 박정희 대통령의 '잘 살아보세, 우리도 한번 잘 살아보세'이다. 전 국민을 고무시키기에 충분했다. 1963년 마틴 루터 킹 목사(미국의 흑인 인권 운동가)가 사회적 분쟁의 한복판에서도 자신의 낙관론을 펼치는 명연설을 했다. 아직도 듣는 이의 심금을 울리는 핵심문구는 '나는 꿈이 있습니다(I have a dream).'이다.

컨셉을 정하여 핵심 단어와 문구로 압축을 하는 것은 수집한 자료를 요약하는 차원이 아니다. 많은 자료의 내용들을 생생함을 표현할 창조적 표현을 구하는 작업이기 때문이다. 자료들이 분석되었다면 스스로 다음 두 개의 질문을 하고 답을 구해 보자. 핵심단어와 문구에 가까워져 있을 것이다.

- 청중이 회의장을 나설 때 무엇을 기억했으면 좋겠는가?
- 프레젠테이션에 참석한 청중이 동료들에게 무슨 말을 들려주었으면 좋겠는가?

제 2원칙 짜임새 있게 구성하라

우리는 서론 · 본론 · 결론에 익숙하다. 아리스토텔레스의 3단 논법과 헤겔의 정 · 반 · 합은 역사적으로 논리적 안정성이 증명되어 있다. 그러므로 사람들의 일상에 녹아있는 3단 체계로 내용을 구성하면 논리 전개에 유리할 수밖에 없다. 〈표 12-4〉 체계도와 같이 전체를 도입부, 본론부, 결론부로 구성하고, 본론부는 다시 세 가지의 핵심주제로 구성하는 것이 일반적이다. 각 부별로 중요하게 포함되어야 할 사항을 알아보겠다.

|**표 12-4**| 내용 구성을 위한 기본 체계

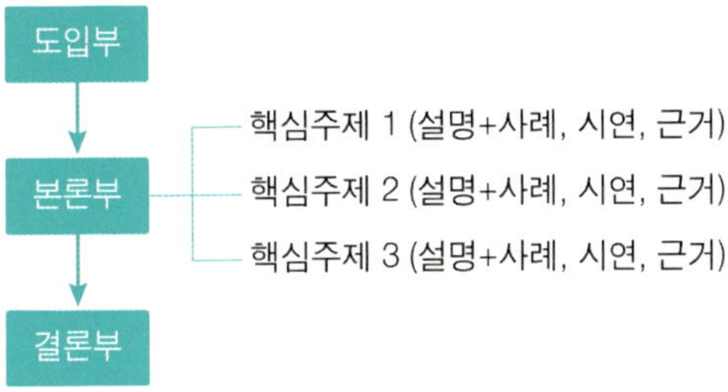

도입부

도입부는 간단한 자기소개와 함께 프레젠테이션의 배경과 진행 계획, 핵심내용을 요약 설명하고, 청중의 주의를 환기시키는 단계이다. 도입부를 구성할 때는 처음에 어떻게 시작하는지가 매우 중요하다는 인식을 바탕으로 다음의 항목을 적절히 선택하여 사용해야 한다.

- 자기 소개
  - 주제에 대해 어떤 관심과 경력을 가지고 어떻게 준비해 왔는지 인지시킨다.
  - 자신을 단순히 알리는 것이 아니라 프레젠트를 각인시키는 중요한 기회이다.
- 배경 및 진행 계획
  - 주제의 필요성과 의미를 부여한다.
  - 사전 지식이 없는 생소한 청중을 위한 배려 차원이다.(슬라이드 1장이면 충분)

• 소요시간을 포함, 어떤 이야기로 전개할지를 설명한다.(전체적인 로드맵 제시)

- 핵심내용 요약
  - 프레젠테이션의 최종 결론을 한 장으로 보여주는 것이다.
  - 좋은 이미지를 처음부터 갖도록 하는 것에 초점을 둔다.
- 주의 환기(도입부에서 가장 중요한 부분)
  - 모든 청중을 프레젠테이션에 빠져들도록 해야 한다.
  - 청중들이 집중할 수 있는 사례 인용, 질문, 유머, 개인 경험 등을 활용한다.

주의 집중을 위해 활용할 수 있는 방법들

- 시의성 있는 이야기 : 시사적 내용과 주제 간의 연결이 중요
- 수사학적 질문 : 대답을 바라는 것이 아니라 주변 환기와 참여를 유도
- 일화나 사례 : 주제와의 연관성과 영향력이 중요
- 유머 : 가장 효과적이지만 가장 힘든 방법임을 유념
- 인용 : 공신력 있는 사람의 말이나 짧고 적합한 명구 인용
- 새로운 사실 : 상식으로 믿었던 것을 뒤엎을 수 있는 통계나 사실이 효과적
- 전망 : 거시적 차원을 언급하고, 이야기를 좁혀가며 주제에 연결

본론부

본론에서는 핵심 주제를 세 가지로 구성하고, 각 주제에 종속되는 하위 개념들을 배열하면 짜임새가 있다. 하위 개념에 포함되는 내용은 개념의 설명과 사례, 시연, 근거 등이다. 핵심주제를 부각시키기 위해서는 요지를 단순화 하면서 내용과 상황에 적합한 비교분석 또는 연구 결과, 인용, 보도자료, 시청각 자료들을 제시해야 한

다. 각종 자료를 제시할 때 특별히 관심을 기울여야 하는 것은 청중의 주목을 받을 수 있도록 하는 것이다. 그런 점에서 자극적인 동영상, 사진, 질문 등을 사이사이에 포함시키고 핵심 내용은 반복되도록 하는 것이 바람직하다. 그리고 다음 〈표 12-5〉와 같은 다양한 내용 배열 형식을 선택적으로 활용하여 프레젠테이션 특성에 맞게 적용하면 설득의 효과를 높이는데 도움이 된다.

|표 12-5| 본론부 배열 형식과 방법 사례

구 분	방 법
모듈 배열 형식	· 연관성 없는 소재들의 나열, 서로 순서를 바꿀 수 있는 것이 특징 · 융통성이 있어 시간에 따라 생략 가능하나 논리적 연결성이 결여 * 기업체 재정 브리핑에서 주로 사용(년, 분기, 월 사업별 재정상태)
토픽 배열 형식	· 소재별로 나열한다는 점에서 모듈과 유사하나 순서를 바꿀 수 없음 · 일반적인 프레젠테이션에서 흔히 사용하는 형식임 * 추진배경 - 사업 추진상황 - 결과 순으로 나열
문제-해결 형식	· 컨설팅 관련 분야에서 많이 사용 * 현실태/문제점 제기, 해결방안 제시 형식
시간 배열 형식	· 과거, 현재, 미래 순으로 설명하여 추이를 잘 보여주는 형식 · 과정과 추진상황, 향후 전망 등을 시간대 별로 배열
사례 제시 형식	· 사례의 스토리텔링으로 청중들이 주장을 받아들이게 유도 · 전체를 스토리로 꾸미는 방법과 부분 사례 제시 방법이 있음 * 사례(이야기) - 문제제기 - 대안제시 - 사례 순으로 나열

결론부

결론부는 요약과 행동 촉구, 마무리 등으로 구성된다. 결론은 프레젠터의 주장과 견해를 최종적으로 각인시키는 기회이므로 인상적인 내용이 되도록 준비해야 한다. 마치 한 편의 공연을 연출하듯 치밀하게 하라는 뜻이다.

요약은 앞에서 주장했던 내용을 일깨워 주는 것인데 단순한 반복은 효과가 떨어진다. 앞에서 만약 정형화된 내용으로 설명했다면 자신의 시각으로 새롭게 정의하여 제시하는 것이 효과가 클 것이다. 행동 촉구는 청중들이 어떻게 행동해야 하는지를 구체적이고 친절하게 당부하는 것이다. 그리고 전체 프레젠테이션을 마무리하는 끝인사를 하면 된다.

▌제 3원칙 ▌ 간결하게 작성하라

최근 슬라이드 기술의 발달로 다양한 비주얼 효과를 과도하게 사용하는 경우가 많은데 그럴수록 프레젠터의 역할과 기능은 축소될 수밖에 없다. 아무리 화려한 슬라이드라 할지라도 단순한 보조 도구일 뿐, 프레젠테이션의 주인공은 어디까지나 프레젠터이다. 그러므로 '슬라이드는 간결할수록 효과적이다', 'KISS(Keep it Simple and Short)'라는 표현을 슬라이드 작성의 대원칙으로 꼭 기억해야 한다. 이러한 원칙을 지키기 위해서는 전체적인 통일성과 텍스트의 함축성을 유지하고, 불필요한 화려함이나 특수 효과를 지양해야 한다. 시각자료를 간결하게 작성하는 방법은 다음과 같이 간추려 보았다.

- 제목의 길이는 다섯 단어 이내로 하고 마침표를 사용하지 않는다.
- 7 × 7 법칙을 지킨다. (한 줄에 7단어, 1개 화면에 7줄 이내)
- 서체는 2~3 종류 이내, 색상은 한 화면에 3가지 색상 이내로 한다.
- 숫자, 통계는 그래프나 그림을 활용한다. (특히 새로운 개념의 강조는 이미지로)
- 불필요한 효과음 및 애니메이션, 조악한 클립아트 등을 지양한다.
- 한 슬라이드에 하나의 메시지만 배치한다.

• 전달

창의적인 내용으로 잘 구성된 시각자료를 만들어 놓고도 전달을 잘하지 못하여 실패하는 수가 많다. 발표자가 그저 읽기에 급급했다든지, 아무런 제스처나 움직임 없이 정면 또는 자료만 보고 발표했거나 시선이 불안정 했을 경우이다. 이로 인해 정작 강조해야 할 부분을 부각하지 못하는 더 큰 문제로 이어진다.

조직 내부의 프레젠테이션에서 간혹 볼 수 있는 현상인데 상사의 의도에 맞추느라 발표 직전 까지도 내용의 수정을 반복하다가 전달에 실패하여 낭패를 보는 경우이다. 기획과 구성은 다소 부족하더라도 전달을 잘한다면 청중이나 안건의 심사자들은 그 내용을 다시 한 번 눈여겨보게 될 것이다. 특히 경쟁과 심사에 관한 프레젠테이션일수록 전달 기술은 더욱 그렇다. 프레젠테이션을 준비하면서 대체로 기획과 내용 구성에 대한 고민은 많이 하고, 수 없이 수정도 하여 최고의 작품을 만들고자 노력하지만 실제 전달의 효과를 높이는 문제는 소홀히 하고 있다. 프레젠터들은 이 문제를 심각하게 인식하여 보다 체계적이고 실질적으로 전달 기술을 학습하고 연마해야 할 것이다. 이를 돕기 위해 프레젠터로서 프레젠테이션에 임하는 자세, 언어와 비언어적 유의 사항, 진행 기법에 대하여 차례대로 살펴보겠다.

첫째, 프레젠테이션에 임하는 자세이다.

기본적인 자세는 청중이 정확하게 무엇을 원하고 있는가를 심사숙고하는 것이다. 또한 열정과 자신감을 갖는 것이다. 열정은 중요하다는 느낌을 줌으로써 전달력을 높여주고, 자신감은 신뢰를 주게 된다. 그리고 치밀한 준비와 연습이다. 잘 준비된 한 장의 메모카드가 중요하다. 이것은 실제 프레젠테이션에서 심리적 안정감을 주는 든든한 지원군 역할을 할 것이다. 방송 진행자들을 보면 대개 엽서크기만한 메모카드를 손에 들고 있다. 사전 연습은 자체적으로 평가표를 만들어 점수를 매겨보면서 하는 것이 효과적이다.

둘째, 프레젠테이션 언어와 비언어적 유의사항이다.

열정적이며 자신감이 나타나는 프레젠테이션을 위해서 발표자가 유의해야 할 사항은 언어적 측면과 비언어적 측면이 있다.

먼저, 언어 측면에서는 꾸밈없는 일상용어의 사용과 긍정적인 표현으로 청중과의 심리적 거리를 좁히고, 내용의 중요성에 따라 강약을 주는 것이 중요하다. 만약 나쁜 언어 습관이 있다면 실수하지 않도록 조심해야 한다. 음성적 요인 중 발성과 호흡, 발음, 음색은 발표자의 기본적인 능력으로서 첫인상과 관련이 깊으므로 보다 세련되고 안정된 소리를 내도록 평소부터 훈련해 놓는 것이 좋다.

다음은 비언어적 측면으로 외모, 외형과 함께 어떻게 움직이고 어떤 제스처를 하는 지가 포함된다. 몇 가지 유의해야 할 사항은 다음과 같다.

- 프레젠테이션 시작 전에는 차림새를 정돈하고, 일단 시작되면 단정한 자세를 유지해야 한다. 팔짱을 끼거나 주머니에 손을 넣는 일이 없어야 한다.
- 인사를 할 때는 양복 상의의 단추를 하나만 채우고 정중히 인사를 하고, 연단 옆으로 살짝 움직여 인사를 한 후 가볍게 연단으로

이동하여 프레젠테이션을 시작한다.

- 철저하게 청중들과 눈 맞춤을 하면서 이야기해야 한다. 의사 결정자나 긍정적인 청취자에게 눈길을 많이 주는 것이 좋으며, 청중이 30여명 이상으로 다수일 경우 청중석을 3등분을 하여 좌우 원근으로 자연스럽게 돌아가면서 눈 맞춤 한다.
- 제스처는 완성하는 것이 중요하다. 앞으로 내밀었다가 그냥 얼버무리면 자신감이 없어진다. 그리고 양손 사용의 균형성도 중요하다. 자신의 기준 제스처를 나름대로 숙달하여 상황에 맞게 잘 사용해야 한다. 활용할 만한 몇 가지 모범적인 제스처는 다음 〈표 12-6〉의 사례를 참고하면 되겠다.

| 표 12-6 | 모범적인 제스처 사례

상황	적절한 제스처
발성에 좋은 기본자세	두 다리를 11자로 한 상태에서 한 발을 살짝 앞으로 내민다. 엉덩이와 등은 일직선, 어깨는 고정, 시선은 상방 15도.
매력, 호감을 높일 때	자연스럽게 앞머리를 만진다. 특히 개인적 이야기를 할 때 효과적이나 너무 지나치면 느끼하다.
동의를 구하거나, 질문을 던질 때	한 손을 뻗어 사람을 가리킨다. 시선은 상대를 본다.
다른 것과 비교할 때	우리 것은 앞쪽에서 원으로 표시하고, 다른 쪽은 옆으로 상체만 돌려 표시한다.
강조할 때	심장 부분까지 오른쪽을 올리고 집게손가락 표시를 한다.(아니면 손을 펼치고 살짝 흔든다.)
크기를 표시할 때	중앙에서 원을 천천히 크게 한다.
단계적 1, 2 계단 형식	계단 모양으로 손을 움직이며 단계를 구분한다.
원인과 결과를 표현할 때	왼쪽의 원은 원인, 오른쪽의 원은 결과를 나타낸다.
진정성을 호소할 때	가슴에 한 손을 대고 이야기 한다.

* 출처 : 김은성, 『파워 프레젠테이션』, 서해문집, 2011, p200-202 발췌 정리

셋째, 프레젠테이션 진행 기법이다.

발표자가 인사말을 하면서 도입부를 제시한 후 본론으로 들어가고, 마지막에 정리를 하며 맺음말을 하는 것이 진행의 전체적인 흐름이다. 진행 과정별로 효과적인 기법은 어떤 것이 있는지 살펴보겠다.

도입

- 시작 후 첫 2~3분 동안 발표자의 가치관과 자신감을 보여주면서 청중과 빠르게 교감하고, 프레젠테이션의 핵심내용이 인상적으로 암시되게 해야 한다.
- 시작말의 유형은 질문, 일화, 깜짝 놀라게 하는 말, 제목의 설명, 궁금증이 생기게 하는 그림 등으로 하되, 진부한 표현은 삼가야 한다.

시작 시 효과적인 표현	삼가야 할 진부한 표현
· 핵심문구를 첫 마디로 · 이야기에 주인공을 내세워 시작	· 이 자리에 서서 영광입니다 · 이런 이야기를 하게 되어 있습니다. · 좀 부족해서 죄송합니다만 · 좋은 아침입니다 등의 표현

본론 전개

- 청중을 지루하게 해서는 안 된다. 초7, 중10, 성15 라는 말이 있다. 이는 사람의 집중력에 관한 말로 성인의 경우는 15분이 지나면 집중력이 떨어진다는 표현이다. 적정 간격으로 사례, 유머, 질

문 등의 기법을 사용할 필요가 있다.

- 중요한 내용은 반복하고, 실례는 구체적인 통계 숫자를 제시하여 실감나게 한다.
- 가능한 청중을 참여시키고, 시청각 보조자료, 시범을 통해 시선과 관심이 계속되게 해야 한다.
- 자신감이 없어 보이고, 이야기를 단절시키는 표현을 삼가야 한다.

> 제가 아는 한..., 아마도..., 대부분..., 어느 정도..., 꽤 많이...,
> 쉽게 풀어서 말하자면..., 솔직히 말하자면..., 등

마무리

- '도입은 좋게, 본론전개는 더 좋게, 마무리는 최고로' 라는 말을 명심해야 한다.
- 상투적으로 또는 맥없이 끝내거나, 청중이 떠나기 전에 자료나 장비를 정리하는 것을 삼가야 한다.
- 효과적인 맺음말 유형은 유명한 말의 인용, 주요 요점정리, 칭찬, 호소 등이 있다.

> - 핵심문구를 반복하며, 그것을 뒷받침하기 위한 주장을 되풀이
>   - '결론은...' 표현 사용 삼가
> - 본론에서의 주인공을 내세운 특정 이야기로 마무리
> - 질의/응답을 하고, 직설적으로 요구 또는 호소
> - '감사합니다.' 라는 표현을 즐겨 사용

프레젠테이션 진행 단계별 준비상태 점검

지금까지 프레젠테이션의 진행 단계별 특성에 따라 효과적으로 조치하는 방법들에 대하여 살펴보았다. 이제는 각각의 단계에서 사전 준비를 위한 평가척도에 따라 자체 점검을 하는 등 사전 조치해야 할 사항에 대하여 알아보겠다.

첫 번째, 사전 분석 단계에서 점검해야 할 사항이다.

다음 표는 사전 분석 단계에서 어떤 부분을 점검해야 하는지 체크하는 점검대조표이다.

■ 목적 분석

<table>
<tr><th>청중 이익</th><th>프레젠터 이익</th></tr>
<tr><td></td><td></td></tr>
<tr><th colspan="2">관련주제에 대한 자료 조사</th></tr>
<tr><td colspan="2">설문 조사
문헌 조사
언론 보도
관련자 증언
정보 통계 자료
인터넷</td></tr>
</table>

경험 사내 간행물 서베이	
정보의 공통분모(5줄 이상)	
핵심 키워드	

*출처 : 김은성, 『파워 프레젠테이션』, 서해문집, 2011, p242.

■ 상황분석

항 목	결 과	고려할 점
장소, 위치 (약도 포함)		
발표 시간 발표 순서 소요 시간 질의응답 여부		
실내 형태 - 수용규모 - 의자배열(배치) - 무대크기 - 연단 위치		
기기 - 화이트 보드 - OHP - 마이크 상태		

- 컴퓨터 기종 - 프로젝터 - 비디오 - Clicker, 지시기 - 시계 - 조명 - 에어컨		

특이점

- 프레젠터가 앉아서 하는 규정이 있는지?
- CEO가 일정상 중간에 나가는지?
- 시계 비치 여부
- 물, 음료수 구비 여부
- 마이크 상태, 조명 상태(프레젠터와 슬라이드 모두 명확히 모이는 접점)
- 실내 온도 등

총평

* 출처 : 김은성, 『파워 프레젠테이션』, 서해문집, 2011, p243.

두 번째, 기획 및 내용구성 단계에서 점검해야 할 사항이다.

원 칙	항 목	결과	고려할 점
핵심 · 압축성	- 키워드는 무엇인가 - 키워드는 군데군데 강조 되는가 - 결론에서 프레젠터의 이미지가 부각되었는가 - 키워드를 반복하는가 - 1페이지 핵심 요약을 하는가 - 자극적인 방법을 사용하는가 (질문, 움직임, 동영상 등)		

체계성 · 논리성	- 자료 조사는 충분한가 - 서론 · 본론 · 결론 들은 적절한가 - 본론의 구조는 어떤 방식인가 - 서론은 임팩트가 있는가 - '감성-이성-감성'의 방법인가 - 근거는 어떠한 것을 사용하는가 - 근거는 타당한가 - 출처의 공신력은 어떠한가		
간결성	- 1 슬라이드 1 메시지 - 총론과 각론의 조화 (각론은 배타적이나 전체는 포괄성 유지) - 색은 적절한가 - 글꼴, 크기는 어떠한가 - 불필요한 클립아트는 없는가 - 슬라이드의 통일성 - 문장부호, 단어 잘림 - 텍스트보다는 비주얼 위주인가		
총평			

* 출처 : 김은성, 『파워 프레젠테이션』, 서해문집, 2011, p244 내용 편집.

세 번째, 전달 단계에서 점검해야 할 사항이다.

다음 평가표를 참고하여 항목별 5점을 만점으로 하여 자체 평가를 하면 효과적이다.

분야	항 목	평가내용	1	2	3	4	5
컨텐츠 요소	· 논리성 · 적시성 · 표현력 · 창의성 · 체계적 구성 · 스토리 텔링	· 다양하고 명확한 근거 · 시작, 끝 부분의 임팩트 · 막힘없는 언어 구사력 · 기발성, 새로운 접근 · 구조의 짜임새, 시간 안배 · 사례, 비유, 이야기					
음성적 요소	· 발성 · 발음 · 톤, 음색 · 속도, 쉬기 · 크기, 강세 · 억양	· 호흡의 안정성, 소리의 질감 · 발음의 명료도, 정확성 · 톤의 적절성, 음색 · 속도의 적절성, 포즈의 활용 · 강세, 크기의 완급 조절 · 부드러움, 운율성					
몸짓 요소	· 자세/움직임 · 제스처 · 표정 · 눈맞춤 · 공간활용	· 경직되지 않은 자연스러움 · 균형성, 적절성, 효율성 · 자신감 있는 표정 · 상호 교감 능력 · 공간 활용도					
외모 외형 요소	· 의상, 장식 · 헤어, 화장 · 이미지	· 단정함과 세련됨 · 적절성 · 전체 이미지					
총평/총점							

* 출처 : 김은성, 『파워 프레젠테이션』, 서해문집, 2011, p158.

프레젠테이션의 단계별 과정 머리에 그려보기

드디어 최종 프레젠테이션 날이다. 발표장에 도착해서 발표하기까지의 과정을 아래 내용에 따라 상상을 하면서 마음의 준비를 하면 프레젠테이션의 성공은 보장될 것이다.

현장 도착

- 프레젠테이션 시작 한 시간 전에 도착한다. 주변을 살피며 분위기를 익힌다.
- 시나리오를 보기보다는 스피치 개요서를 잠깐 보며 서론과 결론에 집중한다.
- 팀원과 이야기하며 몸을 푼다.
- 시간이 허락되면 발음 연습표를 보며 입을 푼다.
- 긴장 시 화장실에 가서 가벼운 스트레칭을 한다.

발표장 입장

- 절대로 시나리오를 보거나 읽지 않는다.
- 청중 또는 심사위원, 경쟁사의 사람들을 보며 분위기를 익힌다.
- 따뜻한 물 한 잔으로 성대에 수분을 공급한다.
- 다른 경쟁사의 발표를 들으면서 내가 발표하는 모습을 상상해본다.

무대 입장 및 인사

- 호명 소리를 듣고 여유 있게 무대로 걸어 나간다.
- 연단 앞에 나가서 우선 시나리오를 두고, 마이크, 레이저 지시기 등을 확인한다.
- 제반 준비가 끝났으면 웃으며 연단 옆으로 나와 인사를 한다.
- 인사할 때는 양복 윗 단추만을 채우고 정중히 인사한다.
- 인사할 때 심사위원이나 의사결정권자를 본다.

도입

- 첫 음성이 중요하다. 힘 있게 치고 나간다.
- 충분한 연습을 통해 익힌 서론의 임팩트를 극대화시킨다.
  - 질문, 시의성 있는 이야기, 오늘 뉴스, 경험, 동영상
- 한 장의 핵심내용(One page proposal)으로 사람들의 주목을 받게 한다.
- 사람들에게 프레젠테이션의 로드맵을 제공한다. 내용을 자신의 언어로 정리해 본다.
- 장소를 떠나기 전까지 넥타이를 풀거나 한숨을 쉬지 않는다.

본론

- 서론이 끝나고 본론 들어가기 전 포즈와 적절한 연결 멘트를 통해 주의를 집중시킨다.
- 시나리오를 읽을 때 완급 조절에 신경 쓴다.
  '첫째, 둘째' 처럼 강조하고자 하는 것은 힘 있고 느리게, 제반 배경은 빠르게 소화한다.
- 레이저 지시기는 필요한 지점에서 재빨리 사용한다. 레이저의 빛이 흔들리면 안 된다.
- 직접 무대에 나가 설명한 때는 과감하고 신속하게 나간다. 손에는 해당 키워드가 적혀 있는 스피치 개요서 한 장만을 가진다. 슬라이드 안에 들어가 그 지점을 지적하고 사람들을 보며 설명한다. (눈과 손으로 슬라이드 지시 - 지시한 상태에서 청중과 눈 맞춤 - 손을 가볍게 내리고 청중 앞으로 움직이며 설명)
- 혹시 돌발 상황이 생기면 말이 빨라지고 당황하게 된다. 그럴 때일수록 천천히 읽고 문장과 문장 사이를 충분히 쉰다.

결론

- 본론을 마치고 결론에 들어가기 전 사람들의 이목을 집중시킨다.
  * "이제 저희 제안의 핵심을 3가지로 요약해드리겠습니다."
- 충분한 호흡과 여유로 결론의 강조점을 부각시킨다.
- 마지막 호소는 시나리오를 내려두고 무대로 나와 청중과 눈을 맞추며 한다.
- 결론은 천천히 명확하게 설득력 있게 해야 한다.

마무리

- 앞선 인사와 마찬가지로 양복 윗 단추를 채우고 정중히 인사한다.
- 질문을 받았을 경우 연역적으로 간략하게 답한다.
- 혹시 모르는 질문이 있으면 다시 한 번 질문의 내용을 자신의 언어로 정리해 본다. 그래도 모르겠다면 팀원의 도움을 받는다.
- 장소를 떠나기 전까지 넥타이를 풀거나 한숨을 쉬지 않는다.

부 록

1. 리더십의 개념

• 리더십의 본질

인류 역사 속에서 어느 집단이나 리더는 존재하였고, 리더십은 발휘되었다. 현재에도 우리의 가정, 동호인, 직장, 국가에 이르기 까지 크고 작은 조직에서 구성원들을 이끌어 가는 리더가 있다. 그러므로 리더십은 동서고금을 막론하고 인류 역사의 관심사로서 보통 사람들은 리더의 자질과 행동 특성들에 관한 일반적 개념으로 인식하여 왔던 사항이다. 특히 복잡성과 다변성을 특징으로 하는 현대 사회 환경 하에서 리더십은 더욱 큰 관심을 받고 있는 주제가 되고 있다.

리더십(leadership) 또는 리더(leader)라는 단어가 우리나라에서 언제부터 쓰이기 시작했는지는 불확실하다. 리더라는 말은 사전적으로 지도자, 통솔자 등으로, 리더십은 지도력이나 통솔력으로 번역해 사용하고도 있지만 대체로 리더 또는 리더십이라는 영어 표현 그대로 사용하고 있다. 리더십이라는 말이 리드(lead), 즉 사람들을 이끈다는 영어 표현으로 사용이 된다고 해서 영어권에서 리더십 개념이 먼저 생성되었다고 볼 수는 없는 것이다. 옛날의 기록들에 의하면 리더십이라는 영어단어가 생겨나기 훨씬 전부터 리더십의 개념은 동서양을 막론하고 사람들이 사는 곳에는 어디에서나 다양한 형태로 존재했었음을 알 수 있다. 예컨대, 통솔이니 통솔자이니 하는 용어는 이미 오래 전부터 일반적으로 쓰이던 말이다.

연구자들이 정의한 리더십이 무엇인지에 대해 알아보기 전에 현대사회에서 일반적으로 생각할 수 있는 리더와 리더십은 어떻게 해석될 수 있는가를 보겠다. 먼저 리더의 개념을 알아본다면 리더의 우리말은 '지도자이며 사람들을 이끌어가는 사람'을 뜻한다. 조직과 관련하여 리더는 공식 리더(formal leader)와 비공식 리더(informal leader)로 나누어 볼 수 있다. 공식 리더란 조직의 구조상의 책임자를 말한다. 회사의 사장과 팀장, 정부기관의 장, 군대의 지휘관과 부서의 장, 학교의 교장과 학급 담임교사, 사회단체의 장, 가정의 가장, 동창회나 친목그룹의 장 등이다. 이들은 조직이나 부서의 목표달성을 위해 구성원들을 이끌어야 하며 책임수행을 위해 공식권한을 가진다. 이들은 본인의 의지에 관계없이 리더십을 발휘해야만 하므로 모두가 리더십을 훌륭하게 발휘하는 것은 아니니다. 비공식 리더는 공식적인 조직계통에 위치하고 있지는 않지만 구성원들에게 실질적인 영향력을 행사하여 집단을 이끌 수 있는 사람이다. 가령, 회사에서 팀장보다 부팀장이 구성원들에 대해 더 큰 영향력을 행사하고 일을 주도한다면 부팀장을 실질적 리더라고 부르기도 한다. 비공식 리더들은 공식권한은 적지만 이를 보완할 수 있는 영향력으로 부하들의 추종과 지지를 받으며, 문제해결능력이 오히려 공식 리더보다 뛰어난 경우도 많다. 리더란 공식 리더와 비공식 리더를 모두 아우르는 개념이다. 하지만 모든 조직에서는 공식 조직체계상의 리더십을 중요시 한다. 가장 바람직한 상태는 공식적인 상급 지위의 리더가 실질적인 영향력을 가지고 리더십을 발휘하며 구성원들을 이끌어 가는 것이다.

리더십이란 용어는 사용하는 사람이 어떤 환경에서 사용하느냐에 따라 그 의미가 다르게 나타날 수 있고, 권력, 권한, 관리, 통제, 감독 등의 말과 같은 의미로 사용하는 경우가 많아 그 용어를 정립하기가 매우 어렵다. 순수한 의미의 리더십은 통상 '공식권한이나 보상 및 강제력의 사용이 없더라도 추종자가 자발적으로 리더를 따르고 리더의 의도를 수행하게 하는 능력'으로 표현되곤 한다. 이러한 경우 리더십 효과성은 '추종자가 대가 없이도 리더에게 자신이 가진 것을 기꺼이 바치는 정도'로 평가할 수 있다. 바칠 수 있는 것들은 시간, 노력, 재물, 생명 등과 같은 것이다. 그러나 현실적으로 순수한 의미의 리더십을 발휘하기란 거의 불가능하여 고대에서 현대 사회에 이르기 까지 대부분의 조직에서는 다양한 영향력의 수단과 방법을 이용하여 모든 구성원들이 직무에 충실하도록 노력하였으며, 많은 연구자들은 이러한 활동들을 개념적으로 정의하고자 하였다.

대부분의 조직에서 리더는 공식적 권한을 활용하며, 추종하는데 대한 대가를 지불하고 강제력도 사용하여 사람들을 통솔한다. 따라서 리더십은 일반적으로 '리더의 자질과 역할에 관한 것으로서 공식적 또는 개인적인 영향력의 수단을 사용하여 구성원들로 하여금 리더에게 복종하고 직무에 충실하게 하는 활동'으로 말하여 진다. 리더십 본질에 관한 일반적인 개념들을 종합하여 〈표 부록 1-1〉과 같이 정리하였다.

|표 부록 1-1| 리더십 범주와 본질에 관한 일반적 개념

구분	순수한 개념	확장된 일반적 개념
리더십의 의미	리더를 자발적으로 추종하도록 하는 활동(리더에 대한 충실성을 강조)	리더 복종(자발적, 비자발적) 및 직무를 충실히 수행하도록 하는 활동(리더 충실성에 직무충실성을 추가)
대가 및 강제성	대가와 강제성이 없더라도 리더 추종(순수한 자발성 강조)	리더복종을 위해 대가와 강제성도 사용(순수한 자발성 외에 비자발적 복종도 포괄)
영향력의 원천	인품, 카리스마, 전문성 등 개인특성(개인적 속성의 권력 위주)	개인적 권력과 직위 권력 등 모든 영향력(개인적 권력과 직책권력을 포괄)
효과성의 기준	리더를 위해 기꺼이 희생하는 정도(리더에 대한 자발적 헌신 강조)	리더를 위한 헌신 + 직무성과 + 잠재력 개발(리더를 위한 헌신 외에 과업성과 등 포함)

리더십 개념의 변천과 현대적 정의

사회의 발전과 함께 리더십 개념에 대한 연구가 활발히 진행되어 왔다. '리더십의 정의는 연구하는 사람들의 수만큼이나 다양하다.' (Stogdill, 1974) 라는 표현까지 생겨났을 정도이다. 이는 리더십이 무엇인가에 대한 생각이 사람마다 다르고 이론마다 다를 수 있다는 것을 시사한다. 확고히 정해진 정의를 찾기가 힘들다는 의미이다. 이러한 현상은 리더십을 바라보는 관점이 시대와 사회 환경에 따라 변화해 왔기 때문이며, 이를 문제점으로 보기 보다는 오히려 풍부한 개념적 영역을 가지고 있다고 해석하는 것이 바람직하다. 따라서 연구자들이 제기한 다양한 개념 정의들을 통하여 리더십에는 과연 어떤 의미들이 함축되어 있는지를 살펴 볼 수 있을 것이다. 학자들이 제기한 몇 가지 대표적인 정의들을 보면 〈표 부록 1-2〉, 〈표 부록 1-3〉과 같다.

| 표 부록 1-2 | 국외 학자들의 리더십 정의

연구자	정 의
Webster 사전	어떤 과정에 있어 안내하고 방향을 제시하여 하나의 통로(channel)로서의 역할을 수행함
Stogdill (1974년)	기대와 반응의 구조(structure)를 설정하고 유지하는 것
Kochan, Schmidt & Decotiis (1975년)	리더십이란 A의 행동이 B의 행위를 변화시키고, B가 이러한 영향을 정당한 것으로 인정하고, 그 변화가 B의 목적과 일치하는 영향력의 행사과정
Hersey & Blanchard (1982년)	주어진 상황 하에서 목표달성을 위해 개인 또는 집단이 노력하도록 모든 활동에 영향을 미치는 과정
Manz & Neck (1990년)	추종자들이 스스로를 효과적으로 이끌도록 영향을 미치는 과정
Lord & Maher (1993년)	특정 개인이 다른 사람들에 의해서 리더라고 인정받는(또는 지각되는) 과정
Yukl (2006년)	무엇을 해야 할 필요가 있으며 어떻게 하면 그것을 효과적으로 할 수 있는지를 다른 사람들이 이해하고 동의하도록 영향력을 행사하는 과정, 그리고 공유목표를 달성하기 위해 개인과 집단 전체의 노력을 촉진하는 과정

| 표 부록 1-3 | 국내 학자들의 리더십 정의

연구자		정 의
백기복	2000년	전 분야의 조직원들이 이슈를 통한 공동의 성과창출 노력에 자발적이며, 지속적으로 몰입하도록 이끌어가는 과정
	2009년	리더와 추종자들이 관심사를 매개로 특정한 목적을 효과적으로 달성하기 위해서 서로 영향을 주고받으면서 함께 성장하는 과정
서성교(2003년)		도전적인 기회 속에서 비전을 명확히 세워 현실을 돌파해 나가기 위해 조직과 사회를 동원하는 활동
최병순(2010년)		리더가 목표를 달성하기 위해 영향력을 행사하는 과정

표에 나타난 정의들을 살펴보면 몇 가지 공통된 사항들을 발견하게 된다. 즉, 영향을 미치는 과정 또는 특성, 집단이나 조직목표의 달성, 구성원의 행동, 변화의 추구 등이 그것이다. 여기에서 상황이론을 제시한 '허시&블렌차드(Hersey & Blanchard)', 셀프리더십을 이론화 한 '만즈&넥(Manz & Neck)'의 개념과 잠재적 리더십 이론을 제시한 '로드&메이허(Lord & Maher)'의 개념, 한편 국내 학자로서 이슈 리더십 이론을 주장한 배기복의 개념을 비교하여 살펴보고자 한다.

허시&블렌차드의 개념은 리더십을 목표달성의 수단으로 보고 있으며 여기에는 주어진 상황을 강조하여 내세우고 있다는 점이다. 만즈&넥은 영향력 행사 과정의 대상을 다른 사람이 아닌 바로 리더 자신으로 삼았다. 즉 리더십이란 리더가 자기 자신에게 영향력을 행사하여 스스로를 더 좋은 방향으로 이끌어 가는 과정이라는 것이다. 반면, 로드&메이허는 인식론을 신봉하여 리더십이란 사람들이 머릿속에 '특정인의 리더십은 이러하다.'라고 그 형상을 그려가는 과정 즉, 특정 개인이 다른 사람들에 의해서 리더라고 인정받는 과정이라고 정리하였다. 또한 국내 학자로서 백기복은 이슈 즉, 관심사를 매개로 특정한 목적을 달성하기 위해 리더와 추종자들이 서로 영향을 주고받으면서 함께 성장하는 과정이라는 이론을 정립하였다. 이렇듯 리더십의 개념은 그것을 바라보는 관점에 따라 매우 다양하게 표현될 수 있다.

한편 리더십의 정의가 시대별로 어떻게 변천되어 왔는지는 학자들이 각기 주장한 내용을 바탕으로 핵심적인 개념을 〈표 부록 1-4〉와 같이 정리하여 살펴볼 수 있다.

표 부록 1-4 리더십 핵심 개념의 변천 과정

년 대	리더십 행사의 핵심 개념
1900~1929년	통제, 권력행사, 복종, 충성
1930년대	개개인의 특성, 성격의 상호작용
1950년대	관계, 행동, 효과성
1970년대	리더와 추종자의 거래, 교환
1980년대	카리스마(비전, 강한의지), 변화주도
1990년대	혁신, 자아와 추종자
2000년대	신뢰, 가치, 시스템, 네트워크

* 출처 : "백기복 외. 2009. 리더십의 이해. 창민사"에서 재인용 정리

표에서 보는 바와 같이 1900년대 초창기 대표적인 리더십의 유형은 군에서 특징적으로 나타나는 지휘통제, 상명하복 형태로서 오늘날과는 많이 다른 개념이었음을 알 수 있다. 당시에는 리더십 연구를 군대에서 주로 수행하였으며 전쟁터에서 살아남기 위해 일사 분란한 조직을 만들어야 하는 강박관념 하에서 만들어졌기 때문에 당시 상황에서는 적합한 개념이었을 수 있으나 이러한 유형이 현대적

관점에서 올바른 정의라고는 볼 수 없다. 그 후 리더십의 개념은 개인의 특성으로 초점이 바뀌었다가 리더의 행동, 목표, 참여, 변화, 자아, 시스템 등으로 변화되어 갔다. 이러한 개념의 변화는 곧 리더십에 대한 관점이 사회발전에 따라 변천되고 있음을 나타낸다. 1930년대 이후부터는 리더십 연구에 대한 경향이 대체로 한 방향으로 나아가고 있다. 그것은 리더십이란 강제나 압박으로 복종을 이끌어 내는 수단이 아니라 추종자들의 자발성에 입각한 조직 구성원 간의 상호작용을 핵심으로 하는 개념이 발전되고 있다는 것이다. 한편, 1980년대와 1990년대에 걸쳐 중요시 되었던 실적 중심, 무한 경쟁이라는 치열한 사회 환경을 거치면서, 현 사회가 불신, 불안, 불만으로 상징되는 고도의 위험환경에 처해 있음을 자각하게 된다. 따라서 근래에 들어서는 구성원 상호간의 호감으로 형성되는 공감대를 바탕으로 조직과 개인의 목표 달성과 문제 해결을 효과적으로 하는 것이 중요하게 인식되었다. 이로 인해 구성원 모두가 리더로서의 자격, 즉 내적성품과 외적역량에 기초한 신뢰성을 갖추는 것이 리더십의 근간이라는 견해들이 많이 제시되고 있다. 세계적인 지도자 마하트마 간디의 '리더십이란 다른 사람들이 당신을 믿고 따를 수 있도록 스스로 신뢰성을 갖추는 것이다.' 라는 표현은 신뢰를 바탕으로 한 리더십이 매우 중요함을 점을 인식하게 해 준다.

여러 학자들의 견해, 리더십 개념의 변천 과정, 현대 사회 환경의 특성 등을 종합적으로 고려하여 현대적 관점에서의 리더십 개념을 다음과 같이 정의하고자 한다.

'리더십은 리더(leader)와 추종자(follower)들이 특정한 목표를 효과적으로 달성해 가는 과정에서 각자의 신뢰성을 바탕으로 서로 영향을 주고받으며 함께 성장해 가는 상호작용이다.'

이 정의는 리더십은 리더 중심 또는 추종자 중심 등 일방향이 아니라 수직과 수평관계를 망라하는 구성원 모두의 상호작용이라는 점, 목표를 달성함에 있어 구성원 각자의 신뢰성이 바탕이 되어야 한다는 점과 목표 달성의 효과는 구성원 모두의 성장이 전제되어야 한다는 점을 특징으로 한다.

리더와 추종자의 개념은 상하관계가 뚜렷이 정해져 있는 공적 조직인 경우에도 어떤 특정 목표를 효과적으로 달성하기 위해 추종자가 오히려 리더를 이끌어 가거나, 동료로서의 역할을 하는 수도 있다. 이는 Supported(지원받는 자)와 Supporting(지원하는 자) 그룹으로 역할이 재편되는 일이 허다하게 발생하는 현상이 이를 뒷받침해 준다. 특정한 목표란 과업 성취, 승리, 관계의 강화 등이 있는데 이는 공식적인 목표만을 의미하는 것은 아니다. 구성원들 마음속에 품고 있는 희망이나 가치까지를 포함하는 개념이다. 이러한 목표는 구성원 상호간에 공유가 이루어 질 때 비로소 효과적으로 달성이 가능해 질 것이다. 그리고 리더십은 동반 성장을 위한 상호작용을 필요로 한다. 리더와 추종자, Supported(지원받는 자)와 Supporting(지원하는 자)들이 서로 신뢰와 호감을 바탕으로 교류하면서 지속 성장해 갈 때 진정한 목표달성이 이루어지게 된다.

2. 리더십 이론의 발전 과정

리더십 이론 분류와 변천

리더를 과학적으로 이해하고 육성하려는 노력은 사회 조직의 발전에 비례하여 높은 관심을 받아왔다. 성공적인 리더의 특성을 체계적으로 이해하려는 노력에서부터 리더의 바람직한 행동이나 상황과의 적합관계 분석, 그리고 그들의 대체 요소에 대한 연구에 이르기까지 리더십 이론은 끊임없는 작용과 반작용의 과정을 거치면서 발전하였다.

리더십은 매우 복잡한 사회적 현상이기 때문에 리더십 연구의 관점이나 접근법에 따라 보는 시각이 다를 수 있으며, 그것에 따라 관심의 대상도 달라진다. 예를 들어 리더십 연구에 접근할 때 리더 개인에게 초점을 맞출 수도 있고 구성원에게 초점을 맞출 수도 있을 것이다. 리더 개인에게 초점을 맞추는 경우에도 리더의 특성이나 능력을 강조할 수도 있고 리더의 역할 수행에 필요한 행동을 강조할 수도 있다.

| 표 부록 2-1 | 리더십 이론의 분류와 변천과정

분류	특성이론 (Trait Theory)	행동이론 (Behavioral Theory)	상황이론 (Situational Theory)	특성 + 행동 + 상황
	1910 ~ 50년대	1940 ~ 50년대	1960년대 ~	1980년대 ~
연구 방향	효과적인 리더의 특성 연구 (단일 차원 접근)	리더의 행동모델 연구(2차원적 접근)	리더유형과 상황 간의 상관성 연구	리더의 특성 / 행동 / 상황 등 다양한 요소에 근거한 접근(단일/다차원적, 복합적 접근)
연구 문제 (가정/전제)	리더십은 리더 개인의 자질 (특성)에 달려 있다	리더 행동의 어떤 유형 혹은 복합된 유형이 모든 상황에서 언제나 효과적이다	리더십 결정요인은 리더 개인의 특성이아니라 리더가 처해 있는 조직적 상황이다	리더의 개인적 자질과 경영 / 관리 역량에 초점
대표적인 연구 (모델)	링컨, 워싱턴 등 뛰어난 지도자에 대한 경험적 연구 : 효과적인 리더와 비효과적인 리더의 구별되는 특성을 규명	· 주도성/배려성 연구(오하이오 주립대학) · 종업원 지향 / 생산성 지향연구 (미시간 대학) · 경영 격자 모델연구(블레이크 & 무톤)	· 상황 적합모델 (피들러) · 상황적 리더십 (허쉬 & 블랜차드)	· 카리스마 리더십 · 변혁적 리더십 · 셀프 리더십 / 슈퍼 리더십 · 감성 리더십 · 서번트 리더십

* 출처 : 백기복, 2005, 리더십 리뷰, 창민사 발췌 정리

이러한 차이를 이해하고 증명하기 위해 많은 리더십 전문가들이 리더십 이론을 다양하게 분류하였는데, 국내 리더십 전문가 백기복은 이러한 다양한 이론들을 종합하여 〈표 부록 2-1〉과 같이 리더십

이론의 분류와 변천과정으로 정리하였다.

리더십 이론의 발전이 끊임없는 작용과 반작용의 과정을 거쳤다는 가정아래 〈표 부록 2-1〉의 내용을 살펴보면 초기의 특성이론은 리더의 선천적 자질에 중점을 둠으로써 후천적으로 육성될 가능성이 상대적으로 적을 수밖에 없다고 봤을 것이다. 따라서 이를 극복하는 과정에서 행동이론이 연구되었고, 행동이론에서는 리더를 훈련을 통해서 배양해 낼 수는 있지만, 리더가 특정 행동을 습득하는 것으로 리더로서의 조건을 모두 갖추게 된다고 말할 수는 없다는 점에서 한계성이 있다. 이에 따라 상황이론의 출현 또한 필연적이었다. 그런가 하면 1980년대 이후에는 정보화 등 복합적인 사회 환경의 형성으로 인해 변화와 미래에 대한 불확실성에 대응하기 위한 차원에서 새로운 리더십 이론에 대한 연구가 활발히 이루어졌다. 이러한 변천과정을 고려하여 통상 1980년대를 기준으로 그 이전의 이론들을 전통적 리더십 이론으로 그 이후의 새로운 이론들을 현대적 리더십 이론으로 분류하고 있다.

리더십 연구의 접근 방법은 연구자의 관점에 따라 차이를 보이는데, 전통적인 리더십 연구 분석의 틀에 따르면 〈표 부록 2-2〉와 같이 분류될 수 있다. 먼저 리더의 특성 및 행동을 2개의 독립변인으로 두고, 종속변인인 리더십 성과가 독립변인에 비례하여 나타난다고 보는 접근방법과 상황의 특수성에 따라 달라진다고 보는 접근방법으로 나누어서 전체적으로 특성적 접근법, 행동적 접근법, 상황적 접근법 등 3가지로 나눌 수 있겠고, 그 외 복합적인 매개변인들을 고려한 연구들은 현대적 리더십 이론의 연구 접근법으로 분류할 수 있을 것이다.

| 표 부록 2-2 | 전통적 리더십 이론의 연구 접근법

연구 관점	연구 접근 방법	
	보편적	상황적
리더의 특성	특성적 접근	상황적 접근 (특성 - 상황)
리더의 행동	행동적 접근	상황적 접근 (행동 - 상황)

• 리더십 이론의 전통적 연구 접근법

■ 특성적 접근법

특성적 접근법은 리더가 소유하고 있는 개인적인 자질을 연구하는데 초점을 맞추는 방법으로 주로 1950년대 이전 초기의 리더십 연구가 주종을 이루고 있다. 특성이론에 따르면 리더는 자신이 리더가 될 수 있는 독특한 특성을 가지고 있다는 점에 기초한다. 따라서 어떤 특별한 자질을 가진 사람이 리더가 되며, 그것을 가지지 못한 사람보다 리더로서 효과적이라는 것이다. 특성적 접근 연구는 '리더는 어떤 특성을 가지고 있는가, 어떤 특성을 가진 리더가 더 성공적인가'에 초점을 맞춘 것으로 신체적 특성, 사회적 배경, 지능, 기술 등 다양한 측면에서 이루어 졌다.

■ 행동적 접근법

행동적 접근은 리더의 개인적 특성 보다는 리더가 구성원 또는 집단에게 제공하는 행동에 초점을 맞춘 연구 방법으로 1950년대부터 1960년대에 걸쳐 광범위하게 이루어졌다. 행동적 접근법은 '리더가 주어진 역할을 수행하기 위해 무엇을 하는지, 또는 리더는 구성원 또는 집단에게 어떤 행동을 하는지'에 연구의 초점을 두고 있다. 대부분의 행동이론들은 리더의 역할 수행에 필요한 주요행동으로서 '지시 등의 업무'와 관련된 행동과 '배려 등과 같은 인간관계'에 관한 행동을 확인하고 그 행동이 바람직한 결과를 만들어내는지를 연구하였다.

■ 상황적 접근법

특성적 연구나 행동적 연구의 결과들이 축적되면서 예상되지 못했던 사실들이 나타났다. 즉 리더의 특성이나 행동에 따른 효과성은 상황에 따라 달라진다는 것이다. 이에 따라 리더에게만 초점을 맞추는 연구 방법과 달리, 리더십 효과에 영향을 주는 상황적 요인이 무엇인가를 고려하는 상황적 접근법이 등장했다. 상황적 접근법을 좀 더 세분화하면 리더 특성과 상황의 관계에 관심을 갖고 있는 상황 적합적 이론(피들러. 1967년)과 리더의 행동과 상황의 관계에 관심을 갖고 있는 상황 이론(하우스. 1971년)으로 나눌 수 있다. 상황 적합적 이론에 따르면 리더의 특성이 어떤 상황에서는 매우 적합하지만 다른 상황에서는 그렇지 않다는 것이다. 이에 반해 상황 이론은 리더는 자신이 직면한 환경을 인식하여 자신의 행동을 상황에 따라 적합하게 변화시킬 수 있어야 한다는 것이다.

새로운 리더십 이론 연구 경향

1980년대 이후 복잡성과 불확실성을 특징으로 하는 정보 지식 기반 시대의 도래로 사회 환경은 급변함에 따라 인적자원의 새로운 관리 방식과 리더십의 변화가 요구되었다. 이러한 추세에 맞추어 리더십을 전통적인 관리(management)와 구별하면서 새로운 환경 하에서 요구되는 리더십은 어떤 것이 되어야 하는가에 대한 연구 경향이 나타났다. 새로운 리더십의 연구에서는 전통적인 리더십 개념인 '관리'와 구별되어야 한다는 경향에 따라 새로운 리더십 이론이 등장하게 된다. 전통적 리더십 이론은 관리와 리더십의 명확한 구별 없이 주로 조직의 핵심 구성요소인 과업과 사람에 초점을 맞춘 과업 지향적 리더십과 관계 지향적 리더십을 중심으로 연구에 접근해 왔었다. 반면에 새로운 리더십 이론은 전통적인 관리와는 구별되는 리더십에 초점을 맞추기 때문에 과업 및 관계 지향적 리더십 이외에 변화하는 환경에 적합한 리더십에 관심을 갖고 연구에 접근하게 된다. 새로운 리더십의 연구 접근을 통해 카리스마 리더십, 변혁적 리더십, 슈퍼 및 셀프 리더십, 임파워먼트 리더십, 서번트 리더십 등의 다양한 이론들이 등장하였다.

새로운 리더십 이론들 마다 강조하는 측면은 다를 수 있겠지만 몇 가지 뚜렷한 경향을 보이고 있는데 이들은 변화하는 환경에 대한 민첩한 대응과 혁신성, 비전 설정, 구성원의 잠재역량의 개발 및 동기부여, 존중과 배려, 그리고 리더의 도덕적 품성과 희생적 봉사를 중시하는 관점 등이 되겠다. 이들을 살펴보면 첫째, 변화와 혁신을 주도하는 리더의 능력을 강조하는 흐름이다. 카리스마적 리더십, 변혁적 리더십, 비전 리더십 등이 대표적인 이론이다. 이 이론들은 산업사회에 비해 빠르고 다양하게 변화되는 새로운 환경에서는 리더의 미래 예측과 비전 제시 능력, 이를 달성해 가는 혁신 능력을 리더의 주요 덕목으로 보고 있다. 둘째, 구성원들의 잠재능력을 개발함으로써 자율에 입각한 리더십을 발휘하도록 만들어 간다는 관점이다. 슈퍼 및 셀프 리더십과 임파워먼트 리더십이 대표적인 이론이며, 배경에는 민주화와 지식정보화가 있다. 민주화는 인권을 포함한 개인가치를 중시하여 개인의 자기결정권 존중을 지향한다. 또한 정보화의 진전은 학습 원천을 다양화함으로써 학교와 직장중심의 위계적이고 전달 중심적인 지식 체계를 개인중심의 획득적이고 학습적인 지식 질서 체계로 진화시켰다. 이는 리더의 자질이 선천성에 있다는 과거의 이론과는 달리 교육훈련과 자기학습 등을 통한 후천적인 개발이 중요하다고 보는 특성이 있다. 셋째, 리더의 도덕적 품성을 기반으로 하여 존중과 배려를 중시하는 관점으로 서번트 리더십이 대표적인 이론이다. 이러한 리더십 이론의 등장에는 군림과 통제의 성향을 가지고 있던 전통적인 리더십에 대한 반작용의 영향도 있다. 비 권위적이며 봉사적인 리더의 이미지가 결합된 이러한 이론에는 외적 성장을 주로 추구했던 산업사회의 문제점에 대한 성찰과 남성과 여성의 역할변화와 같은 시대적 분위기의 영향도 반영되어 있다.

리더십 이론에는 시대를 초월하여 변하지 않는 본질적인 면도 있고, 사회변화에 따라 함께 변화하는 부분도 있다. 산업사회를 기반으로 했던 전통적 리더십 이론들은 일정한 범주화가 가능했지만, 오늘날의 새로운 사회 환경에서는 이들을 질서정연하게 분류하기가 상대적으로 어려울 수밖에 없다. 그러므로 사회 환경의 변화에 맞추어 리더십의 효과를 제고하는 새로운 이론 개발을 위한 연구 노력은 계속 진행될 것이다.

3. 현대적 리더십 이론

• 카리스마 리더십

여러 사회과학자들이 연구한 카리스마 리더십 이론들 중에서도 여기에서는 하우스(House, 1977년)의 카리스마 이론을 중심으로 설명하겠다. 하우스는 카리스마 리더의 특성과 행동, 그것이 부하에게 영향을 미치는 심리학적 과정에 초점을 맞추었다. 그는 카리스마 리더십은 리더의 카리스마적인 특성과 행동을 바탕으로 구성원들에게 상당 수준의 효과를 산출하는 행동 유형이라고 하였으며, 카리스마 특성과 행동, 상황에 대해 다음 〈표 부록 3-1〉과 같이 정의하였다.

| 표 부록 3-1 | 하우스의 카리스마 리더 요소 정의

구 분	정 의
카리스마 리더 특성	· 남을 지배하는 우월성 · 높은 자신감 · 자신의 정당성에 대한 확신 · 영향을 미치고 싶어 하는 욕구
카리스마 리더 행동	· 역할 모델링(role modeling) · 이미지 구축 · 목표 명료화 · 높은 기대 및 자신감 표현 · 동기유발 행동
카리스마 리더십 효과가 커지는 사회적 상황	· 긴장이 많은 상황 · 위기 상황 등

카리스마 리더십 이론에서 중요한 이슈가 되어온 긍정적 카리스마와 부정적 카리스마는 다음과 같이 구별될 수 있다. 긍정적 카리스마는 리더가 사회화된 권력지향성 즉, 부하가 리더에게 헌신하기보다는 가치와 이념에 헌신할 것을 강조하는 경우이다. 카리스마의 긍정적 효과는 매우 커서 구성원들은 심리적 성장을 경험하고 자신의 능력을 개발하게 되며, 조직은 역동적이며 가치 지향적으로 발전될 것이다. 반면 부정적 카리스마는 리더가 개인화된 권력지향성을 가지는 경우인데, 내면화 보다는 개인적 동일시를 강조하며 부하들에게 리더 자신에게 헌신할 것을 의도적으로 강조한다. 이는 결국 구성원들과 조직이 취약해지고 리더에 대한 의존성을 증가시키는 결과를 초래하게 된다.

변혁적 리더십

변혁적 리더십은 부하들로 하여금 개인적 이해관계를 넘어 기대 이상의 성과를 달성하도록 동기부여 시키는 리더십이다. 변혁적 리더십 이론은 최근 급격하게 변화하는 사회 환경에서 중요한 리더십 개념으로 강조되고 있으며, 1980년대 초부터 연구자들의 많은 관심을 받아 왔다.

변혁적 리더십 이론은 사회학자 번즈(Burns. 1978년)에 의해 제시되고, 이후 바스(Bass. 1981년)에 의해 정교하게 발전되었다. 변혁적 리더십 이론은 거래적 리더십 개념이 바탕이 되는데, 이 개념은 리더가 부하들에게 상황에 따라 보상하는 거래관계에 기초하여 영향력을 행사한다는 것이다. 번즈는 거래적 리더십과 변혁적 리더십을 상호 배타적 차원의 양극단에 있는 개념으로서 변혁적 리더십이 거래적 리더십을 대체하는 것으로 보았다. 바스는 이들을 서로 독립적인 두 가지 차원의 리더십 개념으로 구별하여 변혁적 리더십은 거래적 리더십의 대체라기보다는 거래적 리더십의 효과에 추가적인 공헌을 하는 상호보완적인 것으로 개념화하였다.

바스가 제시한 변혁적 리더십은 구성원들의 질적 변화와 자신감을 유도하기 위한 새로운 패러다임으로서 부하들로 하여금 보다 많은 노력과 기대 이상의 성과를 내도록 하기 위하여 다음의 세 가지 즉, 특정한 목표의 가치와 중요성에 대한 인식도를 끌어 올리고, 자신이 속한 집단을 위해서 개인적인 이익을 초월하도록 만들며, 보다 상위 수준의 욕구에 관심을 갖도록 하는 방법으로 동기부여 한다.

변혁적 리더십의 구성요소로서는 리더의 카리스마, 영감적 동기부여, 지적 자극 그리고 개별적 배려로 제시하였으며 각 구성요소에 함축되어 있는 의미는 다음과 같다.

■ 카리스마 또는 이념적 영향력

변혁적 리더십의 가장 핵심적인 구성요소로서 비전 제시 및 명료화, 리더 자신의 확신과 구성원들에 의한 높은 기대감, 그리고 리더의 계획에 대한 지지와 몰입도가 높은 수준이며, 리더는 활동적인 역할 모델의 표상이 되어 부하들이 동일시 되어가는 것을 의미한다.

■ 영감적 동기부여

부하에게 비전을 제시하고 열정을 불러일으키며, 격려를 통해 에너지를 북돋고 업무에 매진하도록 만드는 행동을 의미한다. 부하들의 역할모형으로 여겨지는 카리스마 리더와는 달리 영감적 동기부여를 하는 리더는 바람직한 목표를 제시하고 이를 달성할 수 있는 수단들을 제공함으로써 부하들이 스스로 능력을 가지고 있다고 느끼도록 한다.

■ 지적 자극

부하들에게 기존 업무수행 방식의 문제점을 인식하여 새로운 방식을 사용하도록 도와주며, 또한 부하 자신들 뿐만 아니라 조직의 가치관과 신념, 기대 등에 대해서도 끊임없이 의문을 제기하도록 지원하여 스스로의 문제 해결 능력을 고양시켜 주는 행동을 의미한다.

■ 개별적 배려

개별적인 관계에 기초하여 부하들의 개인적 욕구를 파악하고 이를 만족시킬 뿐 아니라 멘토링이나 코칭 등을 통해 부하를 개발하고자 하는 것이다. 즉 개개인이 가지고 있는 욕구 및 능력의 차이를 인정하고, 개인이 가지고 있는 욕구 수준을 끌어올리며, 그들로 하여금 보다 높은 성과를 올릴 수 있도록 잠재력을 개발해 주는 행동을 말한다.

셀프 리더십, 슈퍼 리더십

셀프 리더십과 슈퍼 리더십은 만즈와 심스(Manz & Sims, 1995년)에 의해 기존 리더십의 대체이론의 관점에서 개발된 개념이다. 이들 학자들은 지식기반사회의 신세대 근로자들이 전통적인 리더십 방식에 적응하지 못하여 생산성이 떨어지는 점을 인식하고 그에 대한 해결책으로서 셀프 및 슈퍼리더십 이론을 개발하였다.

■ 셀프 리더십 이론

리더십이 궁극적으로 타인에게 영향을 미치는 과정이라 할 때, 그 영향력의 원천은 바로 대상자 내부, 즉 동기부여와 행동변화에 의한 내적 성숙으로부터 나온다는 것이 바로 셀프 리더십 개념의 핵심이다. 따라서 '셀프 리더십이란 리더가 구성원들에게 영향을 미치는 일반적인 리더십과는 다르게 구성원 각 개인이 스스로 자신의 생각과 행동을 변화시켜 자신에게 영향력을 발휘하는 리더십이다.'라고 정의할 수 있다. 한마디로 조직 구성원들이 스스로 리드하는 것이며, 거기다 동기부여가 되지 않았더라도 반드시 해야 할 일을 하도록 자기 자신을 관리하는 것을 포함하는 포괄적인 관점을 가지고 있다.

셀프 리더십은 타고난 것이 아니라 학습을 통해 얻을 수 있으며 그 방법은 크게 다음 세 가지로 볼 수 있다. 첫째, 관찰모방 학습법으로서 타인의 실천 사례를 관찰하면서 배우는 방법이다. 주변 사람들이 도전적인 목표를 세우고 달성하는 것을 보면서 성취감을 간접적으로 경험하고 또 자극을 받는 방법이 되겠다. 둘째, 성공체험을 연습하는 방법이다. 목적의식을 갖고 각종 리더십 전문기관의 프로그램 참여를 통해 훈련받고, 실제 생활에서 응용해 보는 것이다. 셋째, 일하며 성취하는 방법이다. 삶의 진정한 가치의 조직의 성과목표를 제대로 파악하여 스스로의 목표를 세워 실천하고 점검해 나가는 것이다. 이러한 학습을 병행하면서 자기이해와 자기통제, 자기주도, 자신감 등으로 내적 기반을 조성한다면 셀프 리더십 역량은 강화될 것이다.

셀프 리더십의 실천 과정은 먼저 스스로 자신의 목표를 세우고, 이를 달성하는데 필요한 능력을 갖추도록 노력하며, 그 결과에 따라서 만족하거나 반성하고, 보다 나은 방향으로 보완해 나아가는 선순환 단계에 따라 이행할 때 성공하게 된다. 이를 기준으로 셀프 리더십의 단계별 실천 방안을 아래 〈표 부록 3-2〉와 같이 정리, 제시하니 활용해 보자.

표 부록 3-2 셀프 리더십의 단계별 행동 및 실천 방안

자기목표 설정	· 과제 달성 또는 행동 변화를 위해 현실적인 목표를 설정 예) '오늘은 보고서의 줄거리를 편성하여 상관의 결심을 득하겠다.'
환경 관리	· 자신의 바람직한 행동을 촉진시키기 위한 작업환경 및 여건 관리 예) 보고서 작성시 조용한 장소 선정 및 간식/술자리 등 방해요인 제거
자기 관찰	· 자신의 행동을 모니터하고 그 행동에 관한 정보 수집 예) 자신의 행동에 대해 타인이 어느 때 호의적인지, 싫어하는지를 파악
예행 연습	· 목표달성 행동 실행을 위해 실제 수행 전에 정신적, 육체적으로 연습 예) 거울 앞에서 녹음을 하며 발표 연습을 함
자기 보상 및 처벌	· 바람직한 행동을 해냈을 때 자기 자신이 가치 있게 여기는 보상을 자신에게 제공 · 부적절한 행동을 하거나 변화에 실패했을 때 자기비판이나 자기처벌 사용

■ 슈퍼 리더십 이론

이 이론은 '물고기 한 마리를 준다면 하루밖에 살지 못하지만 물고기 잡는 법을 가르쳐 준다면 평생을 살아갈 수 있다'는 인식에 바탕을 두고 있다. 슈퍼 리더십이란 구성원들이 스스로 자신들을 리드해 갈 수 있도록 도움을 주는 개념으로서 셀프 리더십의 관점에서 접근해야 한다. 따라서 슈퍼 리더는 구성원들을 지원하고 자극하여

스스로의 능력을 이끌어 내도록 하는 사람이라고 보면 되겠으며, 거기다 스스로 셀프 리더십의 모델이 되어 부하들이 관찰을 통해 이를 본받을 수 있도록 해야 한다.

슈퍼 리더십 이론은 철학이나 개념이 아니라 행동과 실천이 핵심이며, 구성원들을 멘토링 하면서 역량을 개발하고, 그들의 셀프 리더십 실천을 자극하고 활성화하는 데에 목표를 두고 있다. 슈퍼 리더가 수행해야 할 중추적인 역할은 모델링, 목표설정, 격려와 지도, 보상과 질책 등 4가지가 있으며 그 내용은 〈표 부록 3-3〉과 같다.

표 부록 3-3 슈퍼 리더십의 중추적 역할

모델링	· 우선적으로 리더 자신을 효율적으로 리드하는 법을 배워야 함 · 리더가 보여주는 올바른 셀프리더십 행동 즉, 역할 모델이 구성원들에게는 가장 강력한 모델이 되는 것임
목표설정	· 구성원 스스로 자신의 목표를 설정하도록 격려하는 것이며, 할당된 목표로부터 자기 목표 설정으로의 이행이 중요 · 목표설정에는 성과목표 뿐 아니라 독창성, 책임의식, 자율적 동기부여 등이 중요 요소이며, 성취 가능성, 구체성 등이 포함되어야 함
격려와 지도	· 구성원의 독창성과 자율적인 이행을 격려하고 증진시키는 중요한 요소 중의 하나
보상과 질책	· 바람직 행동 또는 부적절한 행동에 대해 보상과 질책을 적절하게 사용함으로써 셀프 리더십 유도

이러한 역할을 통해 구성원들의 셀프 리더십을 점진적으로 개발하게 된다. 그 밖에도 슈퍼 리더는 구성원이 셀프 리더가 되도록 가르치는 시스템을 설계해 실행해야 하는데 다음과 같은 효과적인 교육 절차에 따라 학습시키는 것이 중요하다.

첫 번째 단계는 리더 자신이 먼저 모범적으로 셀프 리더십을 실천하는 것이다. 자기관찰, 자기목표 설정, 자기평가에 근거한 보상과 처벌 등의 행동으로 구성원들의 모델이 되고, 구성원들은 슈퍼 리더가 보여준 모범적인 기준에 따라 자신을 평가하게 된다.

두 번째 단계는 리더가 건설적인 제안이나 지시를 하여 참여를 유도하는 단계이다. 슈퍼 리더의 효과적인 행동과 지도, 이에 관련된 질문은 셀프 리더십을 체득하고자 하는 의욕을 불러일으키게 된다.

세 번째 단계는 셀프 리더십의 실천 단계에 따라 행동하도록 장려하는 단계이다. 초기에는 구성원들이 구체적인 성과와 관련된 행동을 하도록 독려하다가 셀프 리더십을 잘 발휘하는 시점에는 셀프 리더십의 실천 단계에 따라 행동하는 그 자체를 장려하는 방향으로 바꾸어야 한다. 즉, 구성원들의 셀프 리더십의 단계적 행동 실천을 인정하고 격려함으로써 셀프 리더십을 촉진시키는 것이다.

감성 리더십

역사적으로 훌륭한 리더들은 기술적, 인지적 능력과는 별개로 탁월한 감성 능력을 가지고 있었으며, 감성에 기초한 리더십으로 구성원들의 협력과 팀워크, 강한 추진력을 이끌어 내어 목표를 달성하였음을 여러 사례를 통해 알 수 있다. 이는 진정한 리더는 여러 지능 중에서도 감성지능이 높아야 한다는 점을 증명해 주고 있으며, 특히 최근 감성경영이 강조되는 추세와 함께 구성원들의 감성지능 제고에 관한 리더십 이론에도 관심이 높아지고 있다. 감성지능은 우리가 일반적으로 생각하고 있는 지능이라는 개념에 대비되는 말로써, 사람의 감정과 느낌을 인식하고 통제하고 조절하는 것과 관련된 능력으로 설명된다.

감성 리더십이란 구성원 상호간의 감성에 대한 이해를 바탕으로 관계를 형성하고 공감을 얻어내며, 공감을 받은 자들이 최선을 다해 직무에 몰입함으로써 높은 성과를 달성하게 하는 것이다. 감성지능과 리더십과의 관계에 관해 본격적으로 연구한 골먼(Goleman, 2000년)에 따르면 지속적으로 높은 성과를 내는 성공적인 리더들의 공통점은 감성지능이 높다는 것이며, 약 80% 정도의 감성지능과 20% 정도의 지적 능력이 조화를 이룰 때 효과적인 리더십이 발휘된다고 한다. 따라서 훌륭한 감성 리더가 되기 위해서는 무엇보다도 리더 스스로가 감성지능과 관련된 다양한 역량을 갖추기 위해 노력해야 할 것이다.

골먼은 감성지능을 리더십과 연관시키면서, 감성지능에 관련된 역량을 네 개의 영역으로 재구성하였다. 네 개의 영역은 자기인식, 자기관리, 사회적 인식, 그리고 사회적 기술 분야이다. 첫째, 자기인식 분야는 자신의 감정, 능력, 한계, 가치, 목적에 대해 깊이 이해하는 능력이며, 둘째, 자기관리 분야는 자신의 감정과 자신이 무엇을 얻고자 하는지 분명히 인식하고 바르게 표현하는 능력이고 셋째, 사회적 인식 분야는 다른 사람의 얼굴과 목소리를 통해 그 사람의 감정을 읽어 내고 대화 도중에 상대방의 감정에 동조, 공감하는 능력이다. 마지막으로 사회적 기술 분야는 다른 사람들을 팀, 조직의 가치, 목표에 깊이 공감할 수 있도록 인도하여 올바른 방향으로 이끄는 능력이다. 골먼은 이 능력들을 크게 두 가지 집단으로 구분하여 자기인식과 자기관리 능력은 자신을 다스리는 개인적 능력에 관한 것으로, 사회적 인식과 사회적 기술 능력은 관계를 다루는 사회적 능력에 관한 것으로 나누었다. 또한 많은 학자들은 감성을 적절히 사용하는 것은 성공적인 리더십에 매우 중요하다는 점을 강조하고 있다. 골먼(2000년)이 제시한 감성지능에 관련된 역량은 다음 〈표 부록 3-4〉와 같이 분류할 수 있겠다.

| 표 부록 3-4 | 감성지능의 네 가지 영역과 관련 역량

집 단	감성지능	관련 역량
개인적 능력	자기인식	감성적인 자기인식, 정확한 자기평가, 자신감
	자기관리	감성적인 자기통제, 신뢰성, 양심성, 적응성, 성취지향성 등
사회적 능력	사회적 인식	감정이입, 조직적 인식, 서비스 지향성
	사회적 기술	비전제시, 영향력, 타인개발, 의사소통, 갈등관리, 협력 등

서번트 리더십

서번트 리더십은 그린리프(Greenleaf)가 1970년 헤르만 헤세의 「동방기행」을 읽고 'The Servant as Leader'라는 에세이에서 처음 사용한 이래로 많은 리더십 연구자들의 관심을 받아왔다. 에세이의 제목에서 나타난 서번트와 리더는 근본적으로는 상반된 의미를 가지고 있다. 서번트는 아랫사람의 의미를 가지고 있는 반면, 리더는 윗사람의 의미를 가지고 있다. 그렇다면 서번트와 리더라는 두 가지 역할이 한 명의 실제 인물 내에서 통합될 수 있을까? 만일 그렇다면 그 사람은 실제의 인물로서 생산적인가? 이 두 가지 질문에

그린리프는 '그렇다'라고 답하면서 왜 그런가를 설명한다. 서번트 리더십 연구의 출발점이 된 'The Servant as Leader'에 대한 아이디어는 헤르만 헤세의 『동방기행』이라는 소설에서 얻은 것이다. 이 소설에는 순례여행을 떠나는 많은 사람이 나오는데, 그 이야기의 주인공인 레오는 천한 허드렛일을 하면서 순례자들을 정신적으로나 육체적으로 지치지 않도록 보살핀다. 때로는 지친 순례자들을 위로하고 때로는 그들의 불만을 경청하며 여행에 차질이 없도록 헌신적으로 봉사한다. 그러던 어느 날 레오가 순례자 집단에서 갑자기 사라진다. 레오가 사라지기 전까지 모든 일은 순조로웠다. 사람들은 레오가 사라진 후 그 집단은 혼란에 빠지게 되고 여행은 중단되었다. 사람들은 레오가 없이는 여행을 계획할 수가 없었다. 다른 사람들의 허드렛일을 해 주던 레오가 그들에게는 꼭 필요한 존재였고 진정한 리더였음을 알게 되었다. 나중에 순례자들은 수년을 돌아다닌 끝에 레오를 찾았고 그가 사실은 여행을 후원한 교단의 책임자이며 정신적 지도자이고 위대하고 숭고한 리더였음을 알게 되었다.

그린리프는 이 이야기로부터 레오는 실질적으로 위대한 리더였으며, 그의 위대성은 자신의 깊은 내면으로부터 늘 서번트가 우선하였기 때문이라는 점을 알게 된다. 이것이 바로 서번트 리더십의 핵심이다. 그린리프는 전통적 리더십 모델과 서번트 리더십을 대비하면서 리더 우선인 사람과 서번트 우선인 사람은 한 연속선상의 양극단에 존재한다고 하였다. 리더 우선인 사람은 리더십을 먼저 정립한 후에 섬기는 것을 선택할 것이다. 반면에 서번트 우선인 사람은 먼저 섬기기를 원하는 자연스러운 감정을 가지고 있으며 나중에 리드하려는 열망을 의식적으로 선택할 것이다. 다른 사람에게 섬김을 받으려는 전통적인 리더십의 개념에서 탈피하여 다른 사람들을 먼저 섬기려는 서번트 우선의 사고를 가져야만 곧 진정한 서번트 리더가 된다는 것이다.[1] 서번트 리더십의 정의에 대해 센게(Senge)는 서번트 리더십을 모든 사람의 존엄성과 가치에 대한 믿음, 리더의 권력은 부하로부터 기인한다는 민주주의 원칙에 입각한 리더십이라 하였고, 헌트(Hunt. 2006년)는 그의 저서에서 '공동의 최선을 위해 설정된 목표를 향해 매진할 수 있도록 사람들에게 영향력을 발휘하는 기술인 동시에 사람들의 신뢰를 형성하는 인격'이라 하였으며, 또한 서번트 리더십의 본질에 대해 규명하였는데 그것은 '인내, 친절, 겸손, 존중, 무욕, 용서, 정직, 헌신' 등 8개 항목이다.[2] 역사적으로 대표적인 서번트 리더로는 예수, 오기 장군, 마더 테레사 수녀 등의 인물을 들 수 있겠다.

참고문헌

1부 내면의 성숙

1 케이트 해럴, 『태도의 경쟁력(Attitude is Everything)』, 이상원 역, 푸른숲, 2001, p28.

2 위의 책, p37-40에서 발췌 정리.

3 찰스 두히크, 『습관의 힘』, 강주현 옮김, 갤리온, 2013, p10.

4 잭 핫지, 『The Power of Habit(습관의 힘)』, 김세중 옮김, 아이디북, 2004, p25.

5 스티븐 코비, 『성공하는 사람들의 7가지 습관』, 김경섭 옮김, 김영사, 2013. p71

6 잭 핫지, 『The Power of Habit(습관의 힘)』, 김세중 옮김, 아이디북, 2004, p61~65에서 발췌

7 스티븐 코비, 『성공하는 사람들의 7가지 습관』, 김경섭 옮김, 김영사, 2013, p69.

8 브라이언 트레이시, 『잠들어 있는 성공시스템을 깨워라』, 황금부엉이, 2010, p86.

9 위의 책, p64.

10 박경철, 『자기혁명』 , 리더스북, 2011, p79.

11 스티븐 코비, 『성공하는 사람들의 7가지 습관』 , 김경섭 옮김, 김영사, 2013, p49.

12 박승오 외, 『시계를 멈추고 나침반을 보라』, 공감의 기쁨, 2012, p136.

13 브라이언 트레이시, 『Goals(목표)』, 정범진 옮김, 김영사, 2003.

14 잭 핫지, 『The Power of Habit(습관의 힘)』, 김세중 옮김, 아이디북, 2004, p25.)

15 최염순, 『카네기 인간경영리더십』, 씨앗을 뿌리는 사람, 2011, p.76.

16 브라이언 트레이시, 『목표(Goals)』, 김영사, 2003, p.22.

1 정혜전, 『호감도 100배 인상의 달인』, 비전코리아, 2008, p15.
2 이민규, 『끌리는 사람은 1%가 다르다』, 너난출판, 2006, p40.
3 존 네핑저 & 메튜 코넛, 『어떤 사람이 최고의 자리에 오르는가(Commpelling People)』, 박수성 옮김, 토네이도, 2014, p181.
4 위의 책, p139.
5 이지훈, 『혼창통』, 쌤앤파커스, 2010, p209.
6 고현숙, 『유쾌하게 자극하라』, 올림, 2007, p84-85.
7 이지훈, 『혼창통』, 쌤앤파커스, 2010, p211.
8 스티븐 코비, 『성공하는 사람들의 7가지 습관(The 7 Habit of Highly Effective People)』, 김경섭 역, 김영사, 2013, p342.
9 위의 책, p355-357 발췌
10 하지현, 『소통의 기술』, 미루나무, 2007, p216.
11 미셸 레더먼, 『우리는 어떤 사람에게 끌리는가』, 김광수 역, 문학동네, 2013, p166.
12 김태옥, 『스피치 트라이앵글의 법칙』, 미래지식, 2014, p169.)
13 존 & 메튜, 『어떤 사람이 최고의 자리에 오르는가』, 토네이도, 2014, p122-123.
14 김태옥, 『스피치 트라이앵글의 법칙』, 미래지식, 2014, p126-127에서 발췌.
15 김태옥, 『스피치 트라이앵글의 법칙』, 미래지식, 2014, p139-151 발췌 정리.
16 위의 책, p30, 재인용.
17 KBS 7.6.〈사회적자본〉제작팀, 『사회적자본』, 문예춘추사, 2011, p135.
18 조중훈 자서전, 『내가 걸어온 길』, p43.
19 스티븐 M R. 코비, 『신뢰의 속도(The Speed of Trust)』, 김경섭 옮김, 김영사, 2014, p116.
20 임원빈, 『이순신 승리의 리더십』, 한국경제신문, 2008, p48-49.
21 「성경」, 마태복음 25장 14-30절
22 스티븐 M R. 코비, 『신뢰의 속도(The Speed of Trust)』, 김경섭 옮김,

김영사, 2014, p54.
23 KBS 〈사회적자본〉제작팀, 『사회적자본』, 문예춘추사, 2011, p48.
24 스티븐 M R. 코비, 『신뢰의 속도(The Speed of Trust)』, 김경섭 옮김, 김영사, 2014, p105-107에서 항목 재분류.
25 KBS, 『사회적자본』, 문예춘추사, 2011, p262.
26 제러미 리프킨, 『공감의 시대(The Empathic Civilization)』, 민음사, 2010, p676, 재인용.
27 박경철, 『자기혁명』, 리더스북, 2011, p348.
28 스티븐 코비, 『성공하는 사람들의 7가지 습관』, 김영사, 2013, p400, 재인용.
29 Morten T. Hansen, 『Collaboration』, Havard Business School, 2009.5. 에서 발췌 정리
30 백기복 외, 『리더십의 이해』, 창민사, 2009, p198-200.
31 신인철, 『팔로워십, 리더를 만드는 힘』, 한스미디어, 2007, p146.
32 백기복, 『이슈 리더십』, 창민사, 2001, p225.
33 최애경, 『인간관계의 이해와 실천』, 무역경영사, 2007, p354.
34 고현숙, 『유쾌하게 자극하라』, 올림, 2014, p294.
35 김은성, 『파워 프레젠테이션』, 서해문집, 2011, p23-46 내용에서 발췌 정리.

부 록

1 이상호, 『조직과 리더십』, 북넷, 2009, p380.
2 제임스 C. 헌트, 『Servant Leadership』, 김광수 역, 시대의 창, 2006, p33.

내면의 성숙과 7가지 대인역량

인성리더십 계발

초판 발행 2015년 6월 9일
2 쇄 발행 2015년 7월 20일

지은이 임채일

발행인 임영철
발행처 도서출판 신화전산기획
주 소 서울시 성동구 행당동 19-55
전 화 02-833-5145~6
팩 스 02-848-2498
이메일 shinwha5145@naver.com
홈페이지 www.shj.co.kr

ISBN 978-89-5534-185-0 03190
정 가 18,000원